BIBLIOTHÈQUE
DE L'ÉCOLE
DES HAUTES ÉTUDES

PUBLIÉE SOUS LES AUSPICES

DU MINISTÈRE DE L'INSTRUCTION PUBLIQUE

SCIENCES PHILOLOGIQUES ET HISTORIQUES

CENT SOIXANTE-DIX-NEUVIÈME FASCICULE

LETTRES NÉO-BABYLONIENNES

PAR FRANÇOIS MARTIN

PARIS (VIe)
LIBRAIRIE HONORÉ CHAMPION, ÉDITEUR
5, QUAI MALAQUAIS, 5
1909

LETTRES NÉO-BABYLONIENNES

CHALON-SUR-SAONE
IMPRIMERIE FRANÇAISE ET ORIENTALE DE E. BERTRAND

LETTRES
NÉO-BABYLONIENNES

INTRODUCTION, TRANSCRIPTION ET TRADUCTION

PAR

FRANÇOIS MARTIN

ÉLÈVE DIPLÔMÉ DE L'ÉCOLE DES HAUTES ÉTUDES

PARIS (VIe)
LIBRAIRIE HONORÉ CHAMPION, ÉDITEUR
5, QUAI MALAQUAIS, 5
1909

Cet ouvrage forme le 179e fascicule de la Bibliothèque de l'École des Hautes Études.

INTRODUCTION

Le XXIIe fascicule des textes cunéiformes édités par le British Museum[1] n'est guère qu'un recueil épistolaire : il comprend 248 lettres, ordres de payement ou pièces de comptabilité[2], en caractères néo-babyloniens.

Seuls, les ordres de payement sont datés. Ils appartiennent aux quatre règnes consécutifs de Nabonide, le dernier roi indigène de Babylone (556-539 av. J.-C.), et des trois premiers souverains de l'empire perse : Cyrus (539-529 av. J.-C.), Cambyse (529-521 av. J.-C.), Darius, fils d'Hystaspe (521-485 av. J.-C.). Ce sont les n°s 165 (XIe année de Nabonide), 51 et 173 (XVe année de Nabonide), 143 (XVIe année de Nabonide); — 179 (IIIe année de Cyrus), 218, 219 et 233 (V^e année de Cyrus), 166 (VIIe année de Cyrus), 93 (VIIIe année de Cyrus); — 236 (IIe année de Cambyse), 88 (VIe année de Cambyse); — 108 (V^e année de Darius). — Darius est encore nommé dans le corps des lettres n° 74, l. 25 et n° 244, l. 16. Dans les n°s 50 et 125, qui avaient été datés par leur auteur, la date est effacée.

Mais pour ces dernières pièces, comme pour la plupart de celles que les scribes n'ont pas datées, l'écriture, le lexique, — assez riche en néologismes et très apparenté à celui des contrats du second empire babylonien et de l'empire perse, — et enfin le style et les formules attestent jusqu'à l'évidence qu'elles remontent à la même

1. *Cuneiform Texts from Babylonian tablets, etc., in the British Museum*, part XXII, Londres, 1906.

2. Les n°s 238 et 239 sont des pièces de comptabilité relatives à des offrandes, fondations ou fournitures de temples.

époque environ que les premières, c'est-à-dire au VIe siècle av. J.-C. ou au début du Ve.

Il faut faire exception cependant pour les nos 1, 247 et 248.

Le no 1 a pour auteur un roi d'Assyrie, qui n'est autre peut-être qu'Assurbanipal (668-626 av. J.-C.) lui-même, si soucieux d'enrichir sa bibliothèque de Ninive. Ce roi prie, en effet, un fonctionnaire de Barsippa de lui envoyer tous les documents intéressants qu'il pourra trouver dans cette cité voisine de Babylone et dans son célèbre temple de l'*Ezida*, dédié au dieu Nabou, spécialement tout ce qui n'existe pas en Assyrie. La lettre est donc antérieure au moins à 608, date de la chute de Ninive, peut-être même à 626, date de la mort d'Assurbanipal.

En étudiant les nos 247 et 248, nous verrons qu'ils remontent à l'époque qui a suivi immédiatement la ruine de Ninive et la chute de l'empire assyrien (fin du VIIe siècle av. J.-C.), que le no 247 est peut-être même un peu plus ancien.

Un petit nombre des lettres proprement dites sont des lettres intimes, d'amis ou de parents, par exemple les nos 6, 151, 224, 225, etc. Ce ne sont pas les moins intéressantes.

La plupart sont des lettres de fonctionnaires, relatives surtout à l'administration du temple du dieu Šamaš, à Sippar, et de ses biens. Leurs auteurs y traitent toute sorte d'affaires : les plus terre à terre, comme l'envoi d'un âne pour les tournées d'un employé (no 190), ou le dressage d'un bœuf rétif (no 205) ; et les plus graves, comme celles qui relèvent des tribunaux (no 210) ou de la suprême autorité du monarque (no 247). Surtout, ils se plaignent, se querellent, récriminent, s'adressent des reproches.

Le grand prêtre de Sippar fait assez piètre figure dans la correspondance qu'il a fait collectionner avec tant de soin. Un de ses subalternes est obligé de nourrir les chevaux du roi à ses dépens (no 60) ; à un autre, un scribe, il refuse de payer un travail exécuté (no 150) ; il s'immisce dans des affaires d'ordre judiciaire (no 210) et ne craint pas d'accorder sa protection à un meurtrier (no 235). Les officiers de la cour et les juges sont réduits à le menacer de le dénoncer au « fils du roi », c'est-à-dire au prince héritier, à l'autorité duquel ressortissait le temple.

Ce grand personnage n'était pas le seul à méconnaître ses devoirs. Du haut en bas de la hiérarchie, il y avait tout naturellement çà et là quelques défaillances. Quand les choses allaient trop loin, que le bruit en parvenait jusqu'aux oreilles du roi, il se fâchait, nommait un inspecteur, le chargeait de rechercher et de punir les coupables ou les paresseux, grands ou petits (n°s 160 et 174). Mais, alors comme aujourd'hui, il n'était pas facile de déraciner les abus et d'atteindre les injustices. Un employé subalterne s'écrie avec tristesse : « Le travail que je fais, je le fais au milieu des méchants ! » (n° 209) ; et à une pauvre femme, Gagâ, qu'ils ont réduite à la misère, des misérables conseillent ironiquement d'en appeler aux dieux (n° 222).

Peu après la publication des copies du XXIIe fascicule des *Cuneiform Texts*, ou plutôt presque simultanément, leur auteur lui-même, R. C. Thompson, en a donné la transcription et la traduction[1].

De mon côté, j'ai fait de ces lettres l'objet du cours d'assyrien de 2e année, à l'Institut catholique de Paris, pendant l'année scolaire 1907-1908.

Sans méconnaître le mérite du premier traducteur, je me suis convaincu au cours de cette étude qu'il était possible de corriger sur un certain nombre de points l'interprétation de Thompson, de proposer sur d'autres des hypothèses au moins aussi plausibles, et qu'il y avait donc place pour un nouveau travail.

Celui que je publie aujourd'hui ne prétend pas d'ailleurs être définitif. J'en ai même écarté délibérément un certain nombre de lettres dont je me reconnais impuissant pour le moment à donner une traduction satisfaisante : n°s 3, 4, 5, 8, 9, 10, 11, 12, 14, 18, 21, 22, 43, 101, 129, 167, 193, 195, 238 et 239.

J'ai également laissé de côté toutes les pièces qui, soit par leur contenu, soit surtout par leur état fragmentaire, ne présentent aucun intérêt philologique, littéraire ou historique. Comme les premières, je les ai seulement utilisées à l'occasion, d'une façon partielle. Ce sont les n°s 24, 25, 26, 27, 28, 29, 30, 31, 32, 33, 34, 35, 37, 38, 39, 41, 42, 45, 46, 47, 49, 50, 51, 52, 55, 61, 64, 67, 68, 69, 70. 72, 76, 77, 79, 82, 83, 86, 91, 94, 99, 102, 103, 104, 106, 108, 109, 110, 118, 119, 120, 121, 122, 123, 124, 125, 128, 132, 134, 135, 136, 137, 139, 141, 143, 145, 147, 149, 153, 154, 156, 159, 161, 162, 163, 164, 165, 166, 169, 170, 172, 173, 177, 178, 179, 180, 181, 187, 197, 198, 199, 200, 203, 204, 206, 207, 212, 213, 214, 216, 219, 220, 223, 226, 227, 231, 236, 237, 241, 242, 244, 245, 246.

1. R. Campbell Thompson, M. A., *Late Babylonian Letters*, Londres, 1906.

J'ai transcrit et traduit toutes les autres. Pour quelques-unes, — elles ne sont pas nombreuses, — comme le n° 36, ma traduction ne diffère pas sensiblement de celle de Thompson. J'ai cru cependant devoir les admettre, à cause des lecteurs français qu'elles peuvent intéresser. Pour les autres, je n'ai pas toujours signalé et j'ai plus rarement encore discuté nos divergences[1], afin d'éviter une polémique et des longueurs fastidieuses pour ne pas dire plus. Les assyriologues pourront facilement comparer eux-mêmes, s'il leur plaît, nos versions respectives.

Avant de donner le texte et la traduction de ces lettres, je ferai quelques brèves remarques sur leurs formules et sur les principales négligences et particularités de leur langue.

I. — Les Formules

Ces lettres « sont écrites sur de petites tablettes oblongues, beaucoup plus petites que celles employées pour les textes de la période babylonienne antique », les caractères en sont aussi plus petits et plus serrés[2]. Après avoir terminé sa lettre, le scribe l'enfermait dans une enveloppe également d'argile, sur laquelle il inscrivait d'abord son propre nom, puis celui du destinataire. Entre les deux, il imprimait son sceau pour authentiquer la missive. C'est du moins ce qu'on peut inférer d'une enveloppe retrouvée à peu près intacte, celle du n° 142 (voir la fig. ci-après).

Il est possible que la disposition de l'adresse n'ait pas été toujours la même. Sur les n°s 50 et 51, on voit encore l'empreinte du sceau sur la lettre elle-même : de même, sur le *verso* du n° 181, où le sceau est au milieu des mots « sceau de Nour » (l'auteur de la lettre).

Les échantillons bien conservés sont forcément assez rares, puisqu'il fallait briser l'enveloppe pour en dégager la lettre. S'il nous est parvenu quelques spécimens de ces lointains essais des Babyloniens pour authentiquer la correspondance et la mettre à

1. Il est regrettable que Thompson n'ait pas averti le lecteur toutes les fois qu'il a corrigé son autographie, qui paraît d'ordinaire très exacte. Cette façon de faire laisse planer quelque incertitude sur la véritable leçon de plusieurs passages, v. g. n° 20, l. 5; 40, l. 28; 80, l. 25; 81, l. 10; 117, l. 7. Dans le n° 195, que j'ai dû laisser de côté, l'autographie et la transcription diffèrent aux l. 15, 19, 21; il n'y a cependant pas l'ombre d'une note.

2. *Cuneiform Texts*, part XXII, *Descriptive index*, p. 4 (King).

l'abri des regards indiscrets, c'est parce que toutes les lettres n'ont pas été lues ou que quelques destinataires plus soigneux ont ouvert leur courrier avec précaution et n'ont brisé que le sommet de l'enveloppe.

La lettre pouvait être adressée par un ou plusieurs, — au

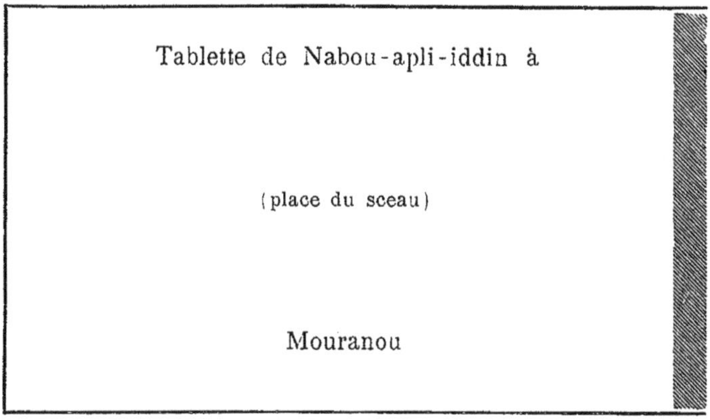

Tablette de Nabou-apli-iddin à
(place du sceau)
Mouranou

n° 116, Mardouk-šoum-iddin écrit à cinq individus à la fois, — ou par plusieurs à un, v. g. n°s 227 à 231 et 233 à 236, — ou par plusieurs à plusieurs, le n° 5 est une lettre de deux subalternes à trois de leurs chefs. Quelques scribes écrivaient même, sans doute par économie, deux lettres à des correspondants différents sur la même tablette, v. g. n°s 40 et 66.

Dans tous les cas, elle commençait à peu près invariablement en ces termes : « Tablette de X. à X. », par exemple, n° 38 : « Tablette d'Arad-Bêl au prêtre de Sippar ». Le roi se servait d'un mot plus significatif : « Ordre du roi à X. » (n° 1). A l'autre extrémité de l'échelle sociale, l'esclave ou le serviteur d'un gouverneur écrivait simplement : « Au gouverneur, ton serviteur X. » (n°s 206, 232), ou : « Ton serviteur fidèle X. au gouverneur et au prêtre de Sippar, mes maîtres » (n° 212). Plus humble, Nabou-kouṣouranni (n° 157) dès le début « demande des nouvelles de la santé de son maître Iddin-Mardouk », formule de salutation la plus respectueuse, celle que les rois assyriens exigeaient des rois tributaires [1].

Le roi n'ajoute, au moins ici, aucun titre, pas même celui de « serviteur », au nom de son correspondant. Ses sujets font de même, semble-t-il, quand ils écrivent à un esclave (n°s 44 et 221).

1. Assurbanipal, *Annales*, col. II, l. 111.

En dehors de ce cas, les fonctionnaires et simples particuliers font suivre le nom du destinataire du titre de « frère », de « maître » ou de « père ».

Frère est l'équivalent de « collègue » ou d' « ami ». Entre égaux, on se traite naturellement de « frère »; un fonctionnaire ou prêtre du temple écrit : « Tablette d'Eṭir-Mardouk aux prêtres, mes frères » (nº 17 ; cf. nºs 133 et 161). Un supérieur lui-même ne dédaigne pas d'employer cette formule quand il s'adresse à un de ses subordonnés. Ainsi, au nº 144, Nabou-eṭir-napšâti exprime ses volontés à Bêl-ibni en termes qui ne laissent pas de doute sur la distance qui les sépare : « Que cela se passe tout à fait selon ma volonté », sinon tu feras la mesure comble (l. 20-25). Cependant, il n'en débute pas moins par : « Tablette de Nabou-eṭir-napšâti à Bêl-ibni, mon frère ». Voir aussi le nº 150.

Maître a conservé quelquefois son sens de « seigneur » ; c'est le cas dans les lettres où les titres « père » et « maître » s'échangent, comme au nº 48. Mais souvent il paraît avoir perdu sa signification primitive et n'être plus qu'un terme de politesse, tout au plus un peu moins familier que celui de « frère », assez exactement l'équivalent de « monsieur ». La lettre nº 210 est très significative à cet égard ; Samaš-šar-ouṣour y salue le prêtre de Sippar tantôt du titre de « frère » (l. 3 et 4), tantôt du titre de « maitre » (l. 10), mais il lui parle en même temps comme à un de ses très humbles subordonnés : « Qu'ai-je appris? Une querelle à Mouranou devant mon maître est faite! Personne ne doit lui faire de querelle devant mon maître », etc. Même indifférence dans l'emploi de « frère » et de « maitre » aux nºs 97, 113, 118, 160. Il serait facile, mais inutile, d'alléguer encore d'autres exemples.

Père est le titre réservé aux supérieurs par l'âge ou le rang. Les fonctionnaires ou employés dépendant du grand prêtre de Sippar ou d'un rang inférieur au sien l'emploient volontiers. Ils lui écrivent : « Tablette de X. au prêtre de Sippar, mon père » (nºs 140, 158, 168, etc.). Assez souvent, ce titre s'échange sous leur plume avec celui de « maitre », v. g. nº 140, l. 8 et 11. Il s'échange beaucoup plus rarement avec celui de « frère »; les lettres 227 à 231 offrent le seul exemple certain[1] de cette alternance. Elles sont

1. L'autographie du nº 153, adressé également au prêtre de Sippar, où on lit dans la formule même de salutation « mon père » d'abord, puis « mon frère », me paraît suspecte. Il ne reste d'ailleurs que quelques lignes de cette lettre.

adressées par « les juges » au grand prêtre de Sippar. Ils lui donnent presque toujours le titre de « père », quelquefois avec celui de « maître » (n° 228, l. 14), et dans une seule lettre, n° 229, celui de « frère ». Ces variations s'expliquent : ils sont d'un rang sensiblement égal au sien : s'ils le traitent ordinairement de « père », c'est uniquement pour lui rendre les égards dus à sa haute situation sociale ; ils ne croient pas abaisser pour cela leur dignité personnelle. Il en est tout autrement quand ce ne sont plus seulement les juges mais « le président du tribunal, les grands et les juges » qui écrivent au même prêtre de Sippar, n°s 234 et 235. Les distances s'agrandissent, pour ces très hauts personnages, le grand prêtre n'est qu'un « frère », c'est-à-dire ici un inférieur, tout au plus un simple collègue : le ton menaçant du n° 235 ne laisse pas de doute sur ce point.

Quand on écrit à une dame, on emploie des titres analogues : « à ma mère », « à ma maîtresse » ou « à ma dame », « à ma sœur ». Et pour les femmes, comme pour les hommes, il n'est pas toujours facile de démêler si ces termes ne sont que de simples formules de respect ou d'amitié, ou s'ils expriment dans quelques cas une parenté réelle.

Iddina-a, l'auteur du n° 6, très sentimental pour un Babylonien, dans sa lettre à « sa dame » Qoudašou, salue « Iddin-Mardouk, son père, et dame Ina-Esaggil-râmat, sa mère », « Šoulloumou, son père, et dame Damqâ, sa mère », et un peu plus loin encore (l. 23-26) trois ou quatre « frères », parmi lesquels une femme. Le joli billet n° 151 est adressé par Nabou-zêr-oušabši à dame Sikkou, qui est probablement sa femme ou sa sœur; il l'appelle « ma dame » ou « ma maîtresse ». Arad-Bêl fait de même en écrivant à sa femme Epirtoum (n° 40).

Les lettres de femmes sont peu nombreuses ; elles usent des mêmes formules que leurs maris ou leurs frères. Ainsi, dans une des plus belles pièces du fascicule (n° 222), dame Gagâ appelle à son secours Ša-pî-Bêl, son « père », qui n'est apparemment qu'un homme puissant, son protecteur. Dame Bouqâ (n° 225) donne à Iddin-Nabou le nom de « frère » ; d'après la teneur de la lettre, il peut n'être que son ami. Par contre, le n° 224 est probablement d'une mère à son fils.

Après avoir inscrit en tête de la tablette le nom et le titre du destinataire, le scribe invoquait les dieux pour lui avant d'aborder son sujet. Il est bien peu de correspondants qui négligent ces invocations préalables. Pourtant, le roi n'abaisse pas sa dignité jusqu'à prier pour ses sujets : « Je vais bien, que ton cœur soit heureux », se contente-t-il de dire. Un certain Nergal-gamil, peut-être un esclave, salue simplement son maître (n° 185) : « Salut à mon maître ». Nous avons déjà vu la formule plus respectueuse, mais sans invocation aux dieux, de Nabou-kouṣouranni (n° 157). Les maîtres sont encore plus secs que le roi dans leurs rapports avec leurs esclaves. Dans les lettres 44 et 221, — celle-ci est cependant d'une femme, — il n'y a pas l'ombre d'un souhait : « A un tel » ; c'est tout.

En dehors de ces cas, il n'y a guère que les ordres de payement qui soient rédigés avec cette sécheresse officielle : tels les n°s 51, 143, 179, 207, 218, 236[1]. Le soin avec lequel ils sont datés prouve d'ailleurs qu'ils étaient aux yeux de leurs auteurs des pièces authentiques plutôt que des lettres. Cependant, le n° 233, qui appartient à cette catégorie mais qui émane, il est vrai, de prêtres, contient un souhait pieux : « Tablette des prêtres à Bounene-ibni, notre frère : que les dieux décrètent ta santé. »

Partout ailleurs, les Babyloniens, gens graves, très attachés au protocole et profondément religieux, commencent par prier leurs divinités pour leurs correspondants, quels que soient le sujet et le ton de la missive. Ils débutent imperturbablement par : « Que les dieux décrètent la santé et la vie de mon frère » ou par un autre souhait du même genre, sauf à continuer par d'amers reproches ou des menaces. La lettre 211 est une expression typique de cette mentalité : « Que Bêl et Nabou décrètent la santé de mon frère. Moi, je sais que tout ce que tu dis sur moi est mensonges et calomnies, etc. »

A regarder de près ces invocations, on en dégage des indications intéressantes sur les goûts, les préférences et les conceptions populaires en matière religieuse.

Mardouk, le grand dieu de Babylone, et son fils Nabou détiennent une énorme majorité : ils sont invoqués ensemble et la plupart du temps seuls dans cent quatre-vingt-onze[2] lettres sur deux cent quarante-huit.

1. A plus forte raison les pièces de comptabilité 238 et 239, qui n'ont rien d'une lettre.

2. Il est possible qu'ils fussent encore invoqués dans d'autres lettres dont le début est effacé, v. g. les n°s 247 et 248.

Quand Mardouk est invoqué sous le titre de Bêl, « Seigneur », — toujours écrit *ilu EN*, jamais ilu EN-LIL[1], — c'est-à-dire comme le dieu suprême et souverain de la Babylonie, il précède Nabou. C'est le cas dans cent dix-sept lettres[2]. Au contraire, lorsque le même dieu est appelé de son nom propre et local, Mardouk, il vient après son fils Nabou. C'est le cas dans soixante-quatorze lettres[3].

Cette inversion est d'autant plus significative que souvent elle est l'œuvre du même scribe. Par exemple, le même Arad-Bêl qui aux nos 37 et 38 place Bêl avant Nabou, place Nabou avant Mardouk au no 39. On peut comparer encore à ce point de vue les nos 25 et 26, 48 et 49, 52, 53, 54 et 55, 76 et 77, 99 et 100, qui sont respectivement du même auteur. Il y a mieux, dans le no 101, le scribe adresse d'abord son souhait à Nabou et Mardouk, mais il prie ensuite Bêl et Nabou ; dans le no 105, après avoir invoqué au début Nabou et Mardouk, Loubloutou jure un peu plus loin par Bêl et Nabou.

Mardouk est encore invoqué sous son nom propre, cette fois sans Nabou, mais avec son épouse ou doublet féminin Zarpanitoum, dans les nos 29, 59, 111 et 162.

A son tour, Nabou est également invoqué sans son père Mardouk, mais avec Nanâ, au titre de son doublet féminin, dans le no 155. D'ordinaire, le doublet féminin de Nabou porte le nom de Tašmetoum ; on ne trouve mentionnée ici cette déesse que deux fois et incidemment, dans le corps des lettres nos 6, l. 33, et 174, l. 34.

1. Dans le no 191, l. 2 et 12, nous lisons bien ilu EN-LIL, mais il s'agit de Bêl de Nippour ou Illil, non de Bêl-Mardouk. Voir Clay, *American Journal of Semitic Languages*, 1907, t. XXIII, p. 269-279.

2. Ce sont les nos 2, 3 (?), 4, 5, 6, 7, 8, 10, 18, 24, 25, 27, 31, 33, 36, 37, 38, 40, 41, 43, 45, 49, 52, 53, 55, 56, 57, 60, 61, 62, 65, 66, 67, 69, 72, 73, 74, 76, 78, 79, 80, 81, 82, 83, 86, 87, 89, 93, 95, 96, 97, 98, 100, 102, 104, 106, 107, 108, 112, 113, 114, 127, 128, 129, 130, 132, 133, 134, 136, 139, 141, 144, 145, 147, 148, 149, 151, 152, 153, 154, 156, 163, 164, 165, 166, 167, 169, 171, 174, 175, 177, 180, 182, 184, 187, 188, 189, 190, 195, 196, 197, 198, 199, 200, 203, 205, 208, 211, 214, 215, 216, 220, 222, 226, 240, 242, 244.

3. Ce sont les nos 11, 12, 13, 14, 15, 16, 17, 19, 20, 21, 22, 23, 26, 28, 32, 34, 35, 39, 42, 47, 48, 50, 54, 58, 64, 75, 77, 84, 85, 88, 92, 94, 99, 101, 103, 105, 109, 110, 115, 116, 117, 118, 120, 121, 126, 131, 135, 137, 138, 140, 142, 146, 150, 153, 159, 160, 161, 168, 173, 176, 183, 186, 192, 193, 194, 201, 202, 204, 210, 217, 227, 237, 243, 245.

A côté de ces deux dieux, les autres grandes divinités du panthéon babylonien font maigre figure dans nos lettres.

Sin n'est invoqué que par les auteurs des nos 71 et 188, et à la suite seulement de Bêl et Nabou.

Nergal n'a pas beaucoup plus de fidèles : il vient tantôt en troisième, tantôt en quatrième lieu, après Bêl, Nabou et quelquefois même Šamaš (ou Oumou) dans les nos 37, 38, 184, 198.

C'est aussi après Bêl et Nabou que viennent Ea, avec son épouse Damkina, dans une seule lettre, le n° 90, et Ouraš (Ip) dans le n° 57. Bêl de Nippour (Illil) et Ninip sont nommés dans le n° 191, l. 12, concurremment avec Nabou, l. 2.

Šamaš, le dieu du soleil, le grand dieu de Sippar, est un peu plus honoré, mais beaucoup moins qu'on ne s'y attendrait dans des lettres adressées en si grand nombre au grand prêtre de son temple. Il est invoqué avec son épouse Aia, mais à la suite de Bêl et Nabou dans les nos 35, 36, 166; — sans son épouse et encore à la suite de Bêl et Nabou dans les nos 37, 38, 102, 198, et même de Bêl, Nabou et Sin dans le n° 188. — Il n'occupe le premier rang, suivi de Bounene, le conducteur du char solaire, que dans les nos 63, 206, 209, 212, 232, 246. Ces lettres ne sont pas adressées au prêtre de Sippar, mais à d'autres correspondants, la plus grande partie même (nos 63, 206, 212, 232) à un *tillagidda* ou *qêpou*, c'est-à-dire à un «gouverneur» ou «gardien» de l'Ebabbara, le temple de Šamaš (voir le n° 5, l. 4).

Les serments qui viennent çà et là sous la plume des scribes à l'appui de leur véracité attestent les mêmes préférences. Ils jurent le plus souvent par Bêl et Nabou[1] : « Bêl et Nabou savent que... », — ou : « Par Bêl et Nabou... ». Quelques-uns prennent à témoin Nabou seulement[2]; un seul, Šamaš et Mardouk[3].

Il ressort de ce tableau que le culte national de Bêl et Nabou l'emportait de beaucoup sur les cultes locaux. Il n'est pas jusqu'aux correspondants du prêtre de Sippar, jusqu'à ses employés, comme il appert aux nos 10, 12, 37, 38, 167, etc., qui ne laissent de

1. Serment par Bêl et Nabou: nos 4, l. 8; 7, l. 13; 21, l. 5; 46, l. 24; 78, l. 11; 101, l. 9; 105, l. 23, 32; 174, l. 6; 194, l. 12; — par Nabou et Mardouk, 62, l. 16 (?)

2. Serment par Nabou: nos 112, l. 23; 176, l. 19; 217, l. 9.

3. N° 36, l. 10. — Dans le n° 222, l. 11, où il ne s'agit pas du dieu Šamaš, mais plutôt du soleil lui-même, nous n'avons pas précisément une formule de serment.

côté son dieu Šamaš ou du moins ne le nomment qu'après Bêl et Nabou. On peut même se demander si les nos 115 à 121, tous avec invocation à Nabou et Mardouk, ne sont pas du prêtre de Sippar en personne. Ils ont, en effet, pour auteur un Mardouk-šoum-iddin, qui, d'après le no 121 surtout, veille sur les intérêts du dieu Šamaš. Or, dans le no 10, l. 2, un individu du même nom est qualifié de prêtre de Sippar.

Peut-être faut-il attribuer cette attitude au fait que ces fonctionnaires résidaient, sinon habituellement, au moins au moment de la rédaction de leurs lettres, en dehors de Sippar, pour administrer les biens que le dieu Šamaš possédait dans le reste de la Babylonie, ou y percevoir des dîmes. Cette hypothèse expliquerait les formules des nos 35 et 36, dont l'auteur, probablement un subalterne du prêtre de Sippar, invoque en tête Bêl et Nabou (ou Nabou et Mardouk), Šamaš et Aia, mais dans le corps de la lettre jure par Šamaš et Mardouk ou adresse ses vœux à Šamaš et Mardouk[1]. Un autre scribe, Arad-Bêl, a laissé quatre lettres; deux, les nos 37 et 38, sont adressées au prêtre de Sippar : il y invoque Šamaš après Bêl et Nabou. Mais dans les lettres 39 et 40, adressées à d'autres individus, il délaisse complètement Šamaš pour les deux dieux de Babylone. Balâṭsou et Ilou-ištou... sont plus fidèles à Šamaš; mais le premier est probablement un prêtre de ce dieu, il réside, sinon à Sippar, du moins dans un autre sanctuaire de Šamaš (no 63, l. 8), tout comme Ilou-ištou..., lui aussi, qui parle du « canal de Šamaš » (no 232, l. 20).

C'est sans doute aussi au titre de dieux de la résidence ou de la patrie du scribe que sont invoqués Illil de Nippour (no 191), Ouraš de Dilbat (no 57), Bêlit d'Ourouk et Nanâ (no 213).

Après les dieux nationaux, après les dieux auxquels les fonctions ou la résidence du Babylonien l'attachent, viennent ceux qu'on peut appeler ses dieux patrons, c'est-à-dire ceux dont il porte le nom ou pour lesquels il professe un culte spécial. La seule lettre avec invocation à Sin, après Bêl et Nabou, mais avant Šamaš, dont l'auteur nous soit connu (no 188), est de Sin-nâdin-aḫi (Sin a donné un frère). L'auteur du no 184, Nergal-iddin (Nergal a donné), écrit au prêtre de Sippar; il est lui-même un officier subalterne de Šamaš, et dans le corps de la lettre il attribue à la protection de ce dieu l'heureuse exécution de son travail. Mais au

1. No 35, l. 31; no 36, l. 10-11 et 29.

début il n'invoque que Bêl, Nabou et le dieu dont il porte le nom, Nergal ; et les dieux qu'il prie, dit-il, tous les jours, matin et soir, pour son maître, sont ce même Nergal et son épouse Laṣ.

D'autres, comme les auteurs des nos 6, l. 10 ; 59, l. 29 ; 123, l. 3, ont recours à leurs « Bêl et Bêlit », c'est-à-dire au dieu leur maître et à la déesse leur maîtresse, sous la protection desquels ils mettaient leur vie, quels que fussent leurs propres noms. C'est ce qui explique sans doute l'invocation à Ea et Damkina du n° 90, à Nergal des nos 37, 38 et 198, et celles des lettres de femmes. Tandis que les unes invoquent simplement Bêl et Nabou[1] à l'exemple des hommes, les autres préfèrent recourir à des déesses dont elles ne portent pas le nom mais auxquelles elles ont évidemment une dévotion particulière, ainsi Moušezibtoum à Bêlit d'Ourouk et à Nanâ (n° 224), Bouqâ à Damkina et à Bêlit de Babylone (n° 225), Ḫabašouša à Šouzianna, épouse de Illil, mère de Sin (n° 223)[2].

Enfin, quelques scribes plus éclectiques, il y en a assez peu, se contentent de s'adresser aux « dieux » en général, sans marquer de préférence (nos 9, 68, 70, 219). Les auteurs des nos 9 et 219 invoquent d'ailleurs Bêl et Nabou ou Nabou et Mardouk dans d'autres lettres (v. g. nos 7, 8 et 216). Cet éclectisme est fort rare dans les serments : un seul jure par « ce qui est sacré aux dieux » ou l'*ikkibou* des dieux[3].

La rédaction de ces souhaits était assez variée. Les formules les plus courtes sont : « Que Nabou et Mardouk bénissent mon père » (n° 48) ; — « Que Bêl et Nabou décrètent la vie et la santé de mon frère » (n° 7) ; — plus rarement à la deuxième personne : « Que les dieux décrètent ta santé » (n° 9). Ce sont aussi les plus fréquentes à cette époque, celles dont on use avec des inférieurs ou entre égaux. Pour les chefs, on emploie des tournures plus longues et plus emphatiques, on fait surtout ressortir qu'on ne cesse de prier pour eux, et, comme nous l'avons vu, les dieux auxquels s'adressent ces prières ne sont pas toujours ceux invoqués au début. « Que Bêl et Nabou, dit Moušezib........ au prêtre de Sippar, décrètent la santé de mon maître ! Tous les jours je prie Šamaš et Aia pour la vie des âmes, le bonheur de la chair, la longueur des jours de mon maître » (n° 136). Erba Mardouk, écrivant

1. Nos 222 et 226.

2. Une autre déesse, Anounitoum, est invoquée dans une lettre mal conservée, le n° 27, après un dieu dont le nom est effacé, peut-être Šamaš.

3. N° 40, l. 4 ; voir *infra*, note sur ce passage.

au gouverneur son maître, souhaite que Bêl, Nabou, Šamaš, Aia, décrètent la santé, le bonheur du cœur, le bonheur de la chair, la longueur des jours de son maître (nº 36).

Bêl-ouballiṭ et d'autres scribes, en gens qui connaissent bien le cœur des grands, insistent sur un des objets de leur prière : obtenir au maître la faveur du roi. « Tous les jours, je prie Bêl et Nabou pour la vie de l'âme, le bonheur du cœur, le bonheur de la chair, la longueur des jours, et pour que l'expression de la face du roi soit joyeuse à l'égard de mon maître » (nº 53; cf. nºs 37 et 198).

Avant d'aborder leur sujet, certains donnent encore brièvement de leurs nouvelles et des nouvelles de ceux auxquels leur correspondant peut s'intéresser. C'est même par là que commence le roi : « Ordre du roi à Šadounou : Je vais bien ; que ton cœur soit heureux! » (nº 1, l. 1-2). La plupart emploient une formule plus religieuse : « Par la protection des dieux, dit Iddina-a, je vais bien ainsi que tous ceux qui sont avec moi » (nº 6, l. 5). Rimoutou est encore plus explicite dans l'expression de sa reconnaissance : « Par la protection des dieux, je vais bien. Parce que j'ai prié les dieux, j'ai obtenu la réalisation de mon désir » (nº 194, l. 5-9)[1]. Les fonctionnaires témoignent du bon état des villes qu'ils administrent ou qu'ils surveillent, des travaux qu'ils font exécuter, toujours avec le mot si expressif *šouloum*, « l'état de bien-être », « l'état de perfection ». « Tout va bien (*šouloum*) dans la ville, le temple et la maison de mon maître », écrit Erba-Mardouk au gouverneur (nº 36, l. 7-8), et Šamaš-erba au prêtre de Sippar (nº 208, l. 7)[2]. D'autres, comme Bêl-boulliṭsou, saluent les objets qui leur sont chers à eux ou à leurs amis : « Salut à l'Esaggil (le temple de Mardouk) et à Babylone » (nº 59, l. 6-8).

Parfois même, dans des lettres plus intimes, quelques Babyloniens se recommandent aux prières de leurs correspondants. Ainsi Iddina-a (nº 6, l. 10) demande à dame Qoudašou de prier pour lui le dieu, son maître, et la déesse, sa maîtresse; Nabou-zêr-oušabši adresse à sa femme une recommandation analogue : « Prie les dieux pour moi » (nº 151, l. 14-15).

Beaucoup de missives se terminent *ex abrupto*, avec l'exposé de l'affaire qui en fait le sujet. Un assez grand nombre de scribes réclament seulement une prompte réponse, l'envoi ou le renvoi im-

1. Cf. nºs 39, 53, 90, 184, 191, 193
2. Cf. nº 184, l. 10-13.

médiat du courrier, par une de ces formules : « Au plus tôt que je reçoive tes ordres » (n° 191, l. 36) ; — « Par n'importe quel messager, que je reçoive de tes nouvelles » (n° 151, l. 17-18) ; — « Puissé-je voir (lire) la réponse de mes frères à ma lettre » (n° 155, l. 23) ; — « Au plus tôt dispose le chemin pour ses pieds » (n° 243, l. 26) ; — « Puissé-je recevoir des ordres et des nouvelles de la santé de mon frère » (n° 209, l. 18).

A l'occasion, après avoir traité des affaires importantes, pour se prémunir contre les reproches possibles ou pour offrir une garantie, on déclare formellement à la fin de la lettre qu'elle servira de témoin. « Que ma lettre soit mon témoin », conclut Daianou-šoum-ouṣour (?) après avoir annoncé un envoi de dattes (n° 84). « Mon message est mon témoin », dit Labaši, après avoir prié son correspondant de faire un prêt ou une livraison à un tiers (n° 104). « Que ma lettre soit mon témoin », écrit également Nadinou (n° 176), et il y tient d'autant plus que Nabou sait qu'il n'a pas conservé de copie du message.

Dans les correspondances familières, on termine, assez rarement d'ailleurs, par un salut à ses amis ou à ses parents. Mouranou salue « toute la maison », littéralement « demande des nouvelles de la santé (*šouloum*) de toute la maison » (n° 130, l. 31). Iddina-a salue d'abord nommément plusieurs de ses amis puis « toute la maison » (n° 6, l. 34-40). En terminant une lettre à son fils, dame Moušezibtoum salue sa fille Ṣirâ (n° 224, l. 24-25).

Un scribe plus religieux ou peut-être plus courtisan rappelle à la fin de sa lettre qu'il prie tous les jours son Bêl et sa Bêlit pour la vie de son maître (n° 59). Au début, il avait déjà invoqué Mardouk et Zarpanitoum. Pour rendre la même idée, Erba-Mardouk trouve des formules plus expressives à la fin de ses épîtres à un grand personnage, son « maître, le gouverneur » : « Que Samaš et Mardouk, (dans) le travail que tu fais pour le roi ton maître, te fassent voir sa faveur, tout à fait selon le gré de ton cœur » (n° 35, l. 31-35), — « Que Samaš et Mardouk absolument tout ce sur quoi ta main est placée, tout cela qu'ils le tournent en faveur », c'est-à-dire qu'ils le fassent prospérer (n° 36, l. 29-32).

II. — La langue

Le vocabulaire des lettres est apparenté à celui des contrats de la même époque. On y relève quelques mots caractéristiques à cet égard, v. g. *babbanû*, *mušanitum*, *puqudu*, *pitnu*, etc. Il contient, en outre, un certain nombre de mots nouveaux. De ces mots, les uns sont déjà connus dans les autres langues sémitiques ; tels *birri*, *kandaku*, *kili*, etc. D'autres, comme *kapadu*, dans le sens où ils sont employés, sont documentés ici pour la première fois, du moins à ma connaissance. Pour de plus amples détails, je renvoie les assyriologues soit aux notes qui suivent la transcription et la traduction de chaque lettre, soit à la liste de mots qui clôt ce travail.

Comme ceux des contrats, les scribes font un usage fréquent du signe de l'aspirée faible, = ʾ, à la fin des mots :

à la suite de *a*, *u*, pour marquer l'allongement de ces voyelles, v. g. *li-qi-šu-ʾ*, nº 10, l. 7 ; *tu-ša-az-zi-za-ʾ*, nº 11, l. 24 ; *liš-ša-ʾ*, nº 14, l. 27 ; *la-ʾ* (négation), nº 148, l. 17 ;

sans autre voyelle, pour écrire une longue par ce seul signe, v. g. *la ta-pat-tar-ʾ* pour *la tapattarû*, nº 23, l. 11 ; *gabbi un-da-aš-šir-ʾ u iḫ-te-liq-ʾ*, nº 65, l. 18-19 ;

après une voyelle brève, par exemple un suffixe, *in-na-šu-ʾ*, nº 148, l. 16 ;

comme complément phonétique : après l'idéogramme de *kaspu*, nº 46, l. 21, *kaspa-ʾ-a* (à l'accusatif) ; après l'idéogramme de *suluppu*, nº 54, l. 5, *suluppa-ʾ-a* (à l'accusatif) ; à la l. 13 du même numéro, *suluppu*, toujours à l'accusatif, est écrit sans l'aspirée[1]. Est-elle, dans tous ces cas, l'équivalent de *um* ou *am*, adouci en *uv*, *av*, *uʾ*, *aʾ* ?[2]

Il arrive aussi que l'aspirée est supprimée dans l'écriture d'un mot dont elle est 2e radicale, pour être ajoutée à la fin du même mot comme équivalent de longue, v. g. *bi-šu-ʾ-a*, nº 40, l. 9, pour *bi-ʾ-šu-u*.

, *a-an* = *am*, marque la mimation après le verbe dans le nº 172, l. 5, *šu-ṣu-a-an*, et l. 6, *la ta-sil-la-a-an ;* et probablement la distribution, après un substantif, dans les nºs 157, l. 4-5 ; 158, l. 9-11. Voir *infra*, note sur le nº 87, l. 6.

, le signe du pluriel, est employé abusivement dans le nº 10, l. 3 et 24, *bêl ni-e-*, et l. 23, *i-ḫal-liq-an-ni-in-ni-*, au lieu de *iḫalliq-annâši ;* nº 193, l. 13, il supplée la finale du pluriel dans *li-pu-uš-* pour *lipušû*.

1. Pour le mot *ki-ma-ʾ*, voir note sur le nº 17, l. 18.

2. Voir Delitzsch, *Assyrische Grammatik*, 2e édition, Berlin, 1906, p. 68.

La sifflante *s* est employée pour la chuintante *š* dans *sutirra*, n° 23, l. 12 et n° 131, l. 21 ; et la chuintante pour la sifflante dans *pap-pa-aš-su-šu* pour *pappasu-šu*, n° 52, l. 12[1].

Les assimilations sont extrêmement fréquentes dans le verbe *nadânu*. La 2e radicale est assimilée à la 3e à l'impératif, quand cette 3e radicale est vocalisée, *inna, innâ, inni, innî* pour *idna, idnâ, idni, idnî*. C'est Pinches qui a le premier reconnu ce fait; voir *infra*, note sur le n° 13, l. 25. — La 3e radicale s'assimile volontiers au suffixe du verbe, par exemple au parfait, *lid-da-aš-šu*, n° 140, l. 8, et *lid-da-šu*, avec chute du redoublement résultant de l'assimilation, n° 148, l. 11, pour *liddanšu ;* à l'imparfait, *i-nam-dak-ka*, n° 151, l. 10 ; *i-nam-da-ka*, n° 44, l. 20 ; *i-nam-da-aš-šu*, n° 141, l. 12, pour *inamdan-ka, inamdan-šu*, au lieu de *inamdin-ka, inamdin-šu*[2].

La voyelle finale *i*, représentant la 3e radicale du verbe *bašû*, à 3e déficiente, est tombée dans *i-ba-aš*, n° 170, l. 9, comme il arrive ailleurs pour *lu-uṣ* par exemple.

Les répétitions et redoublements abusifs sont assez nombreux. La 1re radicale rejetée dans le corps du mot par *lu* de l'optatif est répétée après la 2e dans *lil-bil-nu* pour *lil-bi-nu*, n° 18, l. 20 ; — la 2e dans *am-li-lik* pour *am-lik*, n° 152, l. 9; *id-di-din-nu* pour *iddinnu*, n° 73, l. 19; *li-bu-ba-kam-ma* pour *libukamma*, n° 195, l. 26; après même la 3e dans *šu-kun-ku-uš* pour *šu-kun-šu*, n° 221, l. 8 ; — la 3e dans *idin-in* pour *idin*, n° 166, l. 8 ; *tu-bu-ub* pour *tu-ub*, n° 198, l. 7. — La mimation est répétée dans *lil-lik-kam-am-ma* pour *lillikamma*, n° 183, l. 12.

L'hiatus *u-a* se rencontre dans *ir-ru-bu-am-ma*, n° 194, l. 23, et *li-iš-pu-ru-am-ma*, n° 200, l. 16.

Dans les pronoms, je relève les formes suivantes :

pronoms isolés : *ia-a-ša*, n° 185, l. 21,
— *ka-a-ti-ka*, n° 110, l. 7,
— *attu-u-a*, nos 201, l. 10 et 202, l. 11,
— *attu-ka*, nos 8, l. 7 et 201, l. 11,
— *attu-ku*, n° 87, l. 35,
— *attu-ka-a*, avec interrogation, n° 224, l. 16,
— *attu-šu*, n° 82, l. 28;

1. Dans la même lettre, l. 20, *e-te-pu-uš-su* pour *etepušu* ou pour *etepussu*, le contexte manque.

2. Cf. la forme *a-na-da-an*, Muss-Arnolt, p. 650.

pronoms suffixes du verbe : *nu* est employé pour *ni, anni, inni,* dans les n°s 117, l. 10; 118, l. 8; 131, l. 18, 20; 222, l. 26, 27; 248, l. 21, 22;

ka-nu-šu, n° 161, l. 9, et *ki-nu-šu*, n° 9, l. 16 et 20 pour *kunûšu;*

ši pour *šu*, n°s 13, l. 25; 98, l. 14; 115, l. 18; 184, l. 19; 228, l. 9;

répétitions ou redoublements abusifs du suffixe nominal : *bêli-ni-e-nu*, n° 10, l. 7, pour *bêli-ni* et *qâta*[2]*-ni-i-ni ; ibid.*, l. 22, pour *qâtâ*[2]*-ni*[1]; *abi (i)-ni-ni* pour *abi-ni*, n° 230, l. 4;

allongement de la voyelle de liaison ou amalgame du suffixe singulier et du pluriel : *bêli-ia-a-ni* pour *bêli-ni*, n° 199, l. 16;

répétitions abusives et écriture irrégulière du suffixe verbal : *tanasuk-an-na-in-nu*, n° 202, l. 28, pour *tanasuk-anni ; iḫalliq-an-ni-in-ni-meš*, n° 10, l. 23[2], pour *iḫalliq-annâši ; al-[tap-]-rak-ka-ki-nu-šu*, n° 9, l. 9, pour *altaprakkunušu ; at-ta-da-aš-ša-ka*, n° 2, l. 9, pour *attadakka ; lu-uš-pur-ak-kaš*, n° 191, l. 27, pour *lušpurakka ; al-tap-par-ak-šu-nu-tu*, n° 21, l. 7, pour *altappar-akkunu* (ou : *aššunu* ?).

Enfin, au point de vue de la langue, la particularité la plus remarquable touchant les pronoms dans ces lettres est l'emploi simultané de deux suffixes verbaux à la suite du même verbe, comme en arabe et en éthiopien. Il y en a au moins deux exemples certains : n°s 160, l. 12 et 224, l. 19; voir plus loin notes sur ces passages. Comme en arabe et en éthiopien, la 2e personne y précède la 3e.

1. On peut se demander si ce scribe n'a pas voulu employer un état construit devant le pronom isolé *nînu*, ce qui serait encore plus irrégulier. C'est le même qui écrit *an-ni-in-ni-meš* pour *annâši*.

2. Voir note 1.

ABRÉVIATIONS ET SIGNES CRITIQUES

Brünnow. — Rudolph E. Brünnow, *A classified list of all simple and compound cuneiform ideographs*, etc., Leyde, 1889.

Delitzsch, AHW. — Fr. Delitzsch, *Assyrisches Handwörterbuch*, Leipzig, 1896.

I, II, III, IV Harper, etc. — R. Fr. Harper, *Assyrian and Babylonian letters*, Chicago, 1892-1902, 8 vol.

Muss-Arnolt. — Muss-Arnolt, *Assyrisch-englisch-deutsches Handwörterbuch*, Berlin, 1905.

Recueil de Travaux. — *Recueil de Travaux relatifs à la philologie et à l'archéologie égyptiennes et assyriennes*, publié sous la direction de G. Maspero, Paris.

Thompson. — R. Campbell Thompson, M. A., *Late Babylonian letters*, Londres, 1906.

Dans le texte assyrien, les mots ou parties de mots entre [ ] sont des restitutions; les syllabes entre ( ) sont les compléments phonétiques.

Dans le texte français, les mots ou parties de mots entre [ ] sont des restitutions; les mots entre ( ) sont ajoutés pour l'intelligence du texte.

LETTRES NÉO-BABYLONIENNES

N° 1

Lettre d'un roi d'Assyrie à Šadounou pour le prier de lui envoyer toutes les tablettes intéressantes qui se trouvent à Barsippa.

a-mat šarri a-na Ša-du-nu	Ordre du roi à Šadounou :
šul-mu ia-a-ši lib-ba-ka lu-u ṭa-ab-ka	Je vais bien; que ton cœur soit heureux !
ŭ-mi dup-pi ta-mu-ru Šú-ma-a	Le jour où tu auras lu ma tablette, Šoumâ,
apil-šu ša Šum-ukin ^{ilu}*Bêl-eṭir (ir) aḫi-šu*	fils de Šoum-oukin; Bêl-eṭir, son frère;
Apla-a apil-šu ša Ar-kăt-ilâni-^{meš}	Aplâ, fils de Arkat-ilâni,
ù ^{amilu} *um-ma-nu ša Bàr-sip* ^{ki}	et les artistes de Barsippa
ša at-ta ti-du-ú ina qâtâ^{2}*-ka ṣa-bat-ma*	que tu connais, prends(-les) à ta disposition et
duppàni-^{meš} *ma-la ina bîtâti-*^{meš}*-šu-nu i-ba-aš-šu-ú*	toutes les tablettes qui sont dans leurs maisons,
ù duppâni-^{meš} *ma-la ina E-ZI-DA šak-nu*	et toutes les tablettes qui sont déposées dans l'Ezida,
ḫi-pi-ir-ma duppâni-^{meš} *ša GU-*^{meš} *ša šarri*	recherche, et les tablettes des amulettes (?) du roi,
ša na-ra-a-ti ša UD-UD-^{meš} *ša* ^{arḫu} *nisanni*	des fleuves, des embrasements (?), du mois de nisan,
^{abnu} *kišâdu ša nârâti-*^{meš} *ša* ^{arḫu} *tašrîti ša bît sa-la-' A-*^{meš}	les ...... des fleuves, du mois de tašrit, de la maison de l'aspersion,

abnu kišâdu ša nârâti-meš *ša di-ni ŭ-mu*	les.... des fleuves (?), du calcul des jours,
4 abnu kišâdu-meš *ša rîš irši šarri u ŠE-GA* (?) *šarri*	4 amulettes (?) du chevet du lit du roi et du..... du roi,
kakku eru ša rîš irši šarri	l'arme *erou* du chevet du lit du roi;
šiptu ilu *E-a u* ilu *Marduk ni-me-qa*	l'incantation « Ea et Mardouk la sagesse
li-gam-me-ru-ni pu-uḫ-ḫu-ru	qu'ils accomplissent, la réunion....... »;
KU-QAR taḫazi ma-la ba-šu-ú	les récits de bataille, tous ceux qu'il y a,
a-di giṭṭâni-meš-*šu-nu at-ra-a-ti*	avec leurs très grandes tablettes,
ma-la i-ba-aš-šu-ú	toutes celles qu'il y a;
AŠ-MÊ-GI ana amêli ai iṭḫi (e)	(la série) « que (le mal) AŠ-MÊ-GI n'approche pas de l'homme,
EDIN-NA DIB-BI-DA Ê-KAL TUR-RA	en allant dans la campagne (ou) en entrant dans le palais » (?),
ni-pi-ša-a-nu ŠÚ-IL-LA-KAN-a-nu	les textes rituels, les élévations de mains,
mal-ṭa-ru ša abnê-meš *u*	les inscriptions sur pierres et
ša a-na šarrûti (ú-ti) ṭa-a-bi	celles qui sont bonnes pour ma Majesté royale;
tak-pir-ti ali IGI-NIGIN-NA	(la série de) la purification de la ville entière (?),
ki-i na-kut-ti u mimma ḫi-šiḫ-ti	pour l'angoisse et toute nécessité,
ina êkalli ma-la ba-šu-ú ù duppâni-meš	toutes celles qu'il y a dans le palais, et les tablettes
aq-ru-tu ša gipari-ku-nu-šim-ma	précieuses de vos appartements (personnels)
ina mâtu *Aššur*-ki *ia-ʾ-nu bu-ʾ-a-nim-ma*	qui n'existent pas en Assyrie, recherche et
šú-bi-la-a-ni a-du-ú a-na amilu *šà-tam u* amilu *ša-ku al-tap-ra*	envoie-moi. A l'instant, à l'intendant et à l'officier j'ai mandé;

ina bît qâtâ'-ka tal-tak-nu man-ma	dans ton magasin vous les placerez. Personne
dup-pi ul i-kil-lak-ka u ki-i	ne doit te refuser de tablette. Et si
mimma dup-pi u ni-pi-šu ša a-na-ku	il est quelque tablette et texte rituel sur lesquels moi
la aš-pu-rak-ku-nu-šu u ta-bar-ra-ma	je ne vous ai pas mandé et que vous voyiez
a-na êkalli-ia ṭa-a-bu	bons pour mon palais,
it-ti-'-im-ma i-ša-am-ma	choisis-(les), prends-(les) et
šú-bi-la-a-ni	envoie-(les) moi.

10-11. *duppâni-meš ša GU-meš*, peut-être *ša kišâdâti*, les « tablettes de cou », les amulettes (voir *infra*, l. 12 et 13), ou une série de tablettes sur un sujet désigné par l'idéogramme *GU*, que le roi demande ainsi que les tablettes relatives au roi, aux fleuves, aux jours ou aux embrasements (*UD-UD* = *nabâlu*?), aux cérémonies ou plutôt à la fixation du mois de *nisan*, c'est-à-dire du début de l'année.

12. *abnu kišâdu ša nârâti-meš* : ce titre paraît désigner des séries déterminées de textes astronomiques (?), consacrées les unes au mois de *tašrît*, c'est-à-dire au début de la deuxième partie de l'année, et à « la maison de l'aspersion », les autres au calcul des jours. Dans ces conditions, les *abnu GU* ou *kišâdu* sont probablement, ici au moins, des inscriptions plus considérables que ne pourraient l'être des amulettes portatives, peut-être des inscriptions sur galets ou « pierres de fleuves », en forme d'amulettes.

14. Les 4 amulettes (?) demandées doivent se placer au chevet du lit royal et près d'un autre objet, ŠE-GA ou TIR (?), du roi.

15. *kakku eru* = *IṢ-KU IṢ-MA-NU*. La transcription et la traduction de cette ligne sont basées sur Rawlinson, *The cuneiform inscriptions of Western Asia*, t. IV, 2e édition, pl. 5, 61/62, c : *e-ra (= IṢ-MA-NU) kak-ka dan-na... ina rîši-šu šu-kun*, « Place à sa tête... l'arme puissante *eru* ».

18. *KU-QAR*, voir Sayce, *The literary works of ancient Babylonia*, dans *Zeitschrift für Keilschriftforschung*, I, 193.

21. *AŠ-MÊ-GI* : l'idéogramme *MÊ-GI* = *ašgagu* (Meissner, *Selt. Assyr. Ideogr.*), synonyme de *tuquntu*, *anântu*.

On pourrait donc lire à la rigueur *ina ašgagi*, etc., « dans la bataille que n'approche pas de l'homme » tel ou tel mal. Je crois plutôt que *AŠ-MÈ-GI* forme un idéogramme complexe qui désigne une maladie, et que nous avons ici une phrase analogue à celle de Sennachérib, Constantinople, 73 : *murṣu ana amîli lâ TE-e*. — Thompson : *ina taḫazi qanû ana amêli la iṭeḫḫi* (?), « In battle a staff (?) shall not come near the man » !

26. *IGI-NIGIN-NA*, d'après Meissner, *Selt. Assyr. Ideogr.*, à lire peut-être *saḫâru ša îni*, « la circonférence de l'œil », ce que l'œil peut embrasser.

29. *gipari* désigne ici clairement les appartements personnels des correspondants du roi, par opposition au palais (l. 28). Ce sens a été signalé depuis longtemps par Scheil, *Notes d'épigraphie et d'archéologie assyriennes*, XXIV, tirage à part, p. 10, l. 17, *giparê-šu u kisallê-šu*, « ses appartements et ses terrasses » (*Recueil de Travaux*, t. XIX). — Thompson : *ša mi-tak-ku-nu-šim-ma*, « on your route ».

N° 2

Lettre d'affaires. Ebabbara-šadounou annonce au gouverneur des envois divers.

duppi E-babbar-ra-ša-du-nu	Tablette d'Ebabbara-šadounou
a-na amîlu ki-i-pi	au gouverneur,
abi-ia ilu Bêl u ilu Nabû šú-lum	mon père. Que Bêl et Nabou la santé,
ṭu-ub lib-bi ṭu-ub šêri	le bonheur du cœur, le bonheur du corps,
arâk û-mu ša abi-ia	la longueur des jours de mon père
liq-bu-ú a-na qèmi ša	décrètent. Au sujet de la farine sur laquelle
bèlu iš-pu-ra 40 gur qêmi	le maître a mandé, 40 *gour* de farine
ina 12 šaq-qa-a-ta	en 42 sacs
at-ta-ṭa-aš-ša-ka	je te livre
u aq-ta-na-ku-ka	et je scelle pour toi,
....ul-te-li	....je fais monter,

....al-tap-ra	....j'envoie.
šaq-qa-a-ta bêlu li-mur	Que le maître vérifie les sacs.
man-ma ša la bêli-iá	Personne sans mon maître
la i-pat-ti	ne doit (les) ouvrir.
qêma ṭâbta	De la farine, du sel (?),
bit-li-e	du bdellium (?)
ina qâtâ[2] *ilu Bêl-iddin ù*	par Bêl-iddin et
Ar-di-ia 5 ma-na kaspi	Ardi-ia, 5 mines d'argent
ina qâtâ[2] *Bêl-zêri ù*	par Bêl-zêri et
ilu Bu-ne-ne ibni	Bounene-ibni
a-na bêli-ia	à mon maître
ul-te-bi-li	j'ai fait porter.
bat-qa ša dul-li-ka ina lib-bi.	Le défaut du travail (exécuté) pour toi, avec cela
bêlu li-iṣ-bat a-na eli	que le maître répare. Au sujet
parzilli ša bêlu iš-pu-ra	du fer sur lequel le maître a mandé,
parzillu ki-ru-bu-tu	de fer *kirouboutou*
ia-a-nu a-mur u-ba-'-ma	il n'y a pas. Voici : j'(en) chercherai, et
na-aš-am-ma a-na	une charge (?) à
bêli-ia ú-še-bi-li	mon maître j'(en) ferai porter.
ṭe-im u šú-lum	Des ordres et de bonnes nouvelles de la santé
ša bêli-ia	de mon maître
lu-uš me	puissé-je recevoir.

1. Pour la lecture *duppi* (= IM) dans cette lettre et les suivantes, voir n° 184, l. 1 : *dup-pi* ilu Nergal-iddin, et n° 230, l. 1 : *dup-pi* X., etc.

9. *at-ta-ṭa-aš-ša-ka*, I, 2, de *naṭâšu*, avec le sens de « livrer », ou plutôt de *nadânu*, pour *attadanka*.

24. On pourrait encore transcrire *pit-qa*, etc., et traduire : « La marque de ton service est dessus (sur les objets envoyés), que le maître les reçoive ». Mais, n° 116, l. 14-15, *bat-qa ša amilu irriši-šu-nu ṣab-ta-'* paraît imposer la transcription et la traduction adoptées : le scribe recommande à son chef de réparer ou de compenser à l'aide de l'argent

envoyé les malfaçons du travail qui a été exécuté pour lui. — Thompson : *mit-qa*, etc., « ..... for the despatch of thy commission. May my Lord receive (it) for this purpose. »

29. *na-aš-am-ma*, infinitif de *našû* ? — Thompson : « I have sought to get it » !

N° 6

Lettre d'Iddina-a à dame Qoudašou. Il donne de ses nouvelles, envoie ses salutations à diverses personnes, en s'informant de leur santé, demande surtout avec instance des nouvelles de sa correspondante.

duppi Iddina-a a-na ^{sinništu} *Qu-da-šu*	Tablette d'Iddina-a à Qoudašou,
bêlti-ia û-mu-us-su ^{ilu}*Bêl u* ^{ilu}*Nabû*	ma dame. Tous les jours Bêl et Nabou
a-na balâṭ napšâti-^{meš} *arâk û-me*	pour la vie des âmes, la longueur des jours,
ṭu-ub lib-bi ša bêlti-ia ú-ṣal-la	le bonheur du cœur de ma dame je prie.
ina ṣilli ša ilâni-^{meš} *šú-lum a-na-ku*	Par la protection des dieux, je vais bien,
u a-na man-ma ma-la it-ti-ia	ainsi que tous ceux qui sont avec moi.
na-kut-ta-a la ta-ri-ša-'	N'aie pas d'inquiétude à mon égard
ša ṭe-ma-a la ta-ša-ma-'	parce que tu ne reçois pas de mes nouvelles :
ul-tu ^{arḫu} *simâni a-na* ^{šadû} *Pa-ni-ra-ga-na* (?)	depuis le mois de siwan au mont Paniragana (?)
at-ta-la-ak ^{ilu}*Bêl u* ^{ilu}*Bêlti-ia*	je suis allé. Mes dieux Bêl et Bêlit
a-na muḫ-ḫi-ia ṣu-ul-li-ia	prie pour moi.
Iddina-a šú-lum ša Id-din- ^{ilu}*Marduk abi-šu*	Iddina a des nouvelles de la santé d'Iddin-Mardouk, son père,
u ^{sinništu} *Ina-Esaggil-ra-mat ummi-šu*	et de Ina-Esaggil-râmat, sa mère,
i-ša-a-lu Iddina-a šú-lum ša	demande. Iddina-a des nouvelles de la santé de

Šul-lu-mu abi-šu sinništu *Dam-qa-a*	Šoulloumou, son père, de Damqâ,
ummi-šu i-ša-a-lu Iddina-a šú-lum	sa mère, demande. Iddina-a des nouvelles de la santé
ša Du-muq aḫi-šu i-ša-a-lu	de Doumouq, son frère, demande.
...... *ša ilâni*-meš *mi-na-a*	[Par le ......] des dieux, pourquoi
ṭe-en-ka la-pa-ni-iá	tes nouvelles de moi
i-ri-ig-ga-am	sont-elles restées loin?
Ši-ir-ku la ta-sil-lu.....	Ne te confie pas (?) à Šir-kou,
ul-tu duk(?)*-ka-nu la i-*[*ši*]*m* (?)	depuis qu'il n'a pas fixé (?) le.....
Iddina-a šú-lum ša Ḫa-ba-ṣi-ru	Iddina-a des nouvelles de la santé de Ḫabaṣirou,
Šad-din-nu u sinništu *I-lat aḫê*-meš*-šu i-ša-a-lu*	de Šaddinnou et de dame Ilat, ses frères, demande.
Iddina-a šú-lum ša Itti-ilu *Nabû-balâṭu aḫi-šu*	Iddina-a des nouvelles de la santé de Itti-Nabou-balâṭou, son frère,
i-ša-a-lu mi-na-a ṭe-en-ka	demande. Pourquoi tes nouvelles
la-pa-ni-ia i-ri-iq u ši-pir-tum	sont-elles restées loin de moi, et à tous les messages
ma-la a-šap-pa-rak-ka gab-ri ši-pir-tum	que je t'envoie de réponse
ul am-mar al-ta-pa-rak-ka	ne vois-je pas? Je t'a ais mandé
um-ma ul-tu muḫ-ḫi ū-mu ša al-li-ku	en ces termes : « Depuis le jour où je suis parti,
mi-nu-ú ki-i ina pit-tum-šu šú-pu-ú	que s'est-il donc (passé) soudainement d'extraordinaire ? »
mi-na-a ṭe-en-ka ul aš-me	Pourquoi (donc) n'ai-je pas reçu de tes nouvelles?
Bur-ku-ú a-na bur-ki ša ilu *Taš-me-tum*	(Si) Bourkou sur le sein de Tašmetoum
[*i*]*-ti-li-' šú-pur Iddina-a*	est monté, mande. Iddina-a
šú-lum ša sinništu-ilu *Taš-me-tum-tab-ni*	des nouvelles de la santé de dame Tašmetoum-tabni,

sinništu Ina-Esaggil-be-lit	de dame Ina-Esaggil-bêlit,
Ši-ir-ku Lub-luṭ Bur-ku-ú	de Širkou, de Loubloutˌ de Bourkou,
[*sinništu-ilu*] *Na-na-a*......	de dame Nanâ..........
....	....
bîti gab-bi i-ša-a-lu a-na ilu Bêl-su-pi-e-mu-ḫu-ur	de toute la maison, demande. Au sujet de Bêl-soupie-mouḫour,
mi-na-a ina arḫi ištênit-(it) ši-pir-ta-ka ul am-mar	pourquoi en un mois ne vois-je pas un seul message de toi.

7. *nakuttu*, « inquiétude », et ailleurs avec une légère nuance de sens « ennui », « embarras » ; le mot revient souvent dans les lettres néo-babyloniennes, en particulier en connexion avec le verbe *rašû* : n° 3, l. 18-19, *ki-i na-kut-ti ... e-li-ka bêlu ra-šú-u;* l'absence de contexte ne permet pas de traduction; n° 75, l. 10-12, *ki-i na-kut-ti a-na aḫi-iá al-tap-par*, « quoique j'envoie un ennui à mon frère »; n° 101, l. 23-24, *ki-i na-kut-ṭum a-na bêli-ia al-tap-ra*, « quoique j'envoie un ennui à mon maître », — c'est-à-dire : quoique je cause de l'ennui à mon frère ou à mon maître; — n° 130, l. 8-9, *lu ma-du na-kut-tum aš-ta-aš-ši* (pour *artaši*), « j'ai conçu une grande inquiétude »; n° 147, l. 18-19, *mimma na-kut-ta-a la tu-*[*šar*]*-ša*, « tu ne dois me faire concevoir aucune inquiétude »; n° 184, l. 21-22, *na-kud-ut(sic)-tum ša dul-lu bêlu la i-raš-ši*, « le maître ne doit pas concevoir d'inquiétude au sujet du travail ».

Thompson traduit ici : « Thou hast not asked of my troubles »; il rattache sans doute le verbe à *erêšu*. Tous les passages que je viens de rapprocher attestent évidemment la présence du verbe à 3e déficiente, *rašû*.

11. *ṣulli-ia* pour *ṣulli'*.

20. *i-ri-ig-ga-am* et 27 *i-ri-iq*, parfait I, 1 de *rêqu*, ריק.

21. *la tasillu*, « ne te confie pas », d'après le sens proposé par Meissner, *Supplement*, p. 72. Il est possible cependant que le sens de « négliger » (Thompson), que nous retrouverons plus loin, soit préférable même ici; voir *infra*, n° 40, l. 25 et 29.

31. Le sens de cette ligne reste incertain : *ki* serait ici un explétif, « donc »; *ina pittum-šu*, « en son soudain », équivalent de *ina pittum*, à moins que *pittum* ne désigne un

lieu ou un objet déterminé appartenant à Iddina-a; il emploierait la 3e personne en parlant de lui-même, comme il le fait à plusieurs reprises dans le reste de la lettre. Il n'est guère probable pourtant que ce mot doive se transcrire *bit-tum*, avec le sens de « maison » (Thompson); *šupû*, « extraordinaire », littéralement « brillant » : que s'est-il passé de si fort que je n'ai reçu aucune nouvelle de toi ?

33. L'auteur fait là sans doute une plaisanterie et certainement un jeu de mot sur le nom de *Burkû* et le *burki*, le sein de Tašmêtum. Il ne peut s'agir de la mort de Burkû; plus loin, l. 37, il demande de ses nouvelles, comme de celles de ses autres amis.

40-41. Peut-être le scribe donne-t-il une commission pour Bêl-supie-muḫur : (dis de ma part) à Bêl-supie-muḫur : pourquoi dans un mois ne vois-je pas un seul message de toi ?

N° 7

Iddin-Bêl adresse des reproches à Oubar.

duppi Iddin-^{ilu}Bêl	Tablette de Iddin-Bêl
a-na Û-bar aḫi-iá	à mon frère Oubar.
^{ilu}*Bêl u* ^{ilu}*Nabû šú-lum u balâṭu*	Que Bêl et Nabou la santé et la vie
ša aḫi-ia liq-bu-ú	de mon frère décrètent.
5. *a-na-ku me-e ša... tam-tim*	5. Moi, de l'eau... de mer (?),
zêru-^{meš} ša iṣ-ṣur me-e	des grains pour les oiseaux aquatiques (?),
bitâti-^{meš} gab-bi ša ^{alu}Za-mat (?) *u zêru pi i-saḫ-i-pu gab-bi*	toutes les maisons de la ville de Zamat (?) et le grain de ... ils ont tout foulé aux pieds.
a .... ni	....
(lacune)	(lacune)
9. *tu....ti....* [*ŠE-BAR ša*]	9. .... [le grain des]
10. *^{amilu}ṣâbê-^{meš} ul ta-ad-din-nu*	10. ouvriers vous n'avez pas livré,
u GIŠ-BAR-^{meš}-šu-nu a-na	et leurs versements à
bìt šarri	la maison du roi

ul ta-ad-din *ilu Bêl u ilu Nabû*	tu n'as pas livré. Bêl et Nabou
lu-ú i-du ki-i a-di	savent pourtant que
a-na muḫ-ḫi da-a-ta akâlê	jusqu'à(?) des présents d'aliments
ú-qar-ú-ba-ka	je t'ai apporté.
ŠE-BAR GIŠ-BAR-meš ša amtlu ṣâbê-meš-a-an	Le grain (et) les versements de chacun des
28 ul-tu bîti-ka	28 ouvriers, de ta maison
a-maḫ-ra-ú-ka	recevrai-je de toi ?

5-8. Le texte de ces lignes est mauvais, et le sens des plus incertains.

9. [*ŠE-BAR ša*] restitué d'après la l. 17.

11. *GIŠ-BAR*, voir *infra*, note sur le nº 192, l. 7. S'agit-il des taxes que ces ouvriers ou ceux qui les employaient étaient tenus de payer au roi, ou des salaires de ces ouvriers ?

13. *ilu Bêl u ilu Nabû lu-ú i-du*, formule de serment. Souvent elle est abrégée : *ilu Bêl u ilu Nabû*, « par Bêl et Nabû » j'ai fait ceci ou cela; voir *infra*, nº 105, l. 23-24.

14-16. Iddin-Bêl semble dire qu'il a été jusqu'à porter des présents à Ubar pour le déterminer à faire les livraisons attendues.

17. Sur la lecture possible *šeatum* pour ŠE-BAR, voir Muss-Arnolt, *Assyr. Handw.*, p. 996, b. et Meissner, *Selt. Assyr. Ideogr.*

18. « de ta maison », avec le sens de *e, ex* : te décideras-tu à faire sortir le grain de ta maison pour le livrer à qui de droit ?

19. *a-maḫ-ra-u-ka* : la double finale *a-u* dans un imparfait, à la 1re personne du singulier, n'est explicable que si cette prolongation marque une interrogation. Nous en verrons plus loin d'autres exemples.

La traduction de Thompson est toute différente de celle que je propose pour les l. 10 à 19.

Nº 13

Eṭir-Mardouk fait expédier la laine nécessaire pour achever des vêtements divins.

duppi Eṭir-ilu Marduk a-na	Tablette de Eṭir-Mardouk à
ilu Nabû-šum-lišir	Nabou-šoum-lišir,

ilu Nabû-zêr-lišir u Ki-i-ilu Bêl	Nabou-zêr-lišir et Kî-Bêl,
aḫê-meš-e-a ilu Nabû u ilu Marduk	mes frères : que Nabou et Mardouk
a-na aḫê-meš-e-a lik-ru-bu	bénissent mes frères.
Šâpik-zêri apil-šu ša iluŠa-maš-aḫi-iddin	Šâpik-zêri, fils de Šamaš-aḫi-iddin,
il-tap-par um-ma dul-lu	a mandé en ces termes : « La confection
ša ni-bi-ḫu ša iluŠamaš	du vêtement de Šamaš
iluBu-ne-ne ù	(et de) Bounene et
ša lu-bu-uš ša arḫu addari	du vêtement pour le mois d'adar
ù arḫu nisanni il-la-ʾ	et le mois de nisan est urgente (?) ;
šipâtu ta-kil-tum ba-aṭ-il	la laine violet-pourpre manque ». —
[a]-mur-ru-ʾ mi-nu-ú	Voyez : tout ce qui
[a-na dul-li] ša ni-bi-ḫu...	[pour la confection] du vêtement...
(lacune)	(lacune)
[in-na-ni-] iš-ši-ʾ-ma	[donnez] lui, pour que
.......ni-bi-ḫu	.......le vêtement
ša ilu Šamaš ilu Bu-ne-ne ù	de Šamaš (et de) Bounene et
lu-bu-uš ša arḫu addari	le vêtement pour le mois d'adar
u arḫu nisanni li-pu-uš	et le mois de nisan il puisse faire.
dul-lu-šu la i-baṭ-il	Son travail ne doit pas s'interrompre.
kap-du šipâtu ta-kil-tum	Au plus tôt, de la laine violet-pourpre
in-na-ni-iš-ši	donnez-lui.

6. *Šâpik-zêri* = *DUB-QUL*. Thompson a confondu *DUB* avec *SIT* et a lu *Šit-qul*. De même aux nos 51, 5, 6, 9 ; 216, 1; 217, 1; 218, 1; 219, 1; 227, 6, 18.

13. *il-la-ʾ*, « urge », ou peut-être « avance », littéralement « monte ». Thompson : « There is ».

24. Sur *kapdu*, voir Thompson, p. 16, note 1. Les deux sens de « vite », « promptement » ou de « exactement », « sans faute », qu'il propose pour *kapdu* conviennent à tous les

contextes dans lesquels ce mot se trouve. Le premier paraît cependant préférable.

25. *in-na-ni-iš-ši*, « donnez-lui », pour *idna-ni-i-šu*, de *nadânu*. — Thompson : « shall be sent », d'un verbe *inû*, « envoyer ». — Ungnad, *Or. Lit. Zeitung*, 1907, p. 517, a donné une note sur *innâ* = *idnâ*. Pinches avait établi cette équivalence dès 1897, en publiant une des lettres que Thompson a reproduites (n° 190) : « Innaššu is for idnaššu « give him », with vowel-ending *a*, from the common verb *nadânu*, « to give » (*Recueil de Travaux*, 1897, p. 106). Cf. Muss-Arnolt, *Ass. Handw.*, p. 652, a.

N° 17

Eṭir-Mardouk réclame un compte de farine.

[*duppi*] *Eṭir-ilu Marduk*	[Tablette] de Eṭir-Mardouk
[*a*]-*na amilu šangê-meš*	aux prêtres,
aḫê-meš ilu Nabû u ilu Marduk	(mes) frères. Que Nabou et Mardouk
a na aḫê-meš lik-ru-bu	bénissent (mes) frères.
ultu libbi ša ṭe-en-nu (?)	De sur la mouture
arḫu kislimi šatti XIV kan	du mois de kislev de la XIVe année,
mi-nu-ú [*a-na dul*]-*lu*	tout ce que [pour (leur) travail
a-na amilu nuḫatimmê-meš	aux boulangers
ta-ad-din-nu-'	vous avez livré,
šú-ṭur-ra-'	inscrivez,
[*u ina qâtâ*][2] *ilu Šamaš-ibni*	[et par les mains] de Šamaš-ibni
[*u Tuk* (?)-*l*]*a-a*	[et de Toukl]â
(lacune de 1 ou 2 lignes)	(lacune de 1 ou 2 lignes)
[.................... *ša*]	[................ ce que]
[*en* (?)]-*na a-na ilu Šamaš-ibni*	[main]tenant à Šamaš-ibni
u Tuk (?)-*la-a*	et à Touklâ
ta-ad-din-nu šub-ni	vous avez livré, faites faire (?),
ù ku-un-ta-'	et ....
ù šú-bi-la-'	et envoyez.
ki-ma-' kaspu ḫa-ṭu	Soit l'argent contrôlé

ù ki-ma-' kaspu	et soit l'argent
ša šipâte šup-ra-'	des laines envoyez.
[*kap*]-*du ḫarrâna*	Vite, le chemin
[*a-na šêpê*][5]-*šu-nu*	[pour] leurs [pieds]
[*šuk*]-*na-'*	[dis]posez ;
[*nu-bat-tum la*] *i-bi-tu-'*	qu'ils ne prennent [pas de repos].

5. *ṭe-en-nu*, « mouture », écrit ordinairement *ṭe-e-nu*, voir Muss-Arnolt, *Ass. Handw.*, p. 357, a. Cf. le syriaque ܛܚܢܐ, « mouture » ; ici, l'aspirée est compensée par le redoublement de la consonne suivante. — Thompson a pris ce mot pour *ṭêmu : ṭe-en bêli (?)*, « my lord's instructions of kislew of fourteenth year ».

8. *amîlu nuḫatimmê-meš*, écrit *amîlu MU-meš*.

15 *bis*. *šub-ni*, « faites faire », traduction très hypothétique. Il est peu vraisemblable que le scribe emploie ici cette vocalisation pour l'impératif 2e pers plur., alors que dans tout le reste de la lettre, l. 10, 16, 17, 20, 23, il emploie en pareil cas la finale *a-'* ; *šub-ni* serait-il un substantif, ou l'original porterait-il *ta-ad-din-nu-ú-ni* au lieu de *ta-ad-din-nu šub-ni* ?

16. *ku-un-ta-'* est évidemment la 2e pers. plur. masc. de l'impératif I, 1 d'un verbe *kanâtu* ou *kamâtu*, peut-être même *katâtu*, dans ce cas pour *kuttâ*.

18. *ki-ma-'*, probablement écriture défectueuse de *kîma*, avec le sens de « soit ... soit » ; voir n° 20, l. 8-9, *a-mu-ra-' ki-ma-' ki-i zêru mu-šú-ru*, « voyez comment ainsi le champ de blé a été abandonné », ou « comment le champ de blé » etc., *kima' kî* n'étant dans ce cas qu'une locution composée comme *akka' iki* ; — n° 39, l. 21, *um-ma ki-ma-' kaspa a-na ilu Bêl-lu-ú-aḫu-ú-a li-din*, « s'il a donné de l'argent à Bêl-lû-aḫu-ua ». — Dans tous ces passages et dans le n° 13, Thompson a lu *qi-ma-'*, « farine » : « send flour : the money is wrong (!) and so is the flour ».

24. Pour la restitution [*nubattum la*], voir le n° 89, l. 12-14, et IV Harper, n° 399, *verso*, 3 : *nu-bat-ti ina Ninâ ki ul i-bit*.

N° 19

Lettre d'affaires.

duppi [*Eṭir*] *ilu Marduk a-na*	Tablette de [Eṭir]-Mardouk à

...apli aḫi-ia	.....mon frère
ilu Nabû u ilu Marduk a-na	que Nabou et Mardouk
aḫi-ia lik-ru-bu	bénissent mon frère.
a-mur Mu-ra-nu ù	Voici : Mouranou et
amîlu.... meš a-na aḫi-ia	les......à mon frère
....u a-mir-tum ša ŠE-BAR	...et la masse (?) du grain
...ul-te-bi-lak-ka	......je t'ai envoyé.
....ŠE-BAR ina qâtâ²	....du grain par les mains de
.... a-na	..............à
... ..nadnât (na-at)	.........a été versé ;
.......a-na	.............pour
....	....
.......nadnât (na-at)	............a été versé.
.......gur ŠE-BAR	[....tant de] *gour* de grain
[*ina*] *E-babbar-ra*	[dans] l'Ebabbarra
[*nad*]*-na-at ri-ḫi-it*	ont été versés. Le reste
15 gur ŠE-BAR e-lat	des 15 *gour* de grain, en plus
ki-ba-a-ta a-na	de ce que tu avais reçu l'ordre (de verser), à
Mu-ra-nu i-din	Mouranou verse.
mi-nam-ma ḫa-ṭi-ra-nu	Pourquoi des *ḫaṭiranou*
ina eqli ša ilu Šamaš....	[y a-t-il] dans le champ de Šamaš ?
u at-ta ši-ti-iq e-tam	Or, toi, fais déplacer la borne (?)
a-ga-' ša a-na-[*ku*]	que moi
u ilu Nabû-si-lim ni-[*iq-bak-ka*]	et Nabou-silim t'avons ordonné (de déplacer)
um-ma eqlu ša ilu[*Šamaš*]	en te disant : « Le champ de Šamaš
paq-dak-ka ḫarrânam	t'a été confié ». — Le chemin
a-na šêpâ² ša Mu[*ra*]*nu šú-kun*	pour les pieds de Mouranou dispose.

21. *ḫa-ṭi-ra-nu*, sans doute une mauvaise herbe ou une plante parasite, peut-être à longue tige ; cf. חֹטֶר.

23. *ši-ti-iq e-tam :* Thompson transcrit : *ši-ti-iq-e-tu*, « thou art careless (?) ». Nous avons ici, en réalité, une forme plus rare de l'impératif III, 1 de *etêqu*, *šetiq* à côté de la

forme ordinaire *šutiq*. Si *etam* n'est pas l'accusatif de *itu*, « borne », c'est au moins un substantif, comme le prouve le démonstratif *aga'*.

24. *a-ga-'* doit se rendre par l'article, comme il arrive assez souvent pour *zekû* en éthiopien.

N° 20

L'auteur de la lettre dénonce un cultivateur infidèle.

[*duppi....a-na*]	[Tablette de....à]
Ki-i-^{ilu}*Nabû* [*u...aḫê-*^{meš}*-e-a*]	Kî-Nabou [et.... mes frères] :
^{ilu}*Nabû u* ^{ilu}*Marduk a-na aḫi-e-a*	que Nabou et Mardouk
lik-ru-bu zêr E....	bénissent mes frères. Le champ de blé de ce temple de....
ša-a-šu Li-šir	Lišir
muš-šir u ŠA-HI-[*A*]	a abandonné, et les....
ul ir-riš al-ka-ma	il ne cultive pas. Venez, et
i-na i-ni-ku-nu	de vos yeux
a-mu-ra-' ki-ma-'	voyez comment
ki-i zêru mu-šú-ru	ainsi le champ a été abandonné.
zêra ù qiš-šat	Du blé et des concombres (?)
a-na ^{ilu}*Šamaš-upaḫḫir (ir)*	a Šamaš-oupaḫḫir
in-na-ma zêra	donnez, et que le champ de blé
la ú-ta-ab-bal	il ne s'approprie pas.
2 ma-na kaspi	2 mines d'argent
a-na ^{ilu}*Bêl-apli-iddin*	à Bêl-apli-iddin
ù ^{ilu}*Bêl-uballiṭ (iṭ)*	et Bêl-ouballiṭ
šú-bi-la-nu kaspu	envoyez. C'est l'argent
ša ina pâni-šu-nu....	qui est à leur disposition....

J'ai conservé la numérotation des lignes de l'autographie, dans laquelle Thompson n'a compté que les lignes conservées.

4. *ša-a-šu;* Thompson : *ša apli-šu*. — Dans toute la lettre, sa traduction diffère de celle que je propose.

5. *muš-šir :* malgré sa vocalisation, le contexte nous force à voir dans ce mot non pas l'impératif, mais le permansif de

mašâru, II, 1. Il est pourtant singulier que le scribe ait écrit correctement le même permansif à la l. 9.

ŠA-HI-[*A*], si c'est bien [*A*] qu'il faut restituer, désigne-t-il une céréale ou une partie du terrain à cultiver? On pourrait lire peut-être *ša-ḫi-*[*e*], à rapprocher de *šaḫu*, « grain » (?) ; voir Muss-Arnolt, *Ass. Handw.*, p. 1017, b. L'autographie de Thompson porte 𒂊 et sa transcription *kurummâti*, 𒂊. Laquelle des deux devons-nous croire? Il traduit : « I will not ask for maintenance ».

8. *ki-ma-'*, voir *supra*, n° 17, l. 18.

10. *qiš-šat*, pluriel à forme féminine de *qiššû*?

12-13. Thompson : « I have sent.... and I have not taken away corn ».

18. Thompson note sur la fin de cette ligne qu'on y voit les traces « de trois caractères ». Sur l'autographie, il avait donné 𒋗𒈨𒌍, *qâtâ*[2]. Si cette lecture était exacte, il faudrait traduire : « C'est l'argent qui est la part (mise) à leur disposition ».

N° 23

Recommandations diverses.

duppi........	Tablette de........
a-na *ilu Nabû-iddin....*	à Nabou-iddin
ilu Nabû-uballiṭ (iṭ) Na-ṣir	Nabou-ouballiṭ, Nâṣir
u Ki-i- *ilu Nabû aḫê-meš-e-a*	et Kî-Nabou, mes frères :
ilu Nabû u *ilu Marduk a-na*	que Nabou et Mardouk
aḫê-meš-e-a lik-ru-bu	bénissent mes frères.
mimma ma-la....	Absolument tout....
ri-iḫ-tum....	reste....
mu-ḫur-šu ṣab-tu	accepte de lui. Les prisonniers
ša i-ṣab-ba-tu	qu'ils prendront
la ta-pat-ṭar-'	ne délivrez pas.
su-uṭ-ṭir-a-ma	Inscrivez-(les), et
ina eli *iṣu li-e*	sur une tablette
šú-uz-zi-za-'	mettez-(les).
iṣu li-e	La tablette
šú(?)-[*up-ra-'*]	[envoyez].

13-14. « sur une tablette mettez-les »; cf. notre locution « coucher sur le papier »; Thompson : « write and arrange about the tithe ». Il semble croire qu'il s'agit de dîme dans cette lettre.

N° 36

Erba-Mardouk se disculpe auprès de son maître, le gouverneur.

[duppi Er-]ba-ilu Marduk	[Tablette d'Er]ba-Mardouk
[a-na amtlu k]i-i-pi	[au] gouverneur,
[bêli-iá ilu] Bêl ilu Nabû ilu Šamaš	[mon maître] : que Bêl, Nabou, Šamaš,
ilu A-a šú-lum ṭu-ub	Aia, la santé, le bonheur
lib-bi ṭu-ub šîri	du cœur, le bonheur de la chair,
a-ra-ku ú-mu ša bêli-iá	la longueur des jours de mon maître
liq-bu-ú šú-lum ina ali	décrètent. La prospérité règne dans la ville,
êkurri u bîti ša bêli-iá ša-kin	le temple et la maison de mon maître.
a-na eli kaspi ša e-bu-ra-nu	Au sujet de l'argent des moissonneurs (?)
ša bêlu iš-pur-ru ilu Šamaš	sur lequel le maître a mandé, par Šamaš
u ilu Marduk ki-i ul-tu eli	et Mardouk, depuis
ša amtlu šangi Sip-par ki bêlu	que le maître a vu le prêtre de Sippar
i-mu-ru a-di-i eli	jusqu'à
ša en-na lu ma-a-du	maintenant, ni ils n'ont été très
la mar-ṣu lu la dib-bi	malades, ni les querelles
ma-ṣu-ú a-na eli	n'ont été grandes. — Au sujet
a-la-ku ša Bâbili	du voyage de Babylone
ša bêlu iš-pur-ru	sur lequel le maître a mandé,
lu la dib-bi	non plus les querelles
it-ti-iá	avec moi
ul ma-ṣu	n'ont été grandes.
a-mur Ki-na-a	Voici : (là-dessus) que le maître
bêlu li-ša-al a-na eli	interroge Kinâ. — Au sujet

alpê-mes ša bêlu iš-pur-ru	des bœufs sur lesquels le maître a mandé
a-di la amilu mâr šipri ša bêli-iá	avant que le messager de mon maître
am-ma-ru mêra-ka	je ne voie, j'ai mandé à mon
bab-ba-ni-tum ki-i a-bu-ku	maître que j'avais amené en
a-na bêli-iá al-tap-ra	supplément ton jeune taureau.
ilu Šamaš u ilu Marduk mimma	Que Šamaš et Mardouk absolument
ma-la qâtâ'-ka ina eli	tout ce sur quoi ta main
šak-na-at gab-bi	est placée, tout (cela)
a-na dum-ki lu-tir-ra	qu'ils le tournent en faveur !
[ṭe]-e-mu u šú-lum	Des ordres et des nouvelles de la santé
[ša] bêli-iá lu-uš-mu	de mon maître puissé-je recevoir.

18 et 28. Il est possible que *maṣû* signifie ici « sont arrivés », « ont eu lieu ». Sur *lu la*, cf. IV Harper, nº 429, *verso*, 4 : *šarru lu la išappara.*

Nº 40

Cette tablette contient deux lettres, toutes les deux d'Arad-Bêl : la première, lignes 1-20, est adressée à dame Epirtoum ; la deuxième, lignes 21-37, à Šamaš-aḫi-iddin. Les deux correspondants étaient peut-être frère et sœur ou mari et femme ; tout au moins ils habitaient sans doute la même maison.

duppi Arad-ilu Bêl a-na	Tablette d'Arad-Bêl
sinništu E-pìr-tum bêlti-ia	à Epirtoum, ma dame.
ilu Bêl ilu Nabû šú-lum ba-làṭu ša bêlti-ia	Que Bêl (et) Nabou la santé (et) la vie de ma dame
liq-bu-ú ik-ki-bi ša ilâni-meš	décrètent. Par ce qui est sacré (?) aux dieux,
mi-nam-ma ṭe-e-mu-ku-nu	pourquoi de vos nouvelles
ul aš-me lìb-bu-ú-a il-ṣi	n'ai-je pas appris ? Mon cœur s'est réjoui
ki-i ta-ri-' en-na	parce que tu es enceinte. Maintenant,
dib-bi.......bi	(mes) affaires............
bi-šú-'-a 1 ma-na kasbi (bi)	sont mauvaises ; 1 mine d'argent

in-ni-i u a-mat šarri ši-i	donne-(moi). Or, voici l'ordre du roi :
kasbu ša gi-i-ni ul in-na-[din]	« L'argent *gîni* ne doit pas être versé ».
kasbu mu-ru-qu i-ši-i	Prends (donc) de l'argent *mourouqou*,
šú-šir-a-am a-ša(?)-li-k[i-ma]	mets-(le) en ordre, je te prie (?), et
ina qâtâ^{2} man-ma al-la-ka šú-bi-lu	envoie-(le) par un messager quelconque.
Arad-ilu Bêl šú-lum ša sinništu Ba-zi-tú	Arad-Bêl des nouvelles de la santé de dame Bazitou,
sinništu Ḫa-ni-na-a I A-na...	dame Ḫaninâ, Ana.....
u sinništu ilu A-a-bêl-bîti	et dame Aia-bêl-bîti
i-ša-al-la	demande.
pa-ni ša sinništu Ba-zi-tum	Que la face de dame Bazitoum
la i-bi-šú-'	ne (me) soit pas mauvaise !
a-na ilu Šamaš-aḫi-iddin aḫi-iá	A Šamaš-aḫi-iddin, mon frère :
ilu Nabû ilu Marduk a-na aḫi-iá	que Nabou (et) Mardouk bénissent
lik-ru-bu mi-nam-ma ṭe-en-ka	mon frère. Pourquoi de tes nouvelles
ul aš-me ina eli ka-si-ia	n'ai-je pas appris ? Au sujet du *kasia*
ša aš-pur-rak-ka la ta-sil-li	sur lequel je t'ai mandé ne sois pas négligent ;
1 qa ka-si-ia ina qâtâ^{2} man-ma	par n'importe qui, un (seul) *qa* de *kasia*
la tu-maš-šar 100 + 90 + 7 (qa)	n'envoie pas. 197 (*qa*)
suluppi i-na libbi (?)-ka ina eli	de dattes sont chez (?) toi ; au sujet
suluppi la ta-sil-li	des dattes ne sois pas négligent,
u ina qâtâ^{2} man-ma la tu-maš-šar	et ne (les) envoie pas par n'importe qui.
ḫu-ṣa-bi.....bi ina kirî-ka	Des palmiers *ḫouṣabi* (?).. dans ton verger,
u........ka man-ma	et que ton...... personne
la im-mar amilu ki-i-pi	ne voie. Le gouverneur

a-gan-na di-na-a ta......	ici, mon jugement........
a-na amtlu šangi Sip-par-ki	Au prêtre de Sippar,
a-gan-na a-na.......	ici, pour............
aq-ta-bi.....	j'ai parlé...........

2. *bêlti-ia* = *NIN*, voir *supra*, nº 6, l. 2, 4 ; on pourrait transcrire *aḫati-ia*, « ma sœur », mais dans ces lettres, comme nous le verrons plus loin, nº 225, on emploie plutôt le signe SES, même pour *aḫâtu*.

4. *ik-ki-bi ša ilâni-meš*, « ce qui est sacré aux dieux », s'il ne s'agit pas d'un objet matériel déterminé ; cf. *Beiträge zur Assyriologie*, III, 230, l. 30, où Asarhaddon se dit « celui qui tient l'*ikkibu* », *mukil ik-kib*, « de Bêl, Sin, Šamaš et Adad ». V. Jensen, *Keilinschr. Bibliothek*, t. VI, 374. — Thompson : « By the tribulations of the Gods ».

11-12. *kasbu ša gi-i-ni* paraît opposé à *kasbu mu-ru-qu*. Le premier désigne peut-être l'argent des offrandes ou plutôt « l'argent des dépôts », l'argent confié pour un objet déterminé, pour faire une entreprise, en opposition avec « l'argent livrable », *kasbu muruqu*, celui dont on peut prouver la propriété. Thompson : « stamped (?) silver.... tested (?) silver ». — *in-na-[din]* : *ul* exige après lui un imparfait dans une proposition prohibitive. La lecture *in-na-'* (impératif) de Thompson est donc inadmissible. D'après l'autographie, on ne voit à la fin de la ligne que quelques restes de clous.

13. *šú-šir-a-am*, « mets en ordre » ou « dirige », « fais parvenir » ?

17. *ilu A-a-bêl-bîti*; ou *ilu A-a-bêlit* (?)-*bîti*. Cf. *ilu A-a-be-li-it-ni-ši*, Ranke, *Early babylonian personal names*, p. 181 ; ou *ilu A-a-bêl* (= EN-LIL ; en néo-babylonien, LIL et BIT sont identiques). Comme il s'agit d'un nom de femme, la lecture *Ili-a-a-bêl*. « Mon dieu est Bêl », est peu vraisemblable.

20-21. Thompson n'a pas remarqué que cette tablette contient deux lettres, et que la première finit à la l. 20. Il relie les l. 20 et 21 : « The lady Bazitu doth not (I pray) look with disfavour on Šamaš-aḫi-iddin, my brother ».

28. *i-na libbi-ka*, d'après la transcription de Thompson ; son autographie porte *i-na* [illegible]-*ka*.

N° 44

Lettre sans nom d'auteur relative à un transport de dattes.

a-na Ba-si-ia	A Basia
u ilu *Šamaš-rê'ù-šu-nu en-na*	et Šamaš-rê'ou-šounoù. Maintenant,
*a-mur Ni-din-tum-*ilu *Bêl*	voici : Nidintoum-ilu Bêl,
apil-šu ša ilu *Bêl-a-su-ú-a*	fils de Bêl-asoua,
u ilu *Ad-da-iddina*	et Adda-iddina,
qi-li-šu 200 gur	son serviteur, 200 *gour*
suluppi ina muḫ-ḫi-ka	de dattes vers toi
ú-ši-ti-qu-nu	transportent.
a-na elippi-šu	Vers son bateau
la ta-el-li	ne monte pas,
me-ik-su ša 200 gur	l'argent de la taxe des 200 *gour*
[i]-na ka-an-da-ki-šu	est dans sa cale (?);
al-la ki-i	mais lorsque
e-ti-iq-šu	son passage
i-ba-aš-šú-ú	aura lieu,
ina ma-ši-ḫu-šu mu-ḫur-šu	perçois sur lui au prorata de son tonnage.
ù ša-ṭa-ri it-ti-šu	Et un écrit avec lui
šú-ṭu-ru ša it-ti	écris de ce que avec
Qud-da-a-a ú-ša-za-zu-ma	Qouddaâ il présentera et
i-nam-da-ka	il te livrera.
ḫu-ṣab . . . ultu elippi	Des dattes (précoces) . . . du navire
la ta-maḫ-ḫar-šu	tu ne dois pas recevoir de lui.
kap-du ḫarrâna a-na šêpâ[2]*-šu*	Promptement, le chemin pour ses pieds
šú-kun	dispose.

6. *qi-li-šu*, « son serviteur »; cf. l'éthiopien ቍልዔ, « serviteur ».

7-14. Les correspondants ou plutôt le correspondant (car après avoir adressé sa lettre à 2 individus, il emploie la 2e personne du singulier) de notre scribe paraît être un receveur de taxes : soit d'octroi, soit de droit de passage ou de péage. Le scribe l'avise que Nidintum-Bêl et son serviteur amènent dans sa direction un bateau de 200 *gur* de dattes. Il n'a pas besoin d'aller à la rencontre du bateau ; il percevra la taxe à son passage, mais il ne recevra pas de dattes à titre de cadeau ou de paiement (l. 21), et il laissera Nidintum-Bêl reprendre sa route au plus vite.

11. *miksu* est ici l'argent destiné à payer la taxe.

12. *ka-an-da-ki-šu*, cf. les mots syriaques ܟܕܘܟܐ, « jarre à mettre le froment », « grenier » et ܟܕܘܟ, « fossé », « creux ». Le mot assyrien désigne certainement un récipient, probablement, à cause du suffixe *šu* qui paraît se rapporter à *elippu*, un récipient qui fait partie du bateau, d'où le sens de « cale ». Sinon ce seraient les jarres, les vases de dattes, dans lesquels Nidintum-Bêl aurait déposé l'argent de la taxe.

13-15. Thompson : « But if he pass (the customs without paying), there it is ».

16. *ina ma-ši-ḫu-šu*, « au prorata de son tonnage », ou peut-être « de sa mesure » (de dattes), c'est-à-dire des 200 *gur* qu'il porte.

18-21. Thompson : « What have arranged with Quddâ, he will give unto thee, but as for the logs.... from the boat », etc.

N° 48

Bêl-aḫê-iddin entretient Iddin-Mardouk d'affaires diverses et surtout de la conclusion d'un contrat avec Qouddâ.

duppi *ilu* *Bêl-aḫê-meš-iddin*	Tablette de Bêl-aḫê-iddin
a-na Iddin-ilu Marduk abi-iá	à Iddin-Mardouk, mon père.
ilu Nabû u ilu Marduk a-na abi-iá	Que Nabou et Mardouk bénissent mon père.
lik-ru-bu a-na eli	A
abi-iá ki-i...............	mon père, puisque.......
ú-di-e a-na bît...........	des ustensiles pour la maison de...........
ul-te-ti-iq a-mat-ka	j'ai fait passer, ta parole
it-ti-iá la ta-ša-an-ni	avec moi ne doit pas changer.
ši-pir-ti ši-i	Ce message
ša ina qâtâ[2] *Tar-ḫu-ru*	que par les mains de Tarḫourou

taš-pu-ru mi-nu-ú ši-i	tu as envoyé, qu'est-il ?
en-na a-mur	Maintenant voici :
Qud-da-a u Bêl-iddin	Qouddâ et Bêl-iddin
a-na abi-iá al-tap-[par]	j'envoie à mon père ;
ú-il-tim it-ti	un contrat avec
Qud-da-a bêlu li-'-il	Qouddâ que le maître contracte,
u ši-pìr-tum	et un message
bêlu liš-pur-ra-am-ma	que le maître envoie,
ú-di-e-šu lu-še-ṣu	afin que j'emporte ses ustensiles.
u mi-nu-ú ki-i nikasi	Et n'importe quel gain
it-ti-šu bêlu ip-pu-šu	que le maître fera avec lui
u ina muḫ-ḫi-šu il-la-'	et sur lui acquerra (par contrat),
a-na-ku gab-bi	moi, tout
a-na bêli-iá id-dan	à mon maître je livrerai.

7. *ultetiq*, III,1 de *etêqu*. Thompson : « I have omitted » ! *amat-ka* etc., il prie son maître de ne pas modifier ses ordres, ou peut-être d'une façon plus générale de ne pas changer avec lui, par suite d'un mécontentement, sa façon de parler, sa manière d'être. Il ne comprend pas le message envoyé par les mains de Tarḫuru.

19. Quddâ doit céder ou engager ses ustensiles à Iddin-Marduk; l'agent de celui-ci, Bêl-aḫê-iddin, demande à être avisé de la conclusion de l'affaire pour pouvoir emporter ces ustensiles, les « faire sortir », sans doute de la maison de Quddâ.

20. *nikasi* = ŠA-ŠIT. Thompson a lu *kunukki* et traduit : « My lord shall arrange according to the agreement with him, and it shall come up to him ».

22. *il-la-'* littéralement : liera, impf. I,1 de אאל, plutôt que de *elû*.

24. *id-dan* pour *ad-dan*, par une distraction du scribe : les Babyloniens passent volontiers de la 2e personne à la 3e d'une proposition ou d'une phrase à l'autre. Cf. *supra*, l. 12 et 14; entraîné par cette habitude, le scribe aura oublié ici que le sujet de sa phrase exigeait un verbe à la 1re personne. La construction *ana bêli-iá* ne permet guère de voir un régime dans *a-na-ku*. Sinon il faudrait traduire, comme dans Béhistoun, 4 : « à moi tout pour mon maître il donnera ».

N° 53

duppi ^{ilu}*Bêl-uballiṭ (iṭ)*	Tablette de Bêl-ouballiṭ
a-na ^{amilu}*šangi Sip-par*^{ki}	au prêtre de Sippar,
bêli-ia ŭ-mu-us-su	mon maître : tous les jours,
^{ilu}*Bêl u* ^{ilu}*Nabû a-na ba-làṭ napištim (tim)*	Bêl et Nabou pour la vie de l'âme,
5. *ṭu-[ub] lìb-bi ṭu-ub šêri*	5. le bonheur du cœur, le bonheur de la chair,
ar-[kat ûmê] ù bu-un-nu pa-ni	la longueur des jours et (pour que) les aspects
ša šarri ḫa-du-tu ša it-ti	du roi (soient) joyeux à l'égard
bêli-ia ú-ṣal-là ina ṣilli ša ili	de mon maître, je prie. Par la protection des dieux,
dul-lu ša bêli-ia in-ni-ip-šu	le travail de mon maître a été fait.
10. ^{amilu}*ṣabê*^{meš} *a-na ṣa-pi-tum*	10. Des soldats pour l'inspection (?)
ki-i uš-ri-du	comme j'ai fait descendre,
iq-qab-bu-ú um-ma	ils disent :
.... *i bi na*	....
.... *ù MAŠ-KAK*..	....
15. *[ú-še]-bi-la*....	15. j'ai fait porter....
.... *ri-ša*	....
(lacune)	(lacune)
.... *šarru*	.... le roi ....
(lacune)	(lacune)
19. *bêlu lu-še-bi-lam(?)-ma*	19. que le maître fasse porter et
a-na Ni-din-[tum]	à Nidintoum,
^{amilu}*ardu [li-id(?)]-din*	le serviteur, qu'il donne.
ina la mu-ṣip (zib)-tum	Il est sans vêtement *mouṣiptum*,
ina muḫ-ḫi dul-lu ul i-di-na	pour le travail on ne lui en a pas donné.

4-8. Le principal intérêt de ce fragment est dans la formule du début. Elle se trouve aussi en termes à peu près identiques dans les n°s 37 et 198. — N° 37, l. 3 à 6 : *a-na balàṭ napšâti*-^{meš} *a-ra-ku ŭ-mu ṭu-ub lìb-bi ṭu-ub šêri [b]u-ni pa-ni ša šarri ḫa-du-tu itti bêl[i-i]á ú-ṣal-lá*. N°198, l. 5-10 : *a-na bu-lu-ṭu napšâti*-^{meš} *a-ra-ku ŭ-mu ṭu-bu-ub* (pour *ṭub) lib-bi ṭu-bu-ub šêri ù bu-ú-nu pa-ni [ša šarri ḫa-du-tu*[1] *it]-ti bêli-ia [ú-ṣal]-la.* — Dans le nº 53, la construction se complique de la répétition de *ša* après *ḫadûtu*, littéralement : « en ce qui est à l'égard de mon maître ». Dans les trois passages, il semble qu'il faut considérer *bu-un-nu, [b] u-ni, bu-u-nu* comme des substantifs pluriels qualifiés par *ḫadûtu*, pluriel de l'adjectif *ḫadû*. J'ai traduit très littéralement « les aspects »; en bon français il faudrait dire : « pour que l'*expression* de la face du roi soit joyeuse (c'est-à-dire bienveillante) à l'égard de mon maître ».

10. *ṣa-pi-tum*, « inspection »; il a envoyé les soldats faire une patrouille; cf. hébreu צפה et aram. צפא, « observer ».

22. On peut transcrire aussi *aš-la*, « corde » au lieu de *ina la*, mais le sens ne serait pas meilleur. Thompson a transcrit *ina la muzibtum*, qu'il traduit par « unremitting by »; je crois que nous avons ici le singulier *muṣiptum*, espèce de vêtement, dont nous retrouverons un peu plus loin le pluriel *muṣippêti*, nº 56, l. 8 et 14.

Nº 54

Bêl-ouballiṭ rappelle au prêtre de Sippar qu'il n'a pas payé la solde d'un serviteur.

duppi ilu *Bêl-uballiṭ (iṭ)*	Tablette de Bêl-ouballiṭ
ana amilu *šangi Sip-par* ki	au prêtre de Sippar,
aḫi-ia ilu *Nabû u* ilu *Marduk*	mon frère : que Nabou et Mardouk
[a-n]a aḫi-ia lik-ru-bu	bénissent mon frère.
suluppa' (a-')	Les dattes
ša bêlu iq-ba-a	dont le maître avait parlé,
a-di eli en-na	jusqu'à maintenant
a-na amilu *qalli*	au serviteur
bêlu ul id-din	le maître ne (les) a pas données.
en-na	Voici
šat-ti	un an
ta-at-ta-rak	que tu te retardes.
en-na suluppa	Maintenant, les dattes
a-na amilu *qalli*	au serviteur

1. La lacune laissée par Thompson à cet endroit est insuffisante pour cette restitution. Peut-être y avait-il seulement *ša šarri* sans *ḫadutu*.

bêlu lid-din kurunna	que le maître donne; de vin de sésame
lid-di u ṭe-e-me	qu'il (le) pourvoie, et des nouvelles
ša bêli-ia lu-uš-me	de mon maître que j'apprenne.
kap-du ....'	Vite ....
bêlu lu-š[e-bi-la]	que le maître en[voie].
dul-la	Le travail
ba[aṭ-ṭi-il]	est in[terrompu].

5.-12. Je ne sais pourquoi Thompson a traduit par la forme interrogative « Is it not ...... ? » et où il a vu en assyrien dans la l. 5 ou ailleurs l'équivalent de son : « Is it not true that ».

15. Au lieu de *kurunna*, Thompson : *bi-riš*, « let him deliver them (les dattes) in plenty » !

16. *lid-di*, de *nadû*, litt. : « qu'il jette » à l'esclave, — si ce n'est pas une écriture défectueuse de *liddin*.

N° 56

Bêl-iddin réclame à Moušezib-Mardouk un vêtement volé par ses pêcheurs.

duppi ^{ilu} Bêl-iddin a-na	Tablette de Bêl-iddin à
Mu-še-zib-^{ilu} Marduk aḫi-ia	Moušezib-Mardouk, mon frère :
^{ilu} Bêl u ^{ilu} Nabû šú-lum balâṭu	que Bêl et Nabou la prospérité (et) la vie
ša aḫi-ia liq-bu-ú	de mon frère décrètent.
^{amilu} bâ'irê-^{meš}-ku-nu a-gan-na-ku	Vos pêcheurs, ici,
a-na bît Mu-še-zib-^{ilu} Bêl	dans la maison de Moušezib-Bêl,
^{amilu} ṣâb qâtê²-ia ki-i	mon employé, comme
ir-ru-bu-' u ^{subâtu} mu-ṣip-pi-e-ti	ils sont entrés et des vêtements *mouṣippêti*
...... *i-na ul-tu*	......................du
[lib]-bi it-ta-[šú-ú]	milieu (de la maison, comme) ils ont em[porté]
.... *bur*	....
.... *ki-i* .... *ta*	....
a-na pa-ni-ka al-tap-par	devant toi je mande.

a-šar *ṣubâtu* *mu-ṣip-pi-e-ti*	dans l'endroit où les vêtements *mouṣippêti*
id-din-nu-ʾ i-šam-ma	ils ont vendu, prends-(les),
a-na Kal-ba-a	et à Kalbâ,
amîlu *mâr šip-ri-ia i-din*	mon messager, donne-(les).
ia-a-nu-um-mu	S'ils ne sont pas
a-šar id-din-[nu-ʾ]	là où ils (les) ont vendus,
a-na e	à......................
...........*ši*...........	....

5. *a-gan-na-ku*, litt. : « auprès de moi », « là où je suis ». Cf. n° 84, l. 5, note.

8. *mu-ṣip-pi-e-ti*. Voir *supra*, n° 53, l. 21, le singulier *muṣip(b)-tum*, et *infra*, n° 230, l. 21, le singulier *mu-ṣip-ti*, et l. 8, le pluriel *mu-ṣi-pi-e-ti*. Ce mot désigne un vêtement. Dans le n° 230, il a été volé aussi avec les *u-di-e*, « les ustensiles ». Thompson le rapproche de l'araméen מִצְנֶפֶת, coiffure sacerdotale, et le traduit par « turban » (?). Il est à rattacher probablement à la racine צבת ; v. Muss-Arnolt, pp. 517 et 572.

15-18. *išamma*.......*ianummu*. Thompson traduit : « Find out for they are not here ».

N° 57

Bêl-iddin demande à son chef Nabou-iddanna la solde alimentaire sans laquelle il ne peut conserver les ouvriers, qui se mettent en grève.

duppi *ilu* *Bêl-iddin*	Tablette de Bêl-iddin
a-na *ilu* *Nabû-id-dan-na*	à Nabou-iddanna,
abi-ia *ilu* *Bêl* *ilu* *Nabû* *u* *ilu* *Uraš*	mon père : que Bêl, Nabou et Ouraš
šú-lum u balâṭu ša abi-ia	la santé et la vie de mon père
liq-bu-ú *amîlu* *išpari bir-mu*	décrètent. De tisserand d'étoffes bigarrées
amîlu *išpari iṣi ina pâni-ia*	(et) de vannier à ma disposition
ia-a-nu al-la	il n'y a pas. Or,
ûmu 5 *amîlu* *naggaru*	depuis 5 jours, de charpentier
ina pâni-ia ia-a-nu	à ma disposition il n'y a pas (non plus).

ûmu 18 amilu ṣâbê-[*meš* ?]	18 jours (de paye) aux hommes
ina muḫ-ḫi du....	pour le.....
i-nam-din-nu	on doit verser;
û(?)*ûmu XVIII kan*	or, le XVIIIe jour
ûmu 20 amilu ṣâbê-meš	20 jours (de paye) aux hommes
id-dan-na um-ma	qu'on verse, (toi) disant:
kurummata in-na-aš-šu-nu-tu	« Donnez-leur la solde alimentaire »;
ia-a-nu-[*ú*]	sinon,
man-ma it-ti-ia	personne avec moi
ul i-la-am-ma-'	ne montera.
ṭe-e-mu ša bêli-iá	Les ordres de mon maître
lu-uš-me	(à ce sujet) que je reçoive,
ia-a-nu-ú dul-lu	sinon le travail
i-baṭ-ṭi-il	restera interrompu.

3. L'invocation du dieu Ouraš (IP) semble indiquer que Bêl-iddin résidait à Dilbat, localité des environs de Babylone où ce dieu était honoré.

10-23. Les ouvriers ont fait défection parce qu'on ne les payait pas. Il n'y a qu'un moyen de les ramener : on leur doit 18 jours de paye; qu'on leur en accorde 20, par l'ordre de Nabû-iddanna. S'il ne consent pas à donner cet ordre, aucun ouvrier ne voudra revenir avec Bêl-iddin et le travail chômera. — C'est le seul sens que j'ai pu découvrir à ce passage. Pour l'accepter, il faut admettre ou bien que *iddanna*, l. 15, est ici un imparfait : on doit donner, — ou bien qu'il est employé, non seulement pour le parfait, ainsi qu'il arrive souvent dans les textes de basse époque, mais encore pour le précatif, cf. nos 27, 19; 59, 27 et 234, 34, *ni-iš-me* pour *lù nišme;* no 229, 17, *niš-kun* pour *lù niškun.* — *Nadânu* gouverne deux accusatifs, comme dans les textes achéménides, v. g. Béhistoun, 96 : *qâti-ia in-da-na-aš-šu-nu-tú,* « il les a livrés à mes mains ».

La traduction de Thompson est assez différente : « Dix-huit jours ils ont payé les ouvriers pour le.... (Maintenant ?) c'est le dix-huitième jour; car vingt jours il doit payer les ouvriers, et leur délivrer leur subsistance (ou) il n'y aura personne (et) pas un ne se joindra à moi. Que j'apprenne des nouvelles de mon maître, car il n'y a pas d'ouvrage en train ici, il a cessé. »

N° 58

Bêl-iddin transmet au prêtre de Sippar la requête d'un fonctionnaire, qui réclame un âne pour lequel il semble avoir envoyé de l'argent. Il l'engage à lui envoyer cet âne, dont il ne veut pas lui-même, parce qu'il est trop grand.

duppi ilu Bêl-iddin a-na	Tablette de Bêl-iddin au
amîlu šangi Sippar ki	prêtre de Sippar,
aḫi-ia ilu Nabû u ilu Mar-duk	mon frère : que Nabou et Mardouk
a-na aḫi-ia lik-ru-bu	bénissent mon frère.
amîlu šà-tam ša E-zi-da	L'intendant de l'Ezida
a-na eli imêra (a-')	au sujet de l'âne
iš-tap-ri um-ma	a mandé en ces termes :
kaspu a-na eli	« L'argent pour (le payement de l'âne)
it-tal-ku ki-i	est parti. Si
pâni-ka maḫ-ri	il te plaît,
at-ta bêlu	ô toi, que le maître
li-bu-uk-šu	(te) le livre ;
ù ki-i a-a-nu-ú	et, sinon,
a-di la a-na gi-iz-zu	avant que pour la tonte
al-la-ku šup-ra-aš	je ne parte, envoie-le. » —
ù a-na-ku ki-i a-mu-ru	Or, (pour) moi, comme je (l')ai vu,
ra-bi ù pâni-ia	il est trop grand et il ne me
ul ma-ḫi-ir a-mur	plaît pas. Voici (donc) :
Suq-a-a a-na pân aḫi-ia	Souqâ devant mon frère
al-tap-ri imêra	j'envoie ; l'âne
u ú-di-e imêri	et l'attirail de l'âne
ina qâtê[2]-šu bêlu	par ses mains que le maître
liš-pu-ru	envoie.

8-18. Thompson : « L'argent arrive pour lui, ainsi aussitôt qu'il te sera convenable, mon seigneur, envoie-le, et s'il n'y avait personne jusqu'à la tonte, envoie-le (par) un voyageur. » Et lorsque je vis (cet âne), c'était trop (demander) et il ne convenait pas ».

N° 59

Bêl-boullîṭsou informe Ḫašdaia que l'affaire qui l'intéresse en est au même point.

duppi ^{ilu}Bêl-bul-liṭ-su	Tablette de Bêl-boullîṭsou
a-na Ḫa-aš-da-a-a	à Ḫašdaia,
bêli-ia ^{ilu}Marduk ù	mon maître : que Mardouk et
^{ilu}Zar-pa-ni-tum šú-lum	Zarpanitoum la santé
u ba-la-ṭu ša bêli-ia	et la vie de mon maître
liq-bu-ú šú-lum	décrètent. Salut
a-na E-[sag-gi]l	à l'E[saggi]l
u Bâbi[li] šú-lum	et (à) Baby[lone], salut
a-na ..... ri-in-du	à ....
a ...... ta-qab-bi	...... tu dis.
..... *kaspu ša bêlu iš-pu-ru*	.... l'argent sur lequel le maître a mandé
.... *[a]-gan-na*	 ici
.... *an ḫi dan-nu*	....
.... *kaspu*	.... l'argent
.... *iš*	....
[a]-na muḫ-ḫi dib-bi	Au sujet de l'affaire
ša bêlu iš-pu-ru	sur laquelle le maître a mandé,
dib-bi a-na la	l'affaire en dehors
ša maḫ-ru-ú	de ce qui a eu lieu d'abord
ul iš-nu-ú ù	n'a pas changé, et
^{amîlu}ṣâbê$^{-meš}$ gab-bi	tous les hommes
ul-tu Šú-ša-an^{ki}	de Suse
i-tir-bu-ni	sont rentrés.
mimma ana ša la taš-mu-ú	Aucune affaire en dehors de ce que tu as entendu
dib-bi ul iš-nu-ú	n'a changé.
kap-du ṭe-e-me	Vite, des ordres
ša bêli-ia ni-iš-me	de mon maître puissions-nous recevoir.
a-mur ŭ-mu-us-su	Voici : tous les jours
^{ilu}Bêl u ^{ilu}Bêlti-ia	mes Bêl et Bêlit
a-na ba-la-ṭi-ka	pour ta vie
ú-ṣal-la	je prie.

13. *an ḫi dan nu*. Faudrait-il lire un nom propre...... *ilu Aššur-dan-nu*?

24. La construction paraît défectueuse, pour *mimma ana la ša taš-mu-ú*, comme dans les l. 18-19.

27. Sur le précatif rendu par le parfait seul, voir *supra*, note sur n° 57, 10-23.

N° 60

Encore un payement oublié. Bêl-zêr-ibni rappelle au prêtre de Sippar qu'un fonctionnaire, dont le nom est effacé, se voit obligé de nourrir à ses dépens les chevaux à lui confiés.

duppi ilu Bêl-zêr-ibni	Tablette de Bêl-zêr-ibni
a-na amilu šangi Sippar ki	au prêtre de Sippar,
abi-ia ilu Bêl u ilu Nabû	mon père : que Bêl et Nabou
šú-lum u balâṭu ša abi-ia	la prospérité et la vie de mon père
liq-[bu]-ú [Arad?]-ilu Gu-la	décrètent. [Arad?]-Goula,
ša a-na..........	que pour [X......]
aš-pur-ra 10 šiqli kaspi	j'ai envoyé, 10 sicles d'argent
ina kurummâti-šu in-na-aš-šu	pour sa solde alimentaire donne-lui.
ki-sa-ti ul-tu ra-man-ni-šu	Des fourrages à ses propres (dépens)
ú-ša-ak-ka-lu	il fait manger (aux chevaux).
kap-du ḫarrâna a-na	Vite, le chemin pour
šêpê 2-meš-šu šú-kun	ses pieds dispose.
te-iq-ti	De retard
ina lib-bi bêli-ia	en (cela) mon maître
la i-šak-kan	ne doit pas causer :
sîsê-meš	les chevaux du roi
ša šarri muš-šú-ru	sont abandonnés.

6. Le nom du malheureux fonctionnaire devait se trouver dans cette ligne. Bêl-zêr-ibni avait envoyé [Arad]-Gula pour exposer sa situation et rapporter les dix sicles nécessaires pour acheter du fourrage.

7-10. Thompson n'a pas compris le corps de la lettre, il traduit :

« Je lui délivrai dix sicles d'argent...... je lui ai fait manger ses propres légumes (?) ».

13. *te-iq-ti*, de *qatû*, « retard », d'après le contexte : point de délai, puisque les chevaux du roi sont à l'abandon. Ce sens convient aussi au nº 133, l. 21 : *te-iq-tum Ba-ku-ú ina lib-bi-ku-nu la i-šak-kan*, « Baku ne doit pas causer de retard parmi vous » (le scribe presse l'exécution d'un ouvrage). Dans le nº 29, l. 18, *man-ma te-iq-ti*, le contexte manque ; quant au nº 43, l. 20, *te-iq-tum a-na bêli-ia la i-ip-pal*, la lettre entière est trop obscure pour que je puisse hasarder pour le moment une explication. — Thompson : « cessation » (de l'ouvrage).

Nº 62

Bêl-zêr-ibni donne l'ordre de mettre aux fers un ou deux individus.

duppi ilu *Bêl-zêr-ibni*	Tablette de Bêl-zêr-ibni
a-na ilu *Šamaš-ba-ni*	à Šamaš-bani,
aḫi-iá ilu *Bêl u* ilu *Nabû*	mon frère : que Bêl et Nabou
šú-lum u balâṭu ša aḫi-iá	la prospérité et la vie de mon frère
liq-bu-ú mi-na-a	décrètent. En tout ce qui concerne
ilu *Bêl-da-a-nu*	Bêl-dânou
u ilu *Šamaš-aḫi-iá*	et Šamaš-aḫi-ia
ak-ka-ba u ina pâni-iá	j'ai reçu des ordres, et (ces ordres) me sont présents.
en-na al-tap-par	Maintenant, je mande :
kap-du	Vite,
ina is-qa-a-ta	dans les fers
i-di-ši-ma	jette-le, et
a-na ilu *Nabû*.....	à Nabou .....
i-qa (?)*-aš-šú* (?)*-tu-šu-nu*	....
....	....
ilu *Nabû* [*lu-ú*] *i-di*	Le dieu Nabou sait
ki-i......................	que......................
ia-[*a-nu-ú*]	si (tu) ne (le fais) pas,
a-na amtlu *mâr šarri*	au fils du roi,
a-na muḫ-ḫi-ka	à ton sujet,
a-qa-bu-ú	je parlerai.

5-8. Si on traduit *mi-na-a* par l'interrogatif « quoi », le sens est moins satisfaisant : « En quoi sur Bêl-dânu et Šamaš-aḫi-ia ai-je reçu des ordres et me sont-ils présents ? » — Il est difficile de prendre *akkaba* pour un parfait *aqba :* « Qu'ai-je dit sur Bêl-dânu, etc. ». La suite prouve d'ailleurs qu'il a reçu des ordres très précis. En tout cas *mi-na-a ak-ka-ba u ina pâni-ia* ne peut dans aucune hypothèse se traduire : « Que ...... disent-ils contre moi ? » (Thompson).

12. *i-di-ši* pour *i-di-šu* au lieu de *i-di-šu-nu* qu'on attendrait. Le scribe n'a-t-il en vue qu'un des deux individus, ou a-t-il commis un oubli ?

N° 63

Balaṭ-sou donne à un gouverneur des nouvelles du fils du roi, qui est malade ou en convalescence et auprès duquel il se trouve.

duppi Ba-laṭ-su	Tablette de Balaṭ-sou
a-na amîlu *qêpi*	au gouverneur,
bêli-šu ilu *Šamaš u* ilu *Bu-ne-ne*	son maître : que Šamaš et Bounene
šú-lum u balâṭu ša bêli-iá	la prospérité et la vie de mon maître
liq-bu-ú mâr šarri	décrètent. Le fils du roi,
ša a-na bîti il-li (?)-ku	qui est arrivé à la maison,
ši-zib il-ta-ti	boit du lait ;
ina ṣu-li-e ša ilu *Šamaš*	pendant les prières au dieu Šamaš,
pa-ni-šu ba-nu-ú	sa face s'est illuminée.
ki-i u-šaṭ-ṭi-ru	Pendant que j'écris,
ina pàni-šu at-ta-ziz	devant lui je me tiens.
ni-sip ša ḫi-me-ti	Le vase de beurre
ša u-qir-ri-ba-aš	que je lui avais apporté,
a-na mâr amîlu *ka-ṣir*	au fils du commandant (?)
ul-te-bi-li	il a envoyé.
a-na mâr amîlu *ša-kin*	Au fils du préfet
ša il-li-ku	qui s'en est allé,
il-ṭar um-ma	il a écrit en ces termes,
bîti ba-ni-i amîlu *ša-kin*	(à propos de) la belle (?) maison du préfet,

iq-ta-ba-aš-šu	il lui a dit :
um-ma bîtu ba-nu	« la belle (?) maison
pa-ni ša mâr amîlu ka-ṣir	antérieure du fils du commandant,
ina muḫ-hi ib-ta-nu-ú	a-t-on bâti sur (elle) ? »
ištên dan-nu ša maḫ-rat	Un vase de *maḫrat*,
ištên dan-nu ša pa-ṣi-e	un vase de *paṣî*,
ištên kid (?)...... *54 qa* (?) *kurummâti*	un...... 54 *qa* d'aliments,
102 qa ŠE-BAR ul-tir-ri-bi-šu	102 *qa* de grain, j'ai fait entrer auprès de lui.
ina ši-in (?)*-di-ka*	Grâce à ta marque (?),
in-da-ḫar-an-ni	il a accepté de moi (ce présent),
u pa-ni-šu	et sa face
ba-nu-ú	s'est illuminée.
mâr amîlu ka-ṣir il-tar-par-ra-šu um-ma	Le fils du commandant lui a envoyé un message ainsi conçu :
kurummâti la ta-aq-ta adi eli ša ana pâni-ka	« Tu ne finiras pas les provisions
al-la-ku	avant que chez toi je me rende ». —
gab-ri ši-pir-tum	La réponse de mon maître
ša bêli-iá	au message
lu-uš-mu	puissé-je recevoir.

6. Au lieu de *il-li-ku*, l'autographie porte : il-*te-par*-ku. La confusion est assez facile à faire. Thompson : *il-te-par-ku*, « qui t'a envoyé à la maison ».

7-9. Au lieu de reconnaître dans *il-ta-ti* l'ifteal de *šatû*, pour *ištati*, Thompson y voit un pluriel, « du singulier *iltu*, peut-être un féminin de *âlu*, « bélier » : « Le fils du roi .... désire du lait de chèvre (?) pour des prières à Šamaš » !

12-15. Thompson : « J'ai envoyé un *nisip* de crême, que je lui avais présenté, au fils du garde. »

19-23. Ce passage est obscur ; la traduction que j'en propose est très hypothétique. *bîtu banu* peut signifier aussi « immeuble bâti ». J'ai adopté la forme interrogative à cause de la prolongation de ib-ta-nu-*ú*. Le fils du roi semble s'enquérir si on a bâti une nouvelle maison sur une ancienne.

24-25. *maḫ-rat* et *pa-ṣi-e* désignent probablement quelque sorte de mets ou de boisson.

33. *ta-aq-ta* est évidemment un parfait qal; ce verbe a d'ordinaire au qal un sens intransitif : « tu as été fini ». Mais le contexte réclame absolument l'imparfait et le sens transitif. Il faut donc admettre une négligence ou une méprise du scribe, qui aurait dû écrire : *la tuqatta*.

N° 65

Bêl-kišir informe le prêtre de Sippar que les ouvriers agricoles qui construisaient une prise d'eau l'ont abandonnée, probablement encore parce que le prêtre de Sippar ne les avait pas payés (l. 12).

duppi ^{ilu}*Bêl-ki-šir*	Tablette de Bêl-kišir
a-na ^{amilu}*šangi Sip-par* ^{ki}	au prêtre de Sippar,
bêli-ia ū-mu-us-su	mon maître : tous les jours,
^{ilu}*Bêl u* ^{ilu}*Nabû a-na balâṭ napšâti*^{meš}	Bêl et Nabou pour la vie des âmes,
a-ra-ku ū-mu	la longueur des jours,
ṭu-ub lib-bi ṭu-ub šêri	le bonheur du cœur, le bonheur du corps,
a-na bêli-ia	pour mon maître
ú-ṣal-la ul-tu eli	je prie. — Depuis
ša bêlu is-pur-ra-an-ni	que le maître m'a mandé
.... *a-ta gab-bi*	.... tout
(lacune)	(lacune)
ina lib-bi	sur le ....
ul id-din	il n'a pas livré.
a-mur a-na-ku	Voici : quant à moi,
gu-li-in-ni	crie-moi :
um-ma di-pi	« Coule (?)
it-ti mu-ša-ni-tum	avec la digue,
di-pi ^{amilu}*ir-ri-še-e*	coule (?) ». — Tous les
gab-bi un-da-aš-šir-'	cultivateurs ont abandonné (l'ouvrage)
ù iḫ-te-liq-'	et se sont enfuis.

14. *gu-li*, de קול.

15. *di-pi*, à rapprocher du néo-hébreu et de l'araméen דאב,

« couler ». L'intendant plaisante peut-être sur sa propre infortune : il n'a qu'à couler comme de l'eau, à disparaître avec la digue abandonnée. Son chef peut donc lui crier : « Coule, etc. ». Cette traduction est évidemment douteuse. Thompson : « Continue (?), continue (?) le remblai. Si je laisse tous les jardiniers, ils s'enfuiront. »

N° 66

Cette tablette contient deux lettres de Bêl-kišir : l'une à Labâši, où il se plaint de Moušezib-Bêl; l'autre à Šoulloua, qu'il charge de diverses missions.

duppi ilu *Bêl-ki-šir*	Tablette de Bêl-kišir
a-na La-ba-a-ši	à Labâši,
bêli-iá ŭ-mu-us-su	mon maître. Tous les jours
ilu *Bêl u* ilu *Nabû a-na ba-la-ṭu*	Bêl et Nabou pour la vie
napšâtim(tim)-meš *ša bêli-ia*	des âmes de mon maître
*ú-ṣal-la Mu-še-zib-*ilu *Bêl*	je prie. Moušezib-Bêl
ma-'-diš pir-ki it-ti-iá	très fort contre moi du mal
it-te-dib-bu-ub	dit.
mim-mu ka-la-mu	En quoi que ce soit,
ul i-na-di-id	il ne recule.
*a-mur Mu-še-zib-*ilu *Bêl ina Bâbili*	Voici : Moušezib-Bêl est à Babylone,
it-ti-šu bêlu li-dib-bu-ub	que le maître parle avec lui;
ši-pìr-ta-šu a-na pa-ni	son message chez
ilu *Nabû-id-dan-nu*	Nabou-idannou
u Šú(?)-la-a	et Šou(?)lâ
bêlu li-iš-ša-am-ma	que le maître prenne,
[bêl]u lu-še-bu-lu	et que le maître envoie. —
a-na Šul-lu-ú-a	A Šoulloua,
aḫi-iá ilu *Bêl u* ilu *Nabû*	mon frère : que Bêl et Nabou
[šúlum u balâṭu ša]aḫi-ia	[la prospérité et la vie de] mon frère
[liq-bu-ú]	[décrètent].
ši-pìr-tum ṣiḫirtum	Un petit message
ina qâtê[2] *Šad-din-nu ul-te-bi-lu*	par les mains de Šadinnou j'ai envoyé;

a-na *ilu* *Nabû-id-dan-nu i-din*	à Nabou-idannou donne-(le).
gab-ru-ú ši-pir-tum	Une réponse à (ce) message
a-ki-i ṣiḫirtum i-ša-am-ma	selon qu'il est court, prends et
lu-še-bu-lu ištênit (it) ši-pìr-tum	qu'on (me l)'envoie. Un message
ša *amilu* *daiani i-ša-am-ma*	du juge prends, et
a-na pa-ni Am-bu-lu	devant Amboulou,
amilu *tu-ú ša bît* *ilu* *Nergal*	le prêtre (?) du temple de Nergal,
ša muḫ-ḫi ú-il-tim.....	qui est préposé aux créances......
[tu]-pat-ta ina pa-ni-šu	tu (l') ouvriras en sa présence.
......*dak-ka i-ša-am-ma šú-bu-lu*	Prends ton......et envoie-(le).

7. *ma'-diš.* Le signe *diš*, 𒁹, manque sur l'autographie.

10. *i-na-di-id.* En hébreu, en araméen et en syriaque, la racine נדד signifie « reculer », « avoir horreur de », sens qui s'adapte très bien à notre contexte.

26. « selon qu'il est court », c'est-à-dire une réponse proportionnée à sa brièveté.

30. *tu-ú* signifie « incantation » ; *amilu* *tu-ú* désigne peut-être « l'homme de l'incantation », « l'enchanteur » ; dans ce cas, il aurait cumulé ses fonctions rituelles avec celles de trésorier.

N° 71

L'auteur de la lettre demande à un berger (en chef ?) de lui faire le prêt qu'il lui a proposé.

[duppi.......]	[Tablettes de....]
a-na *amilu* *rê'i....*	au berger.......
ilu *Bêl* *ilu* *Nabû* *ilu* *Sin u* *ilu*....	que Bêl, Nabou, Sin et le dieu....
šú-lum balâṭu a-rak ûmê-meš	la prospérité, la vie et la longueur des jours
ša abi-ia liq-bu-u ...	de mon père décrètent.

ša bêlu iš-pu-[ru]	Au sujet de ce que le maître a mandé
um-ma šú-pur-am-ma	en ces termes : « Envoie (quelqu'un)
kaspa lu-še-bi-lak-ka	pour que je puisse te faire porter de l'argent »,
a-mur ilu Sin-na-din-aḫi	voici : Sin-nâdin-aḫi
a-na bêli-ia al-tap-ra	j'envoie à mon maître,
5 ma-na kaspi bêlu	5 mines d'argent que le maître
lu-še-bi-la	(me) fasse porter (par lui).
ki-i a-na ṣi-bu-ti-ia	Si selon mon désir
al-tak-nu-uš	je fais de cet (argent),
ina arḫu araḫsamna	dans le mois de marcheswan
kaspa ana bêli-ia	l'argent à mon maître
lu-še-ib-bi-la	je ferai rapporter.
u ia-a-nu-ú	Et si (je) ne (le fais) pas,
kaspu ul i-ša-an-ni	l'argent ne changera pas :
ina kunukki-šu	muni de son sceau,
a-na bêli-ia	à mon maître
ú-šib-bi-la	(plus tard) je le ferai porter.

19. « L'argent ne changera pas », c'est-à-dire : si je ne le rends pas aussitôt que je l'espère, il ne sera pas perdu pour cela : je le rendrai intact, sous paquet scellé, un peu plus tard.

N° 73

Réclamations diverses. Le sens de plusieurs passages est obscur.

duppi Pur-šú-ú a-na.....	Tablette de Pouršou à.....
abi-ia ilu Bêl u ilu Nabû šú-lum u balâṭu	mon père : que Bêl et Nabou la prospérité et la vie
ša abi-ia liq-bu-ú a-na-ku	de mon père décrètent. Moi
ina ṭe-mi-ia ù man-ma ul .... ka	(je m'en tiens) à ma décision, et personne ne te...
ša it-ta-ḫu-ú-a iz-zi-zu	En ce qui concerne mon *ittaḫou*, il a été érigé,
ù a-na ilu Za-ma(l)-ma(l)-iddin ilu Daianu-iddin	et à Zamama-iddin, Daianou-iddin

u Gu-ub-ba-a a-qab-bi-ma	et Goubbâ, j'ai beau donner
ša ŠE-BAR	des ordres, le grain
ša ina pâni-šu ul ib-ba-ku-nim-ma	qui doit être mis à sa disposition, ils ne (le) livrent pas,
ul i-nam-din-nu-nu en-na ši-pir-tum	ils ne (le) versent pas. Maintenant, un message
a-na muḫ-ḫi bêlu liš-pu-ra-aš-šu-nu-tú	à ce sujet que le maître leur envoie,
um-ma it-ta-ḫu Pur-šú-ú	en ces termes : « L'*ittaḫou* de Pouršou
iš-zi-za-ma ša man-ma ša ŠE-BAR	a été érigé, et chacun le grain
ina pâni-šu ab-kan-nim-ma a-na	mettez à sa disposition et
Pur-šú-ú in-na-'	donnez à Pouršou ». —
ilu Nabû-aḫi-šu u Ri-mut	Nabou-aḫi-šou et Rimout
mârê-meš ša Eṭir-ilu Mar-[duk]	fils de Eṭir-Mardouk,
piš-ki it-ti[-ia]	du mal contre moi
id-da-ab-bu-[ub-bu]	trament;
ul id-di-(sic)*-din-nu ištê-[nit....]*	ils n'ont pas livré une seule....
ù mâr šip-ri ki-i ša Bar-zi-en-na	En conséquence, un messager comme Barzienna,
ù ki-i ša amtlu sukkallu bêlu liš-ša-am-ma	ou comme l'inspecteur, que le maître prenne, et
a-na pân Gu-za-nu amtlu pa-qu-du	à Gouzanou, le régisseur,
u Iddin-Nergal amtlu ú-pi-za-na-pa-ta	et Iddin-Nergal, le.....
bêlu lu-še-bi-lu a-mur kaspi te-lim	que le maître (l')envoie. — Voici, l'argent de la taxe
Ša-ilu Bêl-at-ta bêlu liš-ši-ma a-na	de Ša-Bêl-atta que le maître prenne, et pour
eli ši-pir-tum ù mâr šip-ri	le message et le messager
bêlu lid-din kap-du ṭe-e-mu	que le maître (le) donne. Vite, des ordres
ša bêli-ia lu-uš-mu a-na-eli	de mon maître que je reçoive. Au sujet
suluppi ša ilu Za-ma(l)-ma(l)-iddin	des dattes de Zamama-iddin

30. *u* [ilu] *Daianu-iddin ša taq-ba-'*	30. et de Daianou-iddin sur lesquelles tu as donné des ordres,
man-ma ul id-din-nu	aucun ne (les) a livrées.

4-5. *a-na-ku ina ṭe-mi-ia* peut se traduire aussi : « moi, je suis dans mon bon sens ». Thompson : « Je suis dans mes propres nouvelles », c'est-à-dire je ne sais rien de l'extérieur.

5. *it-ta-ḫu*, je n'ai pas pu découvrir le sens précis de ce mot. Est-ce un moulin, un grenier? C'est au moins un bâtiment : on habite l'*ittaḫu* d'après le n° 43, l. 27 : *it-ta-aḫ-ḫa-aš-šu lu-ú-aš-ši-ib.* — Thompson : « mon moulin (?) s'est arrêté ».

12. *iš-zi-za* pour *iz-zi-za*. On pourrait lire aussi *ša mim-ma ša ŠE-BAR*, « pour tout ce qui est du grain ». — Thompson : « Le moulin de Buršû s'est arrêté et personne n'a envoyé de grain pour lui ou (ne l'a) délivré à Buršû. »

17. *piš-ki* = *pir-ki*, d'après Ungnad, *Orient. Lit. Zeitung*, 1907, p. 519. Il est possible cependant qu'il doive se rattacher à *pašâqu*, « être douloureux », « être pénible ».

23. *amtlu ú-pi-za-na-pa-ta*, ethnique ou nom de fonction ? Cf. le nom propre *U-pi-iz-za* .... dans Scheil, *Textes élamites-sémitiques*, III, n° 172, *verso*, 5.

24. *te-lim*, plutôt que *te-ši*, probablement « taxe sur la récolte », à rapprocher de *telitu;* voir Clay, *Babylonian Expedition*, t. XIV, p. 2 et note 5.

N° 74

Le fonctionnaire des écuries, Gouzanou, se plaint vivement à son collègue Širkou. Celui-ci lui a affirmé que Loubloutou et autres employés étaient inscrits pour servir sous ses ordres. Or, le commandant du fort est venu et les a emmenés. Gouzanou demande justice.

duppi Gu-za-nu a-na Ši-ir-ku	Tablette de Gouzanou à Širkou,
aḫi-ia [ilu] *Bêl u* [ilu] *Nabû šú-lum u balâṭu ša aḫi-ia*	mon frère : que Bêl et Nabou la prospérité et la vie de mon frère
liq-bu-ú ina Bâbili ŭ-mu-us-su	décrètent ! — Dans Babylone, tous les jours,

pi-ir-ṣa-tum it-ti-ia ta-dib-bu-ub	tu dis des mensonges avec moi.
ta-qab-ba-a um-ma Lub-lu-ṭu	Tu (me) dis : « Loubloutou,
mâr amîlu *si-si-i ù* amîlu *UR-LI-ŠU*-meš-*ka*	le palefrenier, et tes *ourlišou*
it-ti-ka ša-aṭ-ru u amîlu *rab dùri*	sont inscrits chez toi ». — Or, le commandant du fort,
ki-i il-li-ku ina ku-ta-al-li-ia	lorsqu'il est venu dans mon enclos (?),
Lub-lu-ṭu u mârê-meš amîlu *si-si-i*	Loubloutou et tous les palefreniers
gab-bi uq-ti-il umma at-tu-ú-a	a regardé, en disant : « Ils sont à moi ». —
iš-šu-nu ù amîlu *UR-LI-ŠU*-meš *ša it-ti-ia*	Il les a pris (?), et les *ourlišou* qui étaient avec moi
i-ta-bak at-ta pi-ia it-ti-šu	il a emmené. Toi, tu m'avais abouché
ša-ak-na-a-ta u ša-qas-su	avec lui, et (voici que) son coup
a-na muḫ-ḫi-ia ina qâtê^{2}*-šu kab-ta-šu*	sur moi par ses propres mains est rude !
en-na Lub-lu-ṭu mâr amîlu *si-si-i*	Maintenant, Loubloutou, le palefrenier,
ina qaqqad elippu-meš *ša karâna* (?)...	est à la tête (?) des bateaux qui [portent] le vin (?)
a-na alu *Da-ni-pi-nu-ma*	à la ville de Danipinou.
ù amîlu *mârê*-meš amîlu *si-si-i*	Or, les palefreniers,
amîlu *UR-LI-ŠU*-meš *u* amîlu *ṣâbê*-meš *mâr ba-nùtu*-meš	les *ourlišou* et les ouvriers, hommes libres,
ina qâtê^{2}*-šu la tu-maš-šar pi-ir-ki*	tu ne dois pas abandonner entre ses mains. De violences
a-na amîlu *rab dùri it-ti* amîlu *ṣâbê*-meš-*ia*	contre mes gens, pour le commandant du fort,
la i-dib-bu-ub at-ta a-na	qu'il n'exerce pas. Toi, à
At-kal-a-na-mâr-E-sag-gil a-na muḫ-ḫi	Atkal-ana-mâr-Esaggil, à ce sujet,
ki-bi amîlu *ṣâbê*-meš *ku-um*	ordonne : « Des hommes à

amilu *ṣâbê*-meš *in-na-aš-šu*	la place des hommes donne-lui. »
ba-ga-ni-' Da-ri-ia-a-muš šarri	Un message du roi Darius
ina muḫ-ḫi-ka amilu *ṣâbê*-meš *ša ga-ar-du*	t'a été (adressé) : les hommes qui ont été effacés (des rôles),
ša ṭe-e-me aš-ku-nu-ka pu-uṭ-ṭi-ir-šu-nu-tu	sur lesquels je t'ai donné des ordres, libère-les. —
a-mur amilu *maṣṣaru abul-lu*-meš amilu *mârê*-meš *si-si-i*	Voici (en un mot) : les gardes des portes (et) tous les
gab-bi ina pa-ni-ka ù amilu *ṣâbê*-meš	palefreniers sont à ta disposition ; les gens
ša Bît Da-ku-ru ša ina Bâbili aš-bu-'	de Bît-Dakourou qui demeurent dans Babylone
ina pa-ni-ka it-ti amilu *ṣâbê*-meš	sont aussi à ta disposition. Contre les gens
ša bît narkabti-ia la ta-dib-bu-ub.	de ma remise, n'intrigue (donc) pas (pour me les enlever).

6. *UR-LI-ŠU*-meš, sans doute des palefreniers ou des garçons d'écurie, car Guzanu lui-même est un chef d'écurie ou de remise ; voir l. 32 *bît narkabti-ia*, « ma maison de char », c'est-à-dire « ma remise ». De plus, aux l. 9-12, après avoir dit que le commandant du fort a regardé Lubluṭu et les palefreniers, il continue : « et les *UR-LI-ŠU* il a emmené », et l. 18-19 il les énumère encore après les palefreniers.

8. *kutallu*. L'idéogramme de *kutallu* est *TIK-ḪAZ*, qui est aussi l'équivalent de *šigaru*, « verrou », « cage », au moins sous la forme *TIK-ḪA-ZA* ; voir Delitzsch, *AHW*, p. 130 *a* et 641 *a*. Son premier élément *TIK* entre encore dans la composition de plusieurs autres idéogrammes qui expriment l'idée de « fermer » ; voir Brünnow, nos 3234, 3235, 3246, 3288-3292. Le sens fondamental de *kutallu* serait donc « clôture », « enclos », « cour fermée » ; cf. *Cuneif. Texts*, XXII, n° 152, l. 14-15 : *ina ku-tal-li-ka is-si-ir*. Le *kutallu* de Guzanu est par conséquent l'enclos, le domaine où il exerce ses fonctions, sur lequel il règne, c'est-à-dire « la remise » dont il nous parle à la l. 32.

10. *uq-ti-il*, II,2 de *qâlu* קול. On pourrait aussi le rattacher à

qâlu, « parler » : « A Lublutu et à tous les palefreniers il a parlé en ces termes ».

11. *iš-šu-nu*, pour *iš-ši-šu-nu;* ou bien faut-il voir dans *iš* un substantif, état construit de *išu*, ou un idéogramme de prononciation et de valeur inconnues, « à moi est leur *iš* », peut-être « leur inscription », « leur service », « leur demeure » ?

12. *pi-ia*. On attendrait *pi-ka*, « tu t'es abouché avec lui », litt. « tu as placé ma bouche avec lui ».

13. *ša-qas-su* pour *ša-qaš+šu*, état construit de l'infinitif *šaqâšu* avec le suffixe de la 3e pers. masc. sing.

16. *ina qaqqad*, « à la tête », ou « sur la proue » des bateaux ?

19. Les *mâr banûtu* = *TUR-KAK-meš* semblent désigner les ouvriers « hommes libres » ou « clients » par opposition à ceux qui étaient esclaves ; il est peu probable qu'il s'agisse ici de maçons.

20-22. Guzanu paraît se résigner sans trop de peine au départ de Lublutu, mais il craint que ce même Lublutu ne retienne les autres palefreniers et employés et ne trame quelque chose contre eux pour le commandant du fort, ou peut-être « auprès » de ce commandant.

23. Atkal-ana-mâr-Esaggil est sans doute le commandant du fort des l. 7 et 21 qui a pris si indûment les hommes de Guzanu. Celui-ci demande qu'on l'oblige de lui fournir à lui Guzanu des hommes en échange des hommes qu'il lui a pris. Il est possible que les guillemets ne doivent se fermer qu'après « libère-les ». Les l. 24-27 contiendraient la teneur de l'ordre que Guzanu veut faire imposer à son adversaire.

25. *ba-ga-ni-'* est un « ordre royal », transmis sans doute par message ou par courrier, comme il ressort soit de ce passage, soit du n° 244, l. 16, *ba-ga-[ni-']* *Da-a-ri-muš šarri ina muḫ-ḫi-ku-nu*, soit du IIe Targum d'Esther, 4, 1, cité par Dalman, *Aram. Neuhebr. Wörterbuch*, p. 45, s. v. בגני. — L'absence de contexte ne permet pas d'affirmer que c'est le même mot qui se présente dans le n° 214, l. 18 : *ba-qa-nu-' u ga-zu....*

26-27. *ga-ar-du*, 3e pers. du plur. masc. du permansif I,1 de *garâdu*, « effacer », « gratter » ; cf. François Martin, *Textes religieux assyriens et babyloniens*, Ire série, 1903, p. 284, l. 35-36. — Il s'agit sans doute d'employés qui ont le droit d'être libérés de la corvée ou du service royal, ou bien d'ouvriers que Širku avait fait porter à tort sur ses rôles.

« Libère-les », c'est-à-dire renvoie-les, peut-être pour que moi, Guzanu, je puisse les reprendre, puisque toi, Širku, tu ne manques pas d'employés.

30. Les gens de *Bît-Dakuru* sont encore cités en termes assez méprisants dans le n° 222, l. 29. Ils formaient donc à Babylone, jusque sous l'empire perse, une caste d'ouvriers ou de travailleurs de bas étage.

31-32. Širku a à sa disposition toute sorte de gens. Qu'il ne cherche donc pas à attirer à lui ceux de Guzanu.

La traduction de Thompson est très différente de celle que je viens de proposer, surtout l. 4-14 et 20-27.

N° 75

Goula-balâṭsou-iqbi prie Kourbanni-Mardouk de prêter du grain à Šaddinnou.

duppi ^{ilu} *Gu-la-balâṭ-su-iq-bi*	Tablette de Goula-balâṭsou-iqbi
a-na Kur-ban-ni-^{ilu} *Mar-duk*	à Kourbanni-Mardouk,
aḫi-iá ^{ilu} *Nabû u* ^{ilu} *Mar-duk*	mon frère : que Nabou et Mardouk
a-na aḫi-iá lik-ru-bu	bénissent mon frère.
ŠE-BAR a-na zêri ina pa-ni	De grain pour la semence à la disposition
Šad-din-nu ia-a-nu	de Šaddinnou il n'y a pas.
1 gur ŠE-BAR bêlu lid-din-šu	Que le maître lui donne un *gour* de grain,
u ú-il-tim ina muḫ-ḫi-šu	et une obligation sur lui
bêlu li-'-il	que le maître prenne.
ki-i na-kut-ti	Quoique un ennui
a-na aḫi-iá	à mon frère
al-tap-par	j'envoie,
bêlu la ú-še-ti-iq-šu	que le maître ne le repousse pas (Šaddinnou) ;
ŠE-BAR a-na zêri	du grain pour la semence
bêlu lid-din-šu	que le maître lui donne.

8-9. Litt. : « une obligation sur lui que le maître lie ».

10. *na-kut-ti*, cf. *supra*, note sur n° 6, l. 7.

13. La locution *lâ ú-še-ti-iq-šu* revient plusieurs fois dans ces lettres, dans le même contexte ou à peu près : *la tu-še-ti-iq-šu*, comme conclusion à une demande de prêt pour un tiers, dans le n° 98, l. 15, et comme conclusion à une demande de payement de créance qu'on fait recouvrer par un tiers dans le n° 215, l. 17. Elle signifie littéralement : « ne fais pas aller » l'individu que je t'envoie, sans lui donner ce que je te demande. — Thompson : « que mon maître n'oublie pas cela ».

N° 78

Daianou-bêl-[ouṣour] s'excuse d'un déficit dans un envoi de dattes et traite d'autres affaires d'ordre financier.

duppi ilu Daianu-bêl-[uṣur]	Tablette de Daianou-bêl-[ouṣour]
a-na Iddin-ilu Marduk bêli-ia	à Iddin-Mardouk, mon maître :
ŭ-mu-us-su ilu Bêl u ilu Nabû	tous les jours, Bêl et Nabou
a-na balâṭ napšàti-meš ša bêli-ia	pour la vie des âmes de mon maître
ú-ṣal-la a-mur 180 gur	je prie. Voici : 180 *gour*
suluppi a-na bèli-ia	de dattes à mon maître
ul-te-bi-lu ina lib-bi	j'ai envoyé. Là-dessus,
27 ša Na-din suluppa	il y a 27 *gour* de Nadin. Les dattes
ki-i ú-kal-lim-an-ni a-ḫi	quand il m'a montré, une partie
nu-ku-su-nu a-ḫi ša it-bu-ku	nous avons retranché, l'autre partie est celle qu'il (t')a versée.
Bêl u ilu Nabû lu-ú	Bêl et Nabou certes
i-du-ú ki-i 2 gur	savent que 2 *gour*,
106 qa nu-ku-su u la ina lib-bi	106 *qa* (seulement) ont été retranchés et n'y sont pas.
[a]-mur 24 qa suluppi	Voici : 24 *qa* de dattes,
[ina] iṣu elippi a-na	sur un bateau, à
[bêli]-iá ul-te-bi-[la]	mon maître j'ai envoyé (aussi).
eš-ru-ú ša šadi(i) ša ilu Nergal	C'est la dîme de la montagne de Nergal ;

pi-ḫa-tum bêlu liš-ša-'	en échange (des dattes qui manquent) que le maître (les) prenne,
u ši-ba-šu ša bêl eqlu-meš	et le prélèvement qui (appartient) au maître des champs,
lib-bu-ú ša šad-da-giš	au taux antérieur,
bêlu liš-ša-' a-mur 9 šiqli kaspi	que le maître prenne aussi. Voici : 9 sicles d'argent,
eš-ru-ú ša ilu Nergal ša immeru-meš	dîme de Nergal sur les moutons,
a-na E-KUR nadnu (nu) ina muḫ-ḫi	ont été versés au temple. Là-dessus,
bêlu la i-sil-li kap-du	que le maître ne soit pas négligent ; vite,
ṭe-e-me ša bêli-iá ina qâtâ[2]	les ordres de mon maître par les mains
Še-el-li-bi lu-uš-[me]	de Šellibi que je reçoive.
amilu mâr šip-ri-ia u ši-pir-ta-a	Mon messager et mon message
bêlu ul i-mur mi-na-a	le maître n'a donc pas vu ! Pourquoi
13 šiqli kaspi a-na Ḫa-ba-ṣi-[ru]	13 sicles d'argent à Ḫabaṣirou
bêlu id-din kap-du ši-kir-tum	le maître a-t-il donné ? Vite, le montant (?)
ša pi-ḫa-tum a-na pân....	de la taxe (?) chez [X....],
apil-šu ša Ni-qu-du......	fils de Niqoudou.....
eš-ru-ú bêlu [lu-še-bi-lu]	la dîme, que le maître [envoie].

10. nu-ku-su-*nu*, d'après les corrections en tête de *Cuneiform Texts*, fasc. XXII ; donc 1re pers. du pluriel du permansif II, 1 de *nakâsu*.

14-18. On peut faire une autre coupure et une autre traduction de ce passage : « Voici : 24 *qa* de dattes, sur un bateau, à mon maître j'ai envoyé. Pour la dîme de la montagne de Nergal, que le maître prenne l'échange » (ces dattes en échange).

19. *ši-ba-šu*, cf. dans Muss-Arnolt, *Assyr. engl. deutsches Handw.*, p. 1006, *šibšu*, prélèvement de grain ou de fourrage que les officiers royaux faisaient sur les champs.

30. *ši-kir-tum* de שׁכר, שׁגר, « enfermer ». D'après un texte publié

par Strassmaier, *Arsaciden Inschriften*, dans *Zeitschrift für Assyriologie*, t. III, p. 136 sq., le mot *šikirtum* aurait désigné au moins primitivement un objet, un sac de cuir, dans lequel on enfermait l'argent des taxes pour l'envoyer, puisqu'il est précédé dans ce texte du déterminatif SU, mais il semble qu'il n'a plus désigné dans la suite que le contenu, le montant d'une contribution, d'une somme due : *ibidem*, l. 11-16, *SU ši-kir-ti-šu gam-ru Bêl-apli-iddin ki-i u-tir-ru ana Marduk-šum-iddin.... it-ta-din kaspu 1/3 ma-na lib-bu-u SU ši-kir-ti-šu gab-bi Marduk-šum-iddin..... ma-ḫi-ir e-tir*, « Comme Bêl-apli-iddin a rendu sa contribution entière, à Marduk-šum-iddin...... il l'a donnée : en argent, 1/3 de mine selon le montant de sa contribution totale (c'est-à-dire de la taxe qui lui incombe), Marduk-šum-iddin.... a reçu, a versé ».

31. *pi-ḫa-tum*. A la l. 18 j'ai traduit ce mot par « échange » avec Meissner; voir Muss-Arnolt, p. 797, mais je crois qu'il signifie aussi « taxe », « somme due », sens qui convient mieux ici que celui d'échange. Cf. *Cuneiform Texts*, t. IV, pl. 27, a. Dans cette lettre, le scribe déclare à son correspondant qu'il lui envoie un messager aux mains duquel il le prie de verser diverses sommes, et il conclut, sans qu'il soit question d'échange, l. 17-21 : *ù kaspam Arad-ilu Ištâr i-šá-ri-iš ap-lam A-rad-ilu Ištâr la ta-ka-la-am bi-ḫa-tum i-šá-ri-iš ap-la-aš-šu*, « Et l'argent à Arad-Ištâr (le messager) rends exactement; ne retiens pas Arad-Ištâr, rends-lui exactement la somme due ». — *piḫatum*, dans ce texte, permute donc avec *kaspu*, « l'argent dû ».

Nº 80

Daianou-bêl-ouṣour annonce à Iddin-Mardouk l'envoi de denrées diverses, et il l'engage à ne pas négliger certain message important.

duppi ilu Daianu-bêl-uṣur	Tablette de Daianou-bêl-ouṣour
a-na Iddin-ilu Marduk	à Iddin Mardouk,
bêli-ia ilu Bêl u ilu Nabû	mon maître : que Bêl et Nabou
šú-lum u balâṭu ša bêli-ia	la prospérité et la vie de mon maître

liq-bu-ú a-mur
400 gi-di-im ša ḫu-ṣa-bi e-lat ḫa-ru-ut-tum
1570 gid-dil
ša šûmi 1 gur 30 qa
gi-di-pi ša šûmi
4 pi an......li
ina qâtâ[2] Bêl-šu-nu

a-na bêli-iá
ul-te-bi-la
Ku-ṣur-ú-a
i-qab-ba-'
um-ma ši-pir-tum

ša amîlu rab ṣip-ti
a-na-as-ša-' a-na-ad-dan-ka
ša ṣip-ti ša bir-ri nàrâti-meš.

ša man-ma it-ti-ka
la i-dib-bu-ub-'
a-na muḫ-hi bêlu
la i-sil-li
ši-pir-tum

niš-ša-aš-šu
ši-pir-tum
a-na pân
amîlu rab ṣip-tum ša ina pa-ni-ia liš-ša-'

décrètent. Voici :
400 régimes de dattes nouvelles, en plus des palmes,
1570 cordons
d'oignons, 1 *gour* et 30 *qa*
de paquets (?) d'oignons,
4 *pi* de......
par les mains de Bêl-šounou,

à mon maître
j'ai envoyé.
Kouṣouroua
parle
en cet termes : « Un message

du chef des produits
j'apporte, je te livre,
pour que les produits des terrains (du bord) des canaux

personne avec toi
ne conteste. » —
Là-dessus que le maître
ne soit pas négligent.
Le message (de Kouṣouroua)

nous lui avons porté ;
(en réponse) un message
pour le
chef des produits, qui est chez moi, que (le maître) porte.

6. *gidim*, état construit de *gidmu*. Ce mot est bien à rapprocher de l'araméen גִּדְמָא, comme l'a vu Thompson, mais avec le sens de « régime » plutôt que de « palme ». Par contre, *ḫaruttum* a bien ici le sens de « palme », primitivement sans doute rameau coupé, comme en araméen חָרוּתָא, et non celui de « couper » (Thompson).

9. *gi-di-pi* désigne probablement un autre genre de paquets d'oignons, différents des « cordons », *gid-dil*, de la l. 7.

19. *bir-ri*. Le sens de ce mot nous est clairement indiqué par la

lettre n° 243, l. 7-9 : *300 qa suluppi ul-tu bir-ri nàrâti-*meš *in-na-aš-šú*, « donnez-lui 300 *qa* des dattes (provenant) du *birri* des canaux » ; *ibidem*, l. 13-15, *u-il-tim-*meš *ša NU-GIS-SAR-*meš *ša bir-ri nârâti-*meš, etc., « les comptes des jardiniers du *birri* des canaux ». D'après ce texte, le *birri* des canaux produit des dattes et occupe, à titre habituel, des jardiniers. Ce mot désigne donc un terrain, « le terrain en bordure des canaux », qui, par sa situation même, pouvait être très fertile, à peu près l'équivalent de ce qu'on appelle dans certaines parties de la France « des cambons de rivière » *(campus bonus)*. Cf. l'arabe بَرّ, « terre ferme », le syriaque ܒܪ, « champ » et « terre inculte ».

ṣip-ti. Le *ṣip-ti* d'un terrain cultivé par des jardiniers est donc sa récolte; par conséquent, il ne faut pas donner ici à ce mot le sens de « petit d'animal » ou d' « intérêt d'une somme », mais celui plus général de « produit ». Il est même possible, s'il s'agit de terrains en bordure de fleuves proprement dits, que *ṣipti* désigne un accroissement de terrain produit par le changement ou le rétrécissement du lit du fleuve.

25. *niš-ša-aš-šu*, semble-t-il, d'après l'autographie ; mais Thompson transcrit *liš*(?)-ša-aš-šu. Si cette transcription est la bonne, il faut traduire : « que (Kuṣurua) lui apporte (au maître) le message » (qu'il demande à lui porter). Thompson n'a pas compris la 2e partie de la lettre : il voit dans *amilu rab ṣipti* un « tailleur » et dans *ṣipti ša birri nârâti* « des habits pour le *birri* des rivières ».

25-28. « Nous avons porté.... », c'est-à-dire « envoyé » ; « que le maître porte », c'est-à-dire « qu'il envoie ».

N° 81

Lettre du même au même relative à un marché d'oignons, etc.

duppi ilu *Daianu-bêl-uṣur*	Tablette de Daianou-bêl-ouṣour
*a-na Iddin-*ilu *Marduk*	à Iddin-Mardouk,
bêli-iá ŭ-mu-us-su	mon maître : tous les jours,
ilu *Bêl u* ilu *Nabù a-na balâṭ*	Bêl et Nabou pour la vie
*napšâti-*meš *ša bêli-iá*	des âmes de mon maître
ú-ṣal-la a-mur	je prie. Voici :

ilu Nabû-šum-û-kin a-na	Nabou-šoum-oukin à
Bâbili it-tâl-lak	Babylone est allé.
it-ti-šu be-li	Avec lui que mon maître
li-id-dib-dib šûma ina qâtê^{2}	discute, (et) des oignons au
maḫiri nad-ni li-pu-uš	prorata du prix versé qu'il fournisse.
šûma-' lib-bu-û	Des oignons, selon
.... *ina qâtê*^{2}*-šu*	...... par ses mains
.... *tu*	....
...... *6 šiqli kaspi*	...... 6 sicles d'argent
...... *li-id-da-aš*	...... qu'il lui donne.
a-mur šûmi eš-še-tu	Voici : les oignons du nouveau plant
in-na-as-sa-ḫu-'	ont été arrachés;
šuma ka-bit-tuk	des oignons, que ton .....
li-id-din û šûmu	livre, et ces oignons,
a-ga-a a-na muḫ-ḫi	si pour
mi-ni-i ki-i la-aṣ-'	quelque motif ils sont insuffisants,
iṣu elippa be-li li-iš-pur-ra-am-ma	que mon maître envoie un bateau, afin que
šûma suluppa	des oignons (et) des dattes
li-ul-lu-û kap-du	je fasse monter. Au plus tôt,
ṭe-e-mu [ša] bêli-iâ	les ordres de mon maître
ina muḫ-ḫi šûmi u suluppi	au sujet des oignons et des dattes
lu-uš-me	que je reçoive !

10. *li-id-dib-dib*, pour *li-id-di-bub*, ifteal de *dabâbu*. — *šûma ina qâtê*^{2}, d'après l'autographie ; cependant, Thompson transcrit : *šûmi-ia* ! Il traduit 11-12 : « Fais-lui compenser (make up) les ails selon les marchés de notre pays », *mâti-ni* au lieu de *nad-ni*.

16. *li-id-da-aš* pour *li-id-dan-šu*, avec le sens du parfait : cf. n° 84, l. 15.

19. *ka-bit-tuk* n'a évidemment pas ici le sens de « foie » ou d'« intérieur ». Thompson : *šûmi-ka bat-tuq*, « ton ail coupé » ; dans cette hypothèse, quel est le sujet de *lid-din* ?

22. *aṣ-'*, permansif de אוץ, pour *lû aṣ'û* ? Dans *mi-ni-i*, que je traduis « quelque motif », Thompson voit le mot « le montant » : « Si cet ail n'atteint pas le montant exigé ». Pour *mi-ni-i*, « motif quelconque », voir *infra*, n° 87, l. 49.

N° 84

Daianou-šoum-ouṣour (?) recommande un ouvrier à Nabou-nâdin-aḫi et lui annonce un envoi de dattes.

duppi ilu Daianu-šum-uṣur (?)	Tablette de Daianou-šoum-ouṣour (?)
a-na ilu Nabû-na-din-aḫi	à Nabou-nâdin-aḫi,
aḫi-iá ilu Nabû u ilu [Marduk]	mon frère; que Nabou et Mardouk
a-na aḫi-iá lik-ru-bu	bénissent mon frère.
ilu Bêl-nâṣir ša a-gan-na-ka	Bêl-nâṣir, qui est auprès de toi,
mimma ma-la	tout ce que
i-riš-šú-ka	il t'a demandé,
lu-ú ku-up-ru	soit de l'asphalte,
lu-ú it-tu-ú	soit du bitume,
lu-ú iṣu eli[ppu]	soit un bateau,
lu-u iṣu	soit un .....
(lacune de deux lignes)	(lacune de deux lignes)
½ *ma-na kaspi*	½ mine d'argent,
bêlu lid-da-aš-šu	que le maître lui donne.
a-na-ku ul-tu a-gan-na	Moi, d'ici,
suluppu eš-šú-tu	des dattes nouvelles
ù suluppu	et des dattes
la-bi-ru-tu	vieilles,
ša a-na ša-ti-ki	qui pour le .....
ṭa-a-bi a-na	sont bonnes, à
aḫi-iá ú-še-bi-la	mon frère je viens d'envoyer.
ši-pir-ta-a	Que mon message
lu-ú mu-kin-ni-iá	soit mon témoin.

5. *a-gan-na-ka*. Voici les formes de cette locution que je relève dans ces lettres : *a-gan-na*, « ici », « là où je suis », « auprès de moi », n° 157, l. 6 ;

a-gan-na-ku, « ici où je suis », « auprès de moi », n° 56, l. 5;

a-gan-na-ka, « là où tu es », « auprès de toi » : nos 84, l. 5; 86, l. 5; 183, l. 7; 184, l. 20; 224, l. 13.

a-gan-na-ku-nu, « là où vous êtes », « auprès de vous », n° 155, l. 8.

20. *ša-ti-ki*, à rapprocher de l'araméen סתק, « fendre » ? S'agit-il de vieilles dattes, bonnes seulement à être broyées? Cf. n° 118, l. 10; *ša-ti-ik-tum ša pu.....*

21. La présente lettre sera là pour témoigner qu'il a annoncé l'envoi des dattes ; cf. n° 104, l. 17-18, où la lettre du correspondant doit attester qu'il a demandé un prêt pour un tiers; n° 176, l. 18, la lettre doit être le témoin que son auteur a donné en temps voulu un avertissement important à son correspondant.

N° 85

Daianou-šar-ouṣour envoie un forgeron à Moušezib-Mardouk.

duppi ilu Daianu-šar-ú-ṣur	Tablette de Daianou-šar-ouṣour
a-na Mu-še-zib-ilu Marduk	à Moušezib-Mardouk,
aḫi-ia ilu Nabû u ilu Marduk	mon frère : que Nabou et Mardouk
a-na aḫi-ia	bénissent
	mon frère.
lik-ru-bu	Voici : Bêl-moušallim,
a-mur ilu Bêl-mušallim	le forgeron, à
amilu nappaḫu a-na	mon frère j'envoie.
aḫi-ia al-tap-par	Les battants de la grande porte
dalâte-meš ša abullu (ú)	qui est devant
ša pa-ni	le juge......
daianu.......	fais-moi monter, et
šú-ul-li-in-nim-ma	leurs mesures
mi-iš-ḫa-tum-si-na	qu'il prenne, afin que
liš-ša-am-ma	les bandes de cuivre
erû su-ni-e	ici
a-gan-na	il ajoute.
li-ṣi-ip	

7. *nappaḫu* écrit , comme dans Strassmaier, *Nabuchodonosor*, n° 92, l. 9. Thompson n'a ni transcrit ni traduit ce mot.

9. *abullu* = *KA'-GAL-ú*; il est possible, à cause du complément phonétique *ú*. que l'auteur ait voulu écrire *bâbu rabû*.

12. « Fais-moi monter », c'est-à-dire « envoie-moi », sens très fré-

quent de ce šafel. En même temps, le forgeron devra prendre les mesures des battants, c'est-à-dire de l'encadrement qui doit les recevoir. — Si on traduit : « fais monter sur place les battants », la fin de la lettre n'est guère intelligible.

17. li-*ṣi*-ip, écrit *li*-𒍣-*ip*, ce qui a amené Thompson à lire *li-zi-ib*, « qu'il laisse », mais 𒍣 a aussi la valeur *ṣi*.

N° 87

Doumouq répète à Souqaia un message qui s'est égaré; puis il traite d'autres affaires. Le milieu de la tablette est en mauvais état.

duppi Du-muq a-na	Tablette de Doumouq à
Sûqa-a-a aḫi-ia *ilu* *Bêl u* *ilu* *Nabû*	Souqaia, mon frère : que Bêl et Nabou
šú-lum u balâtu ša aḫi-ia liq-bu-ú	décrètent la prospérité et la vie de mon frère.
ši-pir-tum ši-i maḫ-ru-ú	Ce message, précédemment
Ka-su-su il-tap-ra	Kasousou (t')avait envoyé ;
ši-pir-tum-šu-a-an ul šú-ud-gu-lat	(mais) aucun de ses messages ne (t')a été transmis.
il-tap-ra um-ma ni-si-iḫ-tum	Il mandait : « L'enlèvement
*ša imitti-*meš *a-na* *amilu* *ṣâbê-*meš	de la récolte sur pied (?) aux ouvriers
kul-lim-ma ŠE-BAR lid-ku-ú-ni	montre, et qu'ils enlèvent le grain ». —
*dup-pi-*meš *ina bîti šak-nu u bâbu*	Les tablettes ont été déposées dans une maison, et la porte
a-na muḫ-ḫi ka-nik u šú-ú	(en) a été scellée sur (elles) ; cependant lui
ul iš-pu-ru um-ma bâbu pi-tu	n'a-t-il pas mandé : « La porte est ouverte,
*nišê-*meš *i-qab-bu-ni um-ma pi-tu*	les gens disent : La porte est ouverte » !
.... *ši-pir-tum-*meš	... . les messages
....	....
u a-na muḫ-ḫi ..... ša...	et au sujet de ..... que ...
ṣi-bu-ti-šu šak-nu ki-i	son désir est réalisé. Quoique

aš-pu-raš-šu gab-ri si-pìr-tum-meš	je lui eusse mandé, la copie des messages
ul iš-pu-ru en-na-'	il n'a pas envoyé. Voici...
[a]-na bîtâte-meš te-te-ru-[ub]	dans les maisons tu entreras;
... *ut ši-pìr-tum a-[na...]*	.... un message à . .....
[.... *ši]-pìr-tum-a-an*....	.... chacun des messages
[*maḫ*]-*ri-e-tum ina e*[*li*...]	précédents au sujet de ....
.... *su u*	....
[... *a*] - *mur bêlu liš-a* [*l*....]	... Voici : que le maître demande....
[*lu*]-*še-bi-lu ú*............	qu'il envoie ....
[*at-t*]*a ti-i-di ša*..........	Toi, tu sais que.........
gab-bi ši-i-ṭu a-na	tous sont négligents. Selon
ṣi-bu-ti-ka	ton désir,
bêlu lu-te-ir-šu u kap-du	que le maître le renvoie, et au plus tôt
ḫarrâna a-na šêpê-šu ša amilu BUR-LA	le chemin pour les pieds du *bourla*
bêlu liš-kun u ṭe-e-[me]	que le maître dispose, et des nouvelles
[*ša*] *bêli-ia ša šú-lum*	de bonne santé de mon maître
lu-uš-mu u mi-nu-ú	que j'apprenne; et toute
ṭe-en-ka at-tu-ku	nouvelle qui te concerne
bêlu liš-pu-ru maḫ-ru-ú	que le maître mande. Précédemment,
Mu-še-zib ki-i aš-pu-ru	quoique j'aie envoyé Moušezib
ki-i ú-ba-'-ú-ka	(et) quoiqu'il t'ait cherché,
ul i-mur-ka a-mur	il ne t'a pas vu. Voici :
ši-pìr-tum-meš maḫ-ri-e-tum	les messages précédents,
ša a-na Ka-su-su aš-pur	que j'ai envoyés au sujet de Kasousou,
ina pân Lugal-maradda-ibni	chez Lougal-maradda-ibni,
amilu ša-qu-ú šak-na-'	l'officier, sont déposés.
ina pâni-šu ši-si ši-ni......	Chez lui lis-(les et) [mande]
ki-i ta-am-ma-ru	si tu vois
lib-bu-ú ši-ik-ni-šu-a-an	pour laquelle de ses actions
ab-bu-ut-ta-šu	sa marque d'esclave

na-as-ka-ta	(lui) a été imprimée.
[*ki-i* ?] *la ta-*[*am-mar*] *al-la a-na muḫ-ḫi mi-ni-i*	Mais [si] tu ne vois pas pour quelle
[*šik-ni*] *ab-bu-ut-*[*ta*]*-šu na-as-ka-ta ḫu-ur-ṣu*	action sa marque d'esclave (lui) a été imprimée, recherche-(le)
u [*šú*]*-pur*	et mande-(le).

4. *maḫ-ru-ú*, adverbe, « précédemment », et non adjectif comme l'a entendu Thompson. Si *maḫ-ru-ú* était un adjectif se rapportant à *šipirtum*, le scribe l'aurait mis au féminin, comme il l'a fait plus loin, l. 40. Le sens de « précédemment » est confirmé par la l. 36 où il est employé seul, sans substantif dans son voisinage.

6. *a-an* paraît employé ici et à la l. 46 dans le sens distributif de « chacun » et avec la négation, « pas un ». De même dans la lettre nº 158, l. 9, *dul-lu-a-an*, « chacun des ouvrages ». Cf. Hilprecht, *The Babylonian Expedition*, t. XX, part I, p. 22, note 2 et p. 47.

ul šú-ud-gu-lat, littéralement : « n'a été montré ».

8. *imitti*, écrit *ZAG-LU*. Le contexte me paraît réclamer cette lecture et cette traduction : Kasusu recommandait d'apprendre aux ouvriers agricoles à faire la récolte. — Thompson a lu *šimâti* (?) au lieu de *imitti* et traduit : « Montre la copie des arrangements (?) aux ouvriers ».

12. L'interrogation ou l'exclamation paraît marquée par la voyelle finale *u* de *iš-pu-ru*, qui n'a pas ici d'autre raison d'être.

18. *gab-ri*, « la copie », ou peut-être ici « la réponse ».

28. *gab-bi ši-i-ṭu a-na*. Cette ligne manque sur l'autographie ; elle a été restituée d'après les corrections qui sont au début de *Cuneiform Texts*, t. XXII.

29-30. Ce scribe emploie volontiers successivement la 2e et la 3e personne, dans la même proposition en s'adressant au même individu. Il veut dire évidemment : « que le maître le renvoie comme il le désire », ou « renvoie-le comme tu le désires ». De même l. 35-36.

31. *amîlu* *BUR-LA*, une sorte de messager, ou un artisan ?

Sur *abbuttu*, « la marque de l'esclave », voir *Code d'Hammurabi*, § 226 et *Cuneiform Texts*, t. VI, pl. 29, l. 12 où *abbuttu* a aussi le sens de « marque d'esclave » : *el-li-ta ab-bu-ut-ta-ka*, « ta marque est évidente ». Ici Dumuq a appris que Kasusu a été incisé ou brûlé par le chirurgien, qui lui a fait la marque infamante ; il prie Suqaia de s'informer du motif de ce châtiment. — La fin de la l. 44 contenait probablement un verbe avec le sens de « mander », « faire connaître ».

N° 88

Ordre de livraison de dattes, daté de l'an VI de Cambyse.

duppi Ḫa-ba-ṣi-ru	Tablette de Ḫabaṣirou
u Ni-din-it-tum a-na	et de Nidinittoum à
ilu Šamaš-bêl-ilâni-meš aḫi-i-ni	Šamaš-bêl-ilâni, notre frère :
ilu Nabû u ilu Marduk a-na aḫi-i-ni	Que Nabou et Mardouk bénissent
lik-ru-bu 200 qa suluppi	notre frère. 200 *qa* de dattes
a-na Bêl-šu-nu u ilu Nabû-šum-uṣur	à Bêl-šounou et Nabou-šoum-ouṣour
i-din e-lat	livre, en plus
50 gur suluppi maḫru-ú-tu	des 50 *gour* de dattes antérieurs
ša a-na Bêl-šu-nu ni-ip-ki-du	que nous avons (déjà) délivrés à Bêl-šu-nu.
34 gur suluppi	34 *gour* de dattes
a-na Arad-ilu Bêl	à Arad-Bêl,
aḫi ša ilu Bêl-ri-man-an-ni	le frère de Bêl-riman-anni,
amilu riqqu (?) ša ilu A-nu-ni-tum id-din	le collecteur de taxes d'Anounit, il a livré.
[arḫu] addaru ûmu XIII kan šattu VI kan	Mois d'Adar, XIIIe jour, VIe année
[Kam]-bu-zi-ia šar Bâbili šar mâtâti	de Cambyse, roi de Babylone, roi des pays.
kurummâte ša ni	Les soldes alimentaires de .....
la ta-maḫ-ḫar-šu	ne récupère pas sur lui.

13. *amilu riqqu*, écrit *amilu ŠIM+GAR;* sur la lecture *riqqu* de cet idéogramme et sur le sens de « collecteur de taxes », primitivement sans doute sur les produits en « vert » tels que les fourrages, par opposition aux denrées sèches, céréales ou autres, voir Clay, *The Babylonian Expedition*,

t. XIV, p. 8, 9, 23, et Meissner, *Seltene Assyrische Ideogramme.*

16-17. Ce texte avait déjà été édité dans Strassmaier, *Cambyse*, nº 347, mais les deux lignes de post-scriptum 16-17 n'y figurent pas.

Nº 89

Ṭâbi-ia annonce à son ami Bêl-mouballiṭ qu'il a renvoyé une femme, sans doute une esclave fugitive, à Šamaš-mouballiṭ.

duppi Ṭâbi-ia	Tablette de Ṭâbi-ia
a-na ilu Bêl-muballiṭ (iṭ) aḫi-ia	à Bêl-mouballiṭ, mon frère :
ilu Bêl u ilu Nabû a-na	que Bêl et Nabou
aḫi-ia lik-ru-bu	bénissent mon frère.
a[l-tap]-par-ru	[J'ai] mandé
a-na ilu Šamaš-muballiṭ	à Šamaš-mouballiṭ
um-ma	en ces termes :
sinništu Nu-ub-ta-a	« Noubtâ,
a-di pa-ni-[ia]	jusque devant moi,
ina lib-bi [bîti-ia]	dans ma [maison],
tal-li-ku	est venue.
nu-bat-tum	De repos
ina pâni-ia	chez moi
ul ta-ba-at	elle ne prendra pas.
a-na aḫi-ia	A mon frère
a-šap-par-ra-aš	je la renvoie. »

Nº 90

De cette lettre de Ṭabi-ia à son maître et à sa maîtresse, seul le début de la formule protocolaire est conservé. Il a cela de remarquable qu'Ea et Damkina y sont invoqués. Voir *infra*, nº 225.

duppi Ṭa-bi-ia	Tablette de Ṭabi-ia
a-na ilu UD-GAL-šar-uṣur	à OUD-GAL-šar-ouṣour,
bêli-iá sinništu Bi-is-sa-a	mon maître,(et) dame Bissâ,
bêlti-iá ŭ-mu-us-su ilu Bêl	ma maîtresse. Tous les jours Bêl
u ilu Nabû ilu Ea u ilu Dam-ki-na	et Nabou, Ea et Damkina

a-na balâṭ napšâti-^{meš} *ša bêli-*[*iá u bêlti-iá*]	pour la vie des âmes de mon maître [et de ma maîtresse]
ú-ṣal-lum ina ṣilli	je prie. Par la protection
ša ilâni-^{meš} *šú-lum* [*ana-ku*]	des dieux, je vais bien, moi.
ša-kin šú-lum	Tout va bien ....

2. Dans le nom propre il est probable que [illegible] désigne ou un attribut de Šamaš, ou un dieu distinct, peut-être à lire ^{ilu} *Ugallu;* voir Meissner, *Seltene Assyrische Ideogramme.* Serait-ce Ea, qu'il invoquerait ensuite particulièrement pour l'individu qui porte son nom ?

N° 92

Ordre de livraison de poissons.

duppi Ki-i-^{ilu} *Bêl*	Tablette de Kî-Bêl
a-na Ib-gi-^{ilu} *Bêl*	à Ibgi-Bêl,
aḫi-ia ^{ilu} *Nabû u* ^{ilu} *Marduk*	mon frère : que Nabou et Mardouk
a-na aḫi-ia lik-ru-bu	bénissent mon frère.
a-ki-i 2 al-la-nu	Dans la proportion de 2 corbeilles,
nûnê a-na Qud-da-a	des poissons à Qouddâ
i-din a-ki-i 2	livre. Dans la proportion de 2
al-la-nu	corbeilles,
nûnê a-na	des poissons à
^{ilu} *Nabû-šum*	Nabou-šoum....
i-din	livre.

5. *al-la-nu*, pluriel de *allu*, paraît bien signifier ici « corbeilles » ; cf. *Cuneiform Texts*, XXII, n° 18, l. 18-20 : *3 4 al-lu* [*ša*] *a-gur-ru lil-bi-il-nu,* « 3 ou 4 corbeilles de briques cuites qu'on façonne ».

N° 93

Ordre de livraison, suivi de reproches, daté de l'an VIII de Cyrus.

duppi Ki-i-^{ilu} *Nabû a-*[*na*]	Tablette de Kî-Nabou à
^{ilu} *Bu-ne-ne-ibni aḫi-*[*ia*]	Bounene-ibni, mon frère :

ilu Bêl u ilu Nabû šú-lum-ka la i....	que Bêl et Nabou ta prospérité....
42 qa ki-me a-na amtlu um-man-nu i-din	42 *qa* de farine donne aux artisans.
ù mi-nam-ma ul tal-kam-ma	Et pourquoi n'es-tu pas
ŠE-BAR ul ta-aš-ši	venu et n'as-tu pas porté le grain ?
arḫu simânu ûmu VI kan	Mois de sivan, VIe jour,
šattu VIII kan Ku-raš šar Bâbili	VIIIe année de Cyrus, roi de Babylone,
šar mâtâti ki-me kurum-mâti	roi des pays. La farine des soldes alimentaires
ûmu V kan ša arḫu simânu i-ṭir-šú-nu	du Ve jour de sivan verse-leur.

N° 95

Kalbâ demande à ce qu'on vienne vérifier un travail.

duppi Kal-ba-a a-na	Tablette de Kalbâ à
Idinna-a bêli-ia	Idinna-a, mon maître;
ilu Bêl u ilu Nabû šú-lum u balâṭu	que Bêl et Nabou la prospérité et la vie
ša bêli-ia liq-bu-ú	de mon maître décrètent.
ša taš-pu-ur um-ma ki-i	Pour ce que tu as mandé en ces termes : « Si
ri-qa-a-ta ni-ba-am-ma	les (vases) vides (?) sont comptés (?)
ina du zi ia a al (?)	dans .... »; —
itti Ri-mut-ilu Ba-ú	avec Rimout-Baou
e-pu-uš bêlu mâr bânûtu (tu)	je (l)'ai fait. Que le maître envoie
liš-pur-am-ma mi-nu-ú	un bourgeois, pour que tout ce que
i-pu-uš li-mur	(Rimout-Baou) a fait il voie,
u a-na-ku u Rimut-ilu Ba-ú	et qu'ensuite moi et Rimout-Baou
it-ti-šu [ana]	avec lui
pa-ni bêli-[ia]	chez mon maître
ni-ru-bu	nous nous rendions.

ina eli Kal-ba-a	Quant à Kalbâ,
apil Na-ba-a-a	fils de Nabaia,
ša bêlu iš-pu-ru a-di eli....	que le maître a envoyé; jusqu'à
en-na Kiš^{ki} *ul il-li-ku*	maintenant il n'est pas venu à Kiš.
a-mur û-mu ša il-la-ku	Voici : le jour où il viendra,
bêli-iá a-šap-pa-ru	je (le) manderai à mon maître.

15. *ni-ru-bu*, parfait avec le sens de l'optatif, sans *lû*.

N° 96

Kalbâ se plaint d'une insuffisance de gages.

duppi Kal-ba-a a-[na]	Tablette de Kalbâ à
Iddinna-a bêli-iá ^{ilu} *Bêl u* ^{ilu} *Nabû*	Idinna-a, mon maître : que Bêl et Nabou
šú-lum u balâṭu ša bêli-iá liq-bu-ú	décrètent la prospérité et la vie de mon maître.
41 dan-nu šikari^{sun} *mâr šatti*	41 vases de vin de dattes de l'année
12 dan-nu šikari la-bi-ru	et 12 vases de vin vieux de dattes,
ina 4 arḫê^{meš} *ina bît qa-ti*	en 4 mois, dans le cellier
ša šid-di Ri-mut-^{ilu}*Bau*	qui est à côté de Rimout-Baou,
ki-i e-pu-šu 1 ma-na kaspi	comme j'ai fait, 1 mine d'argent
ma-ṭu aq-ta-[bi]	est trop peu. J'ai déclaré :
umma kaspu	« L'argent...............
(lacune de deux lignes)	(lacune de deux lignes)
ul e-pu-[uš .....]	il n'a pas fait...........
ki-i ú-ṣu-ú	Comme il est sorti,
ištu ûmi IV^{kan} *ul a-mur-šu*	depuis le IVe jour je ne l'ai pas vu.
bêlu ^{amilu}*qalli bêli*	Que le maître un serviteur du maître
liš-pur-am-ma immeru šú-ú	envoie, et ce mouton
ú ši-kit-tum ša bêlu	et le meuble (?) dont le maître

iq-ba-ʾ ina qâtê^{2}*-šu*	a parlé, par ses mains
a-na bêli lu-še-bi-lu	au maître je ferai porter.
man-ma ina pâni-ia....	Quelqu'un à ma disposition,
ina dib-bi ki-i	dans l'affaire............

18. *ši-kit-tum* paraît désigner un meuble ou objet portatif.

N° 97

Kalbâ annonce l'heureux retour d'un voyageur de commerce.

duppi Kal-ba-a	Tablette de Kalbâ
a-na Idinna-a aḫi-ia	à Idinna-a, mon frère :
^{ilu} *Bêl u* ^{ilu} *Nabû šú-lum balâṭu*	que Bêl et Nabou la prospérité et la vie
ša aḫi-ia liq-bu-ú	de mon frère décrètent.
ki-i iq-bu-nu	A ce qu'on m'a dit,
Šad-din-nu ul-tu	Šadinnou de
^{alu} *Ḫar-ra-nu it-te-ru-bu*	la ville de Ḫarran est rentré.
man-ma bêlu liš-pu-ru-ʾ-ma	Que le maître envoie quelqu'un,
li-bu-ku-ma	pour qu'il emporte et
a-na bêli-ia	qu'à mon maître
lid-din id-su	il donne sa part.
pa-ni-šu ba-nu	Sa face (du voyageur) brille.
šipâte it-ti-šu	Des laines avec lui
it-ta-ša-ʾ	il a apporté.
ûmu IV ^{kan} *a-na*	Le IVe jour, à
Bâbili ir-ru-ub	Babylone il entrera.

11. Le mot *idu* ne peut pas signifier ici « salaire » ou « gages » : le maître n'a pas évidemment de salaire à toucher. Mais, sans doute comme commanditaire de l'entreprise commerciale de Šadinnou, il lui revient une part dans les bénéfices qu'a faits ce dernier ; *idu* signifie donc dans ce passage : « part de bénéfices ». Thompson a traduit les l. 10-11 : « pour qu'il puisse donner sa main (?) à mon maître. »

12. « Sa face brille », c'est-à-dire : il est content (de son voyage). — Thompson : « Si cela semble bon, il portera la laine avec lui. »

N° 98

Kaṣir prie Bêl-Riṣoua d'accepter de Pouršou une obligation que lui, Kaṣir, lui a consentie et de désintéresser Pouršou en son lieu et place.

duppi Ka-ṣir	Tablette de Kaṣir
a-na *ilu* *Bêl-ri-ṣu-ú-a*	à Bêl-riṣoua,
aḫi-ia *ilu* *Bêl u* *ilu* *Nabû*	mon frère : que Bêl et Nabou
šú-lum u balàṭu ša aḫi-iá	la prospérité et la vie de mon frère
liq-bu-ú a-mur	décrètent. Voici :
Pur-šú-ú a-na	Pouršou
pâni-ka ittal-ku	va se rendre chez toi ;
ú-il-tim	une obligation
ša 1 gur 108 qa ŠE-BAR	de 1 *gour* 108 *qa* de grain
ša ina muḫ-ḫi-ia	qu'il (a) sur moi
mu-ḫur-šu	accepte de lui,
ù ŠE-BAR-a-an	et du grain au prorata
1 gur 108 qa	de 1 *gour* 108 *qa*
in-na-aš-ši	donne-lui.
la tu-še-ti-iq-šu	Ne le renvoie-pas,
ia-a-nu-ú ŠE-BAR	sinon, le grain
ina Bâbili i-maḫ-ḫar-an-ni	à Babylone il récupèrera sur moi.
lu-ú i-da-tum	Qu'il y ait un jour fixé (?)
ša taq-ba-'	pour ce que tu as dit :
um-ma in-za-ḫu-ri-tum	« Les (pierres précieuses) *inzaḫouritoum*
ù *abnu* *gab-bu-u*	et les pierres (précieuses) *gabbou*
i-ša-'	apportez ».

11. *mu-ḫur-šu*, Thompson : « obtient de lui un reçu ».

15. Sur le sens de *la tu-še-ti-iq-šu*, voir *supra*, n° 75, l. 13, note. — Thompson et Ungnad, *Orientalistiche Literaturzeitung*, 1907, col. 517 : « ne néglige pas cela ».

17. Sur le sens de « récupérer » pour *maḫaru*, voir, n° 105, l. 17, note. Thompson et Ungnad, *loc. cit.*, le traduisent par « acheter ».

N° 100

Kiribtoum-Mardouk avait envoyé Itti-Bêl-limḫir à ses correspondants, *ana pânikunu* (l. 7). Il demande qu'en exécution d'une obligation contractée, peut-être d'un contrat de louage, un certain Rimout-Bêl, dont cet Itti-Bêl-limḫir paraît dépendre, le renvoie de chez eux, *ina pânikunu* (l. 14). Sinon, qu'eux-mêmes lui envoient à lui, Kiribtoum-Mardouk, et Rimout-Bêl et Itti-Bêl-limḫir.

duppi Ki-rib-tum-ilu Mar-duk	Tablette de Kiribtoum-Mardouk
a-na Su-qa-a-a ù	à Souqaia et
ilu Bêl-iddin aḫê-meš-e-a	Bêl-iddin, mes frères :
ilu Bêl u ilu Nabû šú-lum u balâṭu	que Bêl et Nabou la prospérité et la vie
ša aḫê-meš-e-a liq-bu-ú	de mes frères décrètent.
It-ti-iluBêl-li-im-ḫir	Itti-Bêl-limḫir,
ša a-na pâni-ku-nu aš-pur-ru	que chez vous j'ai envoyé,
Ri-mut-ilu Bêl apil-šu ša	que Rimout-Bêl, fils de
Kur-ban-ni-ilu Marduk	Kourbanni-Mardouk,
mâr amilu rê'i sîsê-meš	le pasteur de chevaux,
a-ki ú-il-tim	selon les termes de l'obligation
[ša] Itti-ilu Bêl lim-ḫir	de Itti-Bêl-limḫir,
ša ina muḫ-ḫi-šu ḫarrâna	que (celui-ci) a sur lui (Rimout-Bêl), le chemin
a-na šêpê²-šu ina pâni-ku-nu	pour ses pieds (afin de sortir) hors de chez vous
liš-kun ia-a-nu-ú	dispose. Sinon,
Ri-mut-ilu Bêl it-ti	Rimout-Bêl avec
Itti-ilu Bêl-li-im-ḫir	Itti-Bêl-limḫir
a-na pàni-ia	chez moi
šú-up-ra-a-nu	envoyez.

14-19. La traduction de Thompson est à peu près le contre-pied de la mienne, il traduit : « envoyez-le à vous. Rimout-Bêl n'est-il pas avec Itti-Bêl-limḫir ? Envoyez en ma présence. » — J'avoue ne pas comprendre, puisque Itti-Bêl-limḫir est déjà « chez eux » d'après la l. 7, comme l'a entendue Thompson lui-même.

N° 105

Loubloutou rappelle à Rimout toutes les sommes que celui-ci a reçues et qu'il détient. Lui-même, Loubloutou, a besoin d'argent pour désintéresser Nabou-zêr-lišir. Il menace donc Rimout de le traîner devant les juges, s'il ne lui livre pas son dû au plus vite.

duppi Lub-lu-ṭu a-na	Tablette de Loubloutou à
Ri-mut aḫi-ia	Rimout, mon frère :
ilu Nabû u ilu Marduk a-na	que le dieu Nabou et le dieu Mardouk
aḫi-ia lik-ru-bu	bénissent mon frère !
25 gur ŠE-BAR a-na	25 *gour* de grain à
Mu-ra-nu a-na eli-ka	Mouranou pour toi
e-te-ṭir 2 šiqli 4-ut kaspi	j'ai versé ; 2 sicles et un quart d'argent,
man-da-at-tum ša gu	contribution de ....
ina pâni-ka bêlu subâtu na-aṣ-ba-ti	sont chez toi, ô maître. Des vêtements .
at-ta-nak-ka u pu-ut-ka	je t'ai donné (moi-même), et ta personne
ku-ut-mu 8 šiqlu ina qâtê[II]	couvre (avec) ; 8 sicles par les mains
Ag-gi-ia na-ša-a-ka	d'Aggiia t'ont été portés ;
kaspa Ag-gi-ia	(cet) argent Aggiia
e-ṭir ia-a-nu-ú	a (réellement) versé ; sinon,
mi-nu-ú ki-i ŠE-BAR-a	pourquoi ainsi mon grain
Ag-gi-ia i-kil-lu-ú	Aggiia retiendrait-il ?
a-maḫ-ḫar-ka a-na-ku	Je récupérerai (mon grain) sur toi, moi.
a-gan-nu ilu Nabû-zêr-lišir	Ici, Nabou-zêr-lišir
a-na muḫ-ḫi ŠE-BAR-šu	au sujet de son grain
ú-ša-an-za-qa-an-ni	me harcèle.
10 šiqli kaspi kap-du	10 sicles d'argent, au plus vite,
i-ša-am-ma ina arḫu šabâṭu	prends et dans le mois de šebaṭ
šú-bi-lu ilu Bêl u ilu Nabû	envoie. Par Bêl et Nabou,
ki-i kaspa kap-du	si l'argent au plus vite
ul tu-še-bi-lu	tu n'envoies pas,
a-di-'-šu bît di-i-ni	jusqu'au.... du tribunal
ša šar Bâbili	du roi de Babylone

ú-še-ri-bu-ka	je t'amènerai,
ù ŠE-BAR ḫar-ra-[ni]	et le grain de la part de société
ša ^{ilu}*Nabû-zêr-lišir*	de Nabou-zêr-lišir
a-ma-aḫ-ru-ka	je récupèrerai sur toi.
^{ilu}*Bêl u* ^{ilu}*Nabû lu-ú*	Le dieu Bêl et le dieu Nabou certes
i-du-ú ki-i	savent que
1 šiqli kaspi ina Bâbili	1 sicle d'argent dans Babylone
tak-la-ka	t'a été confié.
a-na bêl da-ba-ba-ia	A mon adversaire
la ta-ta-bak	ne (l')apporte pas.
a-na Ba-ni-ia	A Baniia,
apil-šu ša Du-muq ki-bi um-ma til-li-ia ru-ku-us	fils de Doumouq, donne un ordre ainsi conçu : « Attache mon *tillou*,
ku-nu-uk ina qâtê^{2} *man-ma al-la-ka kap-du kap-du*	scelle-(le), par les mains d'un messager quelconque, vite, vite,
šú-bi-lu SU til-li gi-mi-ru-tum it-ti-i šú-bi-la	envoie-(le); envoie avec tous les cuirs (?) du *tillou*. »

7. *e-te-ṭir* : Thompson lit *e-te-taq* et traduit : « Twenty five *gur* of corn for Muranu is being transported unto thee ». — Sur *4-ut* = 1/4 de sicle, voir Ungnad, *Beiheft zur Orientalistischen Literaturzeitung*, II, 1908, p. 28.

9-16. Lubluṭu rappelle qu'il a donné jusqu'à des vêtements à Rimut, et il l'engage avec ironie à en couvrir son corps, si besoin est. Sur le sens de « personne », « corps », pour *pûtu*, cf. *Cuneiform Texts*, XIII, pl. 39, col. I, l. 3 : *pag-ri u pu-u-ti*, « en corps et en personne », — et l'idéogramme qui a les valeurs synonymes *pagru*, *pûdu*, *zumru*. Thompson a entendu tout autrement ce passage, comme d'ailleurs une grande partie de la lettre : « I am giving thee the bags (?) and I am thy secret (?) guarantee for eight shekels in the hands of Aggiya ». Il semble que Aggiia avait reçu du grain de Lubluṭu. Sommé par Lubluṭu de rendre ce grain ou de le payer, il en a versé le prix à Rimut pour que celui-ci le remette à Lubluṭu, et maintenant il refuse de rendre le grain qu'il a bel et bien payé.

14. *e-ṭir*. Thompson lit *e-taq* : « Forward the money for Aggiya ».

17. Thompson traduit *maḫâru* par « acheter » : « Dois-je l'ache-

ter (le grain) ici pour toi ? » Dans plusieurs passages de ces lettres, *maḫâru* signifie « récupérer », « recouvrer » une créance exigible ; voir *infra*, l. 31, et n° 44, l. 16.

18-20. D'après la l. 29, Lubluṭu et Nabû-zêr-lišir avaient formé probablement une association commerciale, *ḫarrânu*. Nabû-zêr-lišir réclamait maintenant le grain qui lui était dû pour sa part. Mais Lubluṭu ne pouvait le lui verser que si Rimut lui payait à lui-même l'argent qu'il lui devait. De là, les réclamations et les menaces. Si on prend *ḫarrânu* dans le sens de « chemin » ou de « voyage », il faut entendre les l. 18-20 et la l. 29 du grain que réclamerait Nabû-zêr-lišir pour subvenir aux frais d'un voyage qu'il avait fait ou qu'il devait faire pour le compte de Lubluṭu.

26. *a-di-ʾ-šu* : le sens est clair : il s'agit de la barre ou de la salle des séances du tribunal ; mais quel est le mot ou quels sont les mots que représentent ces quatre signes ? Faut-il lire *a-di ʾ-šu* en deux mots ? ou *a-di -ʾ-šu* pour *a-di-i-šu* ? Ce dernier signe, *šu*, est-il ici un idéogramme ? M. King a bien voulu collationner ce passage. Il m'écrit : « The two signs read by Thompson as are broken and are not quite certain, though the traces suggest those characters ».

31. Thompson traduit encore *maḫâru* par acheter : « I have bought it for thee ».

35. Ce sicle d'argent avait été sans doute déposé chez Rimut pour Lubluṭu. Celui-ci craint que le dépositaire ne le remette à son propre adversaire. Thompson lit *dag-la-ka* et donne des l. 32-37 la singulière traduction que voici : « I call Bêl and Nabû to witness that I have not set eyes on a single shekel of silver in Babylon. Send it not unto my rival ».

39-41. *til-li* est écrit -li ; on pourrait donc lire *be-li*, *bit-li*, *mit-li*, etc. J'ai adopté provisoirement la lecture *til-li* à cause du passage des lettres de Harper, IV, n° 268, l. 14, *ti-il-li-šu-nu ša kaspi*, qui paraît désigner une pièce de harnais en argent. Ici, l'objet est précieux également, puisque Lubluṭu recommande de le bien envelopper et de le sceller ; il peut désigner aussi une pièce de harnais, puisqu'un objet ou des objets en cuir *SU...gimirutum* en font partie. Cependant la traduction de tout ce passage reste douteuse. La lecture *be-li*, « arme », donnerait aussi un sens acceptable.

N° 107

Cette lettre nous est parvenue très mutilée. Son auteur, un subalterne du grand-prêtre de Sippar, paraît se plaindre du manque de ressources de sa résidence.

duppi Li. . .[a-na]	Tablette de Li. . .[au]
amilu šangi Sippar ki bêli-iá	prêtre de Sippar, mon maître :
ilu Bêl u ilu Nabû šú-lum ṭu-ub lib-bi	que Bêl et Nabou la prospérité, le bonheur du cœur,
ṭu-ub šêrê-meš ù a-ra-ku	le bonheur de la chair et la longueur
ûmê-meš ša bêli-iá liq-bu-ú	des jours de mon maître décrètent.
man-zal-ta-a uk-ku-pat	Ma résidence est dénuée de ressources (?),
ù šikaru ú-sa-a ia-a-nu	et il n'y a pas de boisson *ousâ*.
a-na-ku a-gan-na ma-aṣ-ṣar-tum	Moi (cependant) la garde
ša bêli-iá a-nam-ṣar a-na...	de mon maître je monte ; à...
...... bêlu liš-[pur]	....que le maître envoie.
(grande lacune)	(grande lacune)
....[ana] Šamaš-šar-uṣur	..... à Šamaš-šar-ouṣour
at-ta-din	j'ai livré.

N° 111

Mardouk-ibni informe Šišdi qu'il est allé monter la garde à la place de Nergal-iddin.

duppi ilu Marduk-ibni	Tablette de Mardouk-ibni
a-na Ši-iš-di	à Šišdi,
aḫi-ia ilu Marduk	mon frère : que Mardouk
u ilu Zar-pa-ni-tum	et Zarpanitoum
šú-lum balâṭu ša aḫi-iá	la prospérité et la vie de mon frère
liq-bu-ú a-mur	décrètent. Voici :
Iddin-ilu Bêl it-ti-iá	Iddin-Bêl avec moi
a-na alu Šú-ú-nu	à la ville de Šounou
it-ta-el-li	est monté.

šat-ba-nu it-ti	Nous nous sommes associés (?) avec
ilu Nergal-iddin aḫi-šu	Nergal-iddin, son frère.
aš-šu la lib-bu-ú	Comme (celui-ci) n'est pas là (?)
a-na eli ma-aṣ-ṣar-tum	pour la garde
ša aḫi-iá a-na-aṣ-ṣar	de mon frère, je (la) monte.

10. *šat*-ba-nu, pour *šat-pa-nu*, perm. I, 1 de *šatâpu;* cf. *šutapû*, « associé », et l'araméen שתף, « s'associer ». — Si on lit *kur*-ba-nu, « don », il n'y a plus de verbe. Thompson a bien voulu rendre ►—I de la l. 12 par « je prends » (?), mais il s'est trouvé par là-même dans l'impossibilité de traduire *la lib-bu-ú.* Il aurait dû d'ailleurs au moins traduire : « j'ai pris » ; *aššu* ne peut être qu'un parfait.

N° 112

Mardouk-zêr-oušallim fait des recommandations à ses subalternes pour dégager sa responsabilité.

duppi ilu Marduk-zêr-ušal-lim	Tablette de Mardouk-zêr-oušallim
a-na Ri-mut	à Rimout,
Bêl-šu-nu u ilu Marduk-eṭir	Bêl-šounou et Mardouk-eṭir,
aḫê-meš-iá ilu Bêl u ilu Nabû	mes frères : que Bêl et Nabou
šú-lum ša aḫê-meš-iá	la prospérité de mes frères
liq-bu-u	décrètent.
al-ka-nim-ma	Venez, et
ša-[nam]-ma	un autre
....	....
amilu rabi........-ku-nu	votre chef de.............
e-pu-uš-ma	a fait, et
mimma	(avec) tout ce que
Pir-ki	Pirki
na-šu-u lu-ša-am-ma	a porté, il veut racheter
bilat-ku-nu-ši	votre redevance.
iá-a-nu-um-ma	Sinon,
mi-di-tam	une mesure (?)
miṣri šaplitu (tú)	du territoire inférieur
ina muḫ-ḫi-ku-nu	à vous

id-dan mimma	il doit donner (en compensation). En quoi que ce soit,
na-di a-ḫi	de négligence
la ta-raš-šú	n'ayez,
[ilu] Nabû lu-u	par Nabou, pour que
ki-i ḫi-ṭu	ainsi de faute
a-na bêli ina lib-bi-ku-nu	contre mon maître à votre sujet
[la] aḫ-ta-ṭu-u	je ne commette pas.

15. bilat-*ku-nu-ši* pour bilat-*ku-nu*, bien que dans le reste de la lettre l'écriture de ce suffixe soit régulière. Cf. *supra*, n° 1, l. 29 : *gipari-ku-nu-šim-ma*. *UN* ne peut être en effet que l'idéogramme d'un substantif. — Les correspondants de Marduk-zêr-ušallim paraissent avoir une rente annuelle et perpétuelle sur Pirki ; celui-ci veut la racheter soit par un payement, soit par une cession de terrain. — Cette interprétation des l. 14-20 est loin d'être absolument sûre.

21-22. Littéralement : « de laisser tomber le bras n'ayez pas ». — Sur le sens de « bras » pour *aḫu*, dans cette locution, cf. François Martin, *Rec. de Travaux*, t. XXIV, p. 230. — Thompson : « Vous n'avez pas d'autres moyens » (?).

25-26. C'est-à-dire : pour que je ne sois pas trouvé coupable aux yeux de mon maître ; — ou : « Nabû (sait) que je n'ai pas commis de faute à votre sujet contre mon maître ».

N° 113

Mardouk-zêr-ibni va être ruiné, son champ va être vendu. Il adjure Šoulâ, en termes touchants, de venir à son aide, puisqu'il s'est porté fort pour le payement de ce champ.

duppi [ilu] Marduk-zêr-ibni	Tablette de Mardouk-zêr-ibni
a-na Šú-la-a	à Šoulâ,
aḫi-šú [ilu] Bêl u [ilu] Nabû	son frère : que le dieu Bêl et le dieu Nabou
šú-lum ša aḫi-iá	la prospérité de mon frère
liq-bu-ú am-me-ni	décrètent ! Pourquoi
bîta-a ta-ḫi-ip-pu	ruines-tu ma maison,

ina pa-ni ḫa-pi-e bîti-ka	au lieu d'aller à la ruine
ta-al-lak pu-ut	de ta maison ! La garantie
e-ṭe-ru ša eqli	du payement du champ
ki-i ta-aš-šú-ú	quoique tu aies assumé,
eqli-a in-na-dan	mon champ va être vendu,
u . . . . ši	et . . . .
u gišimmaru ša	et les dattiers que
ú-rab-bu-ú	j'ai élevés
id-di-ku-'	vont être arrachés.
u at-ta ina bîti-ka	Cependant, toi, dans ta maison,
lib-ba-ka ṭa-ab-ka	ton cœur est heureux !
en-na ŠE-BAR ša ina lib-bi	Déjà, le grain que dans (ce champ)
e-ri-šu gab-bi	j'avais cultivé a été
na-ša-a-ta	tout emporté.
en-na a-na bêli-iá	Maintenant, à mon maître
al-tap-ra	je mande :
al-kam-ma eqla-a	« Viens, et mon champ
e-ṭir-šu ebûru^{meš}*-iá*	paye-le ; mes récoltes,
i bi-in-ni	allons, donne-(les) moi » !
a-mur ŠE-BAR ša	Voici : le grain dont
paq-da ma-na-a-ta	tu m'avais confié la garde,
Iqiša-a	Iqiša-a
u ^{ilu}*Nabû-aḫi-iddin*	et Nabou-aḫi-iddin,
ki-i i-li-ú	quand ils s'en sont allés,
it-ta-šú-ú a-na ^{amlu}*daia-nê*^{meš}	(l')ont emporté. Aux juges
a-na muḫ-ḫi ki-bi	parle à ce sujet.

7. Ou : « auparavant à la ruine de ta (propre) maison tu devrais aller », c'est-à-dire : tu devrais préférer ta propre ruine à la mienne ; — ou encore : « au-devant de la ruine de ta maison tu vas ». — Je ne m'explique pas comment Thompson a traduit *ḫa-pi-e* par « tu démolis » ; de toute façon, c'est un infinitif : « Why art thou pulling down my house before *thou pullest down* thine own ? Thou shalt come », etc.

8-10. L'interprétation de ce passage par Thompson me paraît erronée : « And when thou hast received the. . . . . for the payment of the field ».

15. *id-di-ku-'* pourrait être l'*ifteal*, aussi bien que le *nifal* de *dikû ;* j'ai opté pour le *nifal*, littéralement « seront enlevés », à

cause du passage parallèle de la l. 11, où nous avons certainement le *nifal.* — Sur le sens de « lever », « élever », « enlever » pour *dikû*, cf. Meissner, *Zeitschrift für Assyriologie*, XXII, p. 244; François Martin, *Mélanges assyriologiques* (VIII) dans *Recueil de Travaux*, XXV, et *Cuneiform Texts*, IV, pl. 39 (Bu. 88-5-12, 619), l. 1-5 : *1 ma-na kaspi ešrû ša Ba-ru-qa-a* *amtlu* *ardu ša Na-an-za-nu a-na da-ku-ú ša eprâti-*meš *ša É-SAG-IL a-na balâṭ napištim-šu a-na* (?) *ilu Bêl u ilu Bêlti-iá iddin*, « 1 mine d'argent (comme) dîme, que *Baruqâ*, esclave de *Nanzanu*, a donnée pour la vie de son âme à *Bêl* et à ma déesse *Bêlit*, pour l'enlèvement des terres de *l'Esagil* », (lorsque Alexandre avait formé le projet de déblayer les ruines de ce temple et de le rebâtir). — Thompson : « The palms which I have increased shall be gathered together. »

20. Ou : « tu as tout emporté », à cause de la l. 25 : « donne-moi mes récoltes ».

25. *i bi-in-ni;* nous pourrions très bien lire ici *i-bi-in-ni*, impér. I, 1, de *nabû :* « déclare(-les) à moi ». Mais au n° 222, l. 26, la même locution *i bi-na-nu* signifie certainement « allons, donnez-(les) moi ». Il faut donc la décomposer en l'adverbe d'exhortation *î* et l'impér. I, 1 *bîni*, de בין, « donner ». Voir des passages analogues dans Delitzsch, *AHW*, p. 171. — Thompson, avec point d'interrogation : « Come, and as for my field, the payment thereof shall cause my crops to grow (?) »

26-27. *a-mur* marque le passage à une autre affaire. — On pourrait traduire aussi : « le grain qui (en) garde (m')avait été confié », littéralement : « livré ». Ici encore, la traduction de Thompson diffère totalement de celle que je propose : « Behold, the corn which hath been weighed out; Iqiša-apli and Nabû-aḫi-iddin, if they wish, can take it. »

N° 114

Les lacunes de cette lettre la rendent assez obscure. Il semble que Mardouk-nâṣir a frappé un individu et mis sa vie en danger. Il est très inquiet des suites possibles de son action.

duppi ilu Marduk-nâṣir a-na	Tablette de Mardouk-nâṣir à
Šum-iddin Bêl-šu-nu u ilu...	Šoum-iddin, Bêl-šounou et...

aḫê-meš-e-a ilu Bêl u ilu Nabû	mes frères : que Bêl et Nabou
šú-lum u balâṭu ša aḫê-meš liq-bu-[ú]	décrètent la prospérité et la vie de mes frères.
in-ni-ta-a at-tu-nu	Vous êtes mon refuge (?)
ana muḫ-ḫi amîlu mâr bâ-nûti-meš	contre les bourgeois
ša Bâbili.....	de Babylone.....
ina qab-lu(?) aš-mu-u	dans la mêlée (?), j'ai appris
ša....amilu mâr....	que [X ...] fils de...
aḫ-ta-šal.......	j'ai frappé.....
ina mi-iḫ-ṣi-šu	à la suite de sa blessure,
mur-ṣi mit-kur	de la maladie *mit-kour*
in-da-ru-uṣ	il est atteint.
ul i-di ina lib-bi	Je ne sais pas si dedans
i-pat-ta-ma i-bal-la-ṭu	on ouvrira (?) et s'il vivra.
ki-i ina lib-bi mi-i-tum	S'il en meurt,
ilu Bêl-balâṭu.... i	Bêl-balâṭou... ....
la ta-sil-la-'	ne négligez pas,
ap-pi-it-[im-ma]	dans l'avenir,
ki-i ap-pi-[it-im-ma]	car désormais
..... amîlu man-ma lib-ba-ti-[šu]	..... personne sa colère
la i-kal-lu uz-[ni]	n'arrêtera. Les oreilles
ša amilu ṣâbê-meš ana muḫ-ḫi p[i-ta']	des ouvriers ouvrez là-dessus.

5. *in-ni-ta*, probablement de אנח[3], « demeurer », « habiter », en araméen חנא.

12-15. *mit-kur*,  , qu'on pourrait transcrire aussi *pit-kur*, *bit-kur*, paraît être le nom de la maladie qu'a occasionnée la blessure. Thompson propose le sens de « suppuration », de *makâru* « répandre abondamment ». Quelle que soit la racine, il est bien possible qu'il s'agisse d'une tumeur ou d'un abcès, puisqu'aux l. 14-15 Marduk-nâṣir semble envisager l'hypothèse d'une intervention chirurgicale. Thompson traduit ainsi les l. 14-15 : « Il ne comprit pas cela (et) l'élargit et étendit *(i-pal-la-ṭu)* de sorte qu'il en mourut. »

21-22. C'est-à-dire : avertissez les ouvriers de ce qui se passe. Il craint sans doute pour eux Bêl-balâṭu.... le maître ou le parent, en tous cas le vengeur du blessé. Thompson restitue *uz-[ni].... pi-[ti]*.

N° 115

Lettre relative au payement d'ouvriers.

duppi ^{ilu} *Marduk-šum-iddin*	Tablette de Mardouk-šoum-iddin
a-na ^{ilu} *Nabû-šum-lišir*	à Nabou-šoum-lišir,
^{ilu} *Bêl-apli-iddin u Ki-i-* ^{ilu} *Nabû*	Bêl-apli-iddin et Kî-Nabou,
ahê^{meš}*-e-a* ^{ilu} *Nabû u* ^{ilu} *Marduk*	mes frères : que Nabou et Mardouk
5. *ahê*^{meš}*-e-a lik-ru-bu*	5. bénissent mes frères.
pap-pa-su ša maš-šar-ti	Le payement du salaire mensuel
ša ^{arhu} *abi ša* ^{amilu} *nuhatimmutu (ú-tu)*	du mois d'ab des boulangers
ša ina bît ka-ri-e	qui sont dans les magasins
ša ^{ilu} *Nabû-apli-iddin apil-šu ša....*	de Nabou-apli-iddin, fils de....
(lacune de 6 lignes)	(lacune de 6 lignes)
16. *i-qab-ba-a um-ma*	16. Il dit :
sa-ma-ku pap-pa-si-šu	« Le *samakou* (?) de sa paye
in-na-niš-šim-ma	donnez-lui, et
dul-la-šu ina lib-bi	son travail, en échange,
20. *li-pu-uš*	20. qu'il fasse. »

7. ^{amilu} *nuhatimmutu*, écrit ^{amilu} *MU-ú-tu* ; sur cette lecture, voir Meissner, *Seltene Assyrische Ideogramme*. Thompson a transcrit *mûtu*, sans traduire, de même qu'au n° 94, l. 11.

17. *samaku*, peut-être le « montant » ou le « complément » de la paye ; peut-être aussi la 1re pers. du permansif I,1 de *samû*, « je suis aveugle », comme a traduit Thompson.

N° 116

Lettre de Mardouk-šoum-iddin au sujet de cultivateurs.

duppi ^{ilu} *Marduk-šum-iddin*	Tablette de Mardouk-šoum-iddin
a-na ^{ilu} *Nabû-zêr-lišir*	à Nabou-zêr-lišir,
^{ilu} *Bêl-apli-iddin* ^{ilu} *Bêl-uballiṭ (iṭ)*	Bêl-apli-iddin, Bêl-ouballiṭ,

Ki-i-^{ilu}-Nabû û	Kî-Nabou et
Arad-^{ilu} Marduk aḫê-^{meš}-e-a	Arad-Mardouk, mes frères :
^{ilu} Nabû u ^{ilu} Marduk a-na	que Nabou et Mardouk
aḫê-^{meš}-e-a lik-ru-bu	bénissent mes frères.
mi-nam-ma ^{amtlu} irrišu	Pourquoi les cultivateurs
il-lik-ku-nim-[ma]	sont-ils partis, et
it-ti dul-li-i[a]	mon ouvrage ....
(lacune de plusieurs lignes)	(lacune de plusieurs lignes)
a-mur-'	Voyez..................
bat-qa ša ^{amtlu} irriši-šu-nu	le dommage de leurs cultivateurs
ṣab-ta-'	réparez,
û mârê-^{meš} ^{amtlu} irrišu	et les cultivateurs
ša Mu-ra-nu	que Mouranou
û-kal-lim-ku-nu-šu	vous a signalés
in-na-niš-šu-nu-tu	donnez-leur (en auxiliaires).
kurummâte ša ^{amtlu} irri-šê-^{meš}	Les soldes alimentaires des cultivateurs
ša ina pân Šum-ukin dul-lu	qui chez Šoum-oukin
ip-pu-uš-' lib-bu-û	font le travail, selon (ce qui s'est fait)
šad-dag-giš	auparavant
ma-nu	ont été comptées ;
[in-na-ni]š-šu-nu-tu	donnez-(les)-leur.

14. *bat-qa*..... s'entendait donc aussi, au moins dans ces textes, d'un dommage matériel quelconque, ici du dommage causé par de mauvais cultivateurs, peut-être ceux dont il est question à la l. 8, et non pas seulement d'une lézarde de mur. — Thompson a transcrit *mit-qa*, sans le traduire, et a rendu *ṣab-ta-'* par « ont été emmenés ».

N° 117

Mardouk-šoum-iddin réclame des outils agricoles.
Cette pièce avait déjà été éditée par Strassmaier, *Cyrus*, n° 369.

duppi ^{ilu} Marduk-šum-iddin	Tablette de Mardouk-šoum-iddin

a-na ilu *Nabû-šum-lišir*	à Nabou-šoum-lišir,
ilu *Bêl-apli-iddin ù*	Bêl-apli-iddin et
*Ki-i-*ilu *Nabû aḫi-e-a*	Kî-Nabou, mes frères :
ilu *Nabû u* ilu *Marduk a-na aḫê-*meš	que Nabou et Mardouk
lik-ru-bu dul-lu	bénissent (mes) frères. Le travail
ina muḫ-ḫi-ia da-a-nu	chez moi est très pressant.
kap-du 20 mar-ri	Vite, 20 bêches
50 zab-bil-lum	(et) 50 hottes
šú-bi-la-nu	envoyez-moi.
dul-la-a la i-baṭ-ṭil	Mon travail ne doit pas s'interrompre.
2 ma-na kaspi	2 mines d'argent,
20 gur ŠE-B[AR].......	20 *gour* de grain.........
(lacune)	[que X.................]
liš-ša-' ù	prenne, et
li-il-lik	qu'il vienne.

7. *da*-a-nu, d'après Strassmaier et l'autographie des *Cuneiform Texts*, XXII ; c'est le permansif de *danânu*. Cette lecture est corroborée par le passage de la l. 11. Cependant Thompson a transcrit : *ia*-a-nu : « le travail chez moi ne (se fait) pas », mais sans avertir qu'il corrigeait son autographie.

8. *ina muḫ-ḫi-ia*, « chez moi », ou si on prend *ina muḫḫi* dans son sens habituel : « le travail qu'(on doit faire) pour moi ».

N° 126

L'auteur de la lettre demande à ses correspondants de lui communiquer, par son messager, la teneur d'un registre.

duppi ilu *Mar[duk-šum-iddin]*	Tablette de Mar[douk-šoum-iddin]
a-na amîlu *dup[šarri u...]*	au scribe et à............
*aḫê-*meš*-e-a* ilu *Nabû u* ilu *[Marduk]*	mes frères : que Nabou et [Mardouk]
*a-na aḫê-*meš*-e-a*	bénissent mes frères.
lik-ru-bu ilu *Bu-ne-ne-ibni*	(A) Bounene-ibni,
apil-šu ša ilu *Marduk* (?)*-na'id*	fils de Mardouk-na'id,

arad ékalli ša ina bâbi	le serviteur du palais, qui à la porte
ú-šú-uz-zu pitna	se tient, le registre
ša ilu Šamaš pi-ta-'	de Šamaš faites connaître.
a-ki-i pitni [ilu Šamaš]	D'après la teneur du registre [de Šamaš],
[kap-]du [ḫarrâna]	vite [le chemin]
[ana] sêpê^{2}-šu šú-[kun-na-']	[pour] ses pieds (de Bounene-ibni) dis[posez].
[kurummâ]te ša	Les soldes [alimentaires] de........
[ina eli] pitni [ilu Šamaš]	[sur] le registre de [Šamaš]
[a]-mu-ur-ru ki-i	voyez, afin que je sache si
[kurumm]âte e-ṭir-ru-'	les [soldes alimentaires] on a payé
u [it]-ta-di-nu lu-mur	et on a livré.
[ilu] Bu-ne-ne-ibni	(En conséquence), Bounene-ibni
nu-bat-tum ina pa-ni-ku-nu	de repos chez vous
la i-ba-a-ta	ne doit pas prendre.
lib-bu-ú šatti.......	Au taux de l'année [précédente?]
kurummâte in-na-[aš-šu]	donnez-lui (sa) solde alimentaire (à Bounene-ibni).

5-9. *pi-ta-'*, « faites connaître », littéralement « ouvrez », est la 2e pers. du plur. masc. de l'impératif I, 1 de *pitû;* ilu Bunene-ibni de la l. 5 n'est donc pas son sujet, mais bien son régime. Le scribe a construit *pi-ta-'* avec deux régimes directs : celui de la personne, ilu Bunene-ibni (l. 5); celui de la chose, *pitna* (l. 8). — Il est possible toutefois que l'autographie ait omis *ana* devant le déterminatif  du nom propre ilu Bunene-ibni; dans ce cas le texte aurait porté , *ana ilu Bunene-ibni ...... pitâ'*.

6. *ilu Marduk* (?)-*na' id* (=*I*) : ne faudrait-il pas lire plutôt *ilu Mardouk-KAN* et transcrire *ilu Marduk-ereš* ?

8. *pitna*, écrit *GIŠ-DA*. Ce mot a, au moins quelquefois, en néo-babylonien, le sens de « registre », tablette sur laquelle on inscrivait par exemple les rentrées et les sorties du

temple de Šamaš. Ce sens ressort : 1° des expressions de cette lettre : l. 8-9 « faites connaître le *pitnu* à ..... », l. 12-17 « voyez les soldes alimentaires sur le *pitnu* ...... afin que je sache si on a payé et livré les soldes alimentaires » ; — 2° de plusieurs passages d'autres lettres néo-babyloniennes, v. g. n° 11, l. 23-25, *ki-i ina eli pitni (GIŠ-DA) ša ilu Šamaš tu-ša-az-zi-za-' šú-up-ra-an-ni*, « si vous avez placé (c'est-à-dire inscrit) sur le *pitnu* de Šamaš, mandez-moi » ; n° 14, l. 22, *pitnu (GIŠ-DA) eš-šu ša ina arḫu abi*, « le nouveau *pitnu* qui dans le mois d'ab », etc. ; n° 21, l. 13-14, *2/3 mana kaspi u pitnu (GIŠ-DA) maḫ-ru-u it-ti-ku-nu i-ša-an-ni*, « 2/3 de mines d'argent et l'ancien *pitnu* apportez-moi avec vous » ; n° 170, l. 9-11, *kaspu i-ba-aš ul-tu lib-bi na-din pitna (GIŠ-DA) bêlu li-mur*, « l'argent (y) est, là-dessus il a été versé ; que le maître voie le *pitnu* » (pour le constater) ; — et surtout le n° 189, l. 10-15, *pitna (GIŠ-DA) ki-i a-mu-ru 1/2 ma-na 3 šiqli kaspi ša ana pân ilu Nabû a-dan-nu ina pitni (GIŠ-DA) ana muḫ-ḫi-ka ša-ṭi-ir*, « comme je (l')ai vu (sur) le *pitnu*, la 1/2 mine et les 3 sicles d'argent qu'à Nabou j'avais versés sont inscrits pour ton compte sur le *pitnu* » ; —3° du titre de Strassmaier, *Nabonide*, n° 219, l. 1-2, *suluppu ša ina pappa-su amilu riqqu-meš idinna-ma ina eli pitni (GIŠ-DA) la ša-ṭa-ri*, « dattes que sur le traitement des collecteurs on a versées et (qui) sur le *pitnu* n'ont pas été inscrites ». Suit le détail de ces dattes.

A peu près à la même époque que nos lettres, à l'époque perse, d'après Kugler, *Sternkunde und Sterndienst in Babel*, p. 85, GIŠ-DA désigne dans les textes astronomiques la tablette de bois consacrée à la consignation immédiate des observations, donc encore une sorte de registre.

La lecture *pitnu* pour GIŠ-DA est attestée par R. 4378, col. I, l. 58 (Brünnow, n° 6652), mais il semble, comme le suppose Thompson dans sa table, que GIŠ-DA a aussi pour équivalent *li-'u*, « tablette » ; dans une de ces lettres, *li-'u* paraît en effet remplacer le GIŠ-DA des passages déjà cités : n° 12, l. 12-15 : *a-na amilu dupšarru-meš a-šap-par-ma um-ma ina eli li-' ša ilu Šamaš ŠE-BAR*, « aux scribes, je mande : sur la tablette de Šamaš, le grain », etc. Cf. *supra*, n° 23, l. 12-14.

Thompson traduit GIŠ-DA par « dîme » ; il est possible

que cet idéogramme ait ce sens secondaire dans certains passages ; mais ce n'est pas le cas ici. Pour le reste, sa traduction, qu'il serait trop long de discuter en détail, diffère de la mienne à peu près de tout point, et elle est, à mon avis, erronée.

N° 127

Mardouk[a] engage Ṣillâ à restituer à leur propriétaire des dattes dont il s'est emparé indûment.

duppi Mar-duk-[a]	Tablette de Mardouka
a-na Ṣil-la-a	à Ṣillâ,
aḫi-ia ilu Bêl u ilu Nabû	mon frère : que Bêl et Nabou
šú-lum u balâṭu ša aḫi-ia	la prospérité et la vie de mon frère
liq-bu-ú en-na Ši-iš-ki	décrètent. Voici que Šiški,
apil-šu ša Iddina-a a-gan-na	fils de Iddina-a, ici,
iq-ta-ba-'	a parlé
um-ma suluppa	en ces termes : « Les dattes,
ebûr eqli ša zêri	récolte de la plantation
ša šatti XVIII kan	de la XVIIIe année,
ša li-ta-mu	des Litamou (?)
um-ma Ṣil-la-[a]	Ṣillâ
it-ta-ši	a pris ». —
en-na ki-i	Maintenant, si
ab-bi-ti-um-ma	selon le dire (?)
šú-ú ebûru ša suluppi	de lui, la récolte de dattes
taš-šú-ú suluppa	tu a pris, rends
te-ri-ma a-na	les dattes et à
Ši-iš-ki i-di-in	Šiški donne-les.

1. *Marduk[a]* ; cf. le nom biblique מָרְדֳּכַי, Mardochée, et la transcription araméenne מרדכא, dans Hilprecht-Clay, *Babylonian Expedition*, t. X, 121.

9. « de la plantation », littéralement « du champ de la semence ».

11. *li-ta-mu* est-il un nom propre de district ou de ville dont le déterminatif a été oublié sur la tablette ou sur l'autographie? Ce champ aurait-il été situé dans le district des *Litamu*, dont il est souvent question dans les contrats de

Darius? Cf. Tallquist, *Neubabylonisches Namenbuch*, 1905, p. 273, col. *b*.

12. *um-ma* est répété, comme il arrive quelquefois en pareil cas, au cours de la citation, à moins de le prendre ici pour une interjection : « Les dattes.... *hé bien!* Ṣillâ (les) a prises ».

15-16. Ou « selon ce dire », si on fait de *šú-ú* non pas un pronom mais un adjectif démonstratif se rapportant à *um-ma*.

18. *teri* est évidemment l'impératif II, 1 de *târu* « rendre » Thompson n'a pas compris cette lettre.

N° 130

Mouranou exprime son inquiétude d'être sans nouvelles de son maître, et traite ensuite d'affaires diverses.

duppi Mu-ra-nu ana	Tablette de Mouranou à
.......*bêli-ia*	[X.....], mon maître :
ša.....*ilu Bêl ilu Nabû*	.... Bêl et Nabou
u ilu.......*ilu*...[*ana*]	et le dieu......[pour]
ŭ-mu ru-qu-tu [*ša bêli-ia*]	les jours lointains [de mon maître]
ú-ṣal-la ina ṣi[*lli*]	je prie. Par la pro[tection]
ša ilâni-meš šú-lum i-na....	des dieux, la paix dans [la ville de....]
ša-ki-in lu-ma-du	règne. Une très grande
na-kut-tum aš-ta-aš-ši	inquiétude j'ai conçu :
[*mi*]-*nam-ma ṭe-e-mu*	pourquoi (toute) nouvelle
[*ša*] *bêli-ia i-ri-*[*iq la-pâni-ia*]	[de] mon maître est-elle éloi[gnée de moi] ?
.....*ûmu III kan*	......le IIIe jour......
(lacune de six lignes)	(lacune de six lignes)
....*i-ma-' ŠE-BAR*.....	.... du grain....
[*i-n*]*a pân ilu Nabû-id-*[*dan-nu*]	chez Nabou-id[dannu]
li-iš-ši ù bêlu liš-pu-ru	qu'il prenne et que le maître envoie.
150 gur ŠE-BAR	150 *gour* de grain
at-ta-na-aš-[*ši*]	j'ai pris ;
a-na Qar.....	à Qar.......
a-[*na*] *bêli-ia al-*[*tap-ra*]	pour mon maître je (l')en-[voie].

kapdu ṭe-e-mu ša bêli-ia lu-uš-mu	Au plus tôt, des nouvelles de mon maître puissé-je recevoir !
a-mur 30 qa bit-li-e ina qâtê[1] *Itti-ilu Nabû.... ul-te-bi-la*	Voici : 30 *qa* de bdellium (?) par les mains de Itti-Nabou je (t')ai fait porter.
[Mu-ra-nu šú]-lum ša bîti gab-bi.... [i-ša-a]l.	[Mouranou demande] des nouvelles de la santé de toute la maison.

9. *aš*-ta-aš-ši pour *ar*-ta-aš-ši. — Sur *nakuttum*, voir *supra*, note sur le n° 6, l. 7.
11. *i-ri-[iq la-pâni-ia]*, restitution basée sur le n° 6, l. 20, 27.
31-32. Restitution d'après Thompson.

N° 131

Moušallim-Mardouk fait diverses recommandations à ses correspondants.

duppi Mu-šal-lim-ilu Marduk	Tablette de Moušallim-Mardouk
a-na Šum-uṣur	à Šoum-ouṣour
u Kal-ba-a aḫê-meš-e-a	et Kalbâ, mes frères :
ilu Nabû u ilu Marduk a-na	que Nabou et Mardouk
aḫê-meš-e-a lik-ru-bu	bénissent mes frères.
ina muḫ-ḫi ma-aṣ-ṣar-tum	Sur la garde
ša êkurri la ta-sil-la-'	du temple ne soyez pas négligents.
kaspa ša mâr šarri	L'argent du fils du roi,
kaspa ša ilu Šamaš-iddin	l'argent de Šamaš-iddin,
u kaspa ma-la ina qu-up-pu	et tout l'argent qui est dans la caisse
pi-it-qa-nim-ma	frappez, et
1 ma-na [kaspi......]	1 mine [d'argent ......]
....	....
liš-al........ [u a-na]	qu'il demande (?)....[et à]
ilu Bêl-mušallim u ilu Bêl....	Bêl-moušallim et Bêl....
in-na-ma immera	donnez, et un mouton
ina muḫ-ḫi ti-tur-ru	pour le pont
li-in-ḫur-ru-nu	qu'ils reçoivent de moi.
a-di muḫ-ḫi ša immera	Jusqu'à ce que du mouton

ša šarri i-kaš-ša-du-nu	du roi ils prendront livraison de ma part,
su-ṭir-ra-ma ḫarrâna	inscrivez-(les), et le chemin
a-na šêpê[2]	pour les pieds
ša Lu-ùṣi-a-na-nûri	de Louṣi-ana-nouri
šuk-na-ʾ a-na	disposez ; pour
šim-tum ša Ku-na-a	la décision de Kounâ,
a-na muḫ-ḫi alpê-meš	au sujet des bœufs,
lil-lik	qu'il vienne.
1 ma-na kaspi ina lìb-bi a-na	1 mine d'argent pour ce sujet à
Lu-ùṣi-ana-nùri in-na-ʾ-ma šim....	Louṣi-ana-nouri donnez, et... .

11. *pitqa* pourrait être aussi l'impératif I, 2 de *pâqu* : « veillez » sur l'argent ; mais d'après le début de la l. 12, il semble que Mušallim-Marduk donnait ensuite des ordres pour la distribution de l'argent frappé.

15-20. ilu Bêl-mušallim et son compagnon doivent recevoir un mouton en payement d'un travail qu'ils ont exécuté sur un pont pour le compte du roi.

23 et 29. *Lùṣi-ana-nùri*, « que je (ou qu'il) vienne à la lumière ». Thompson : *Lu-ud-du-a-na-ṣabi !*

N° 133

Moušezib-Mardouk fait des reproches à ses confrères les prêtres, et réclame de l'argent pour ses ouvriers à gages : sans argent pas d'ouvriers, et sans ouvriers pas de travail.

duppi Mu-še-zib ilu Marduk	Tablette de Moušezib-Mardouk
a-na amîlu šangê-meš	aux prêtres,
aḫê-meš-e-a ilu Bêl u ilu Nabù	mes frères : que Bêl et Nabou
šú-lum ša aḫê-meš-e-a	la prospérité de mes frères
liq-bu-ú mi-nam-ma	décrètent. Pourquoi
ina muḫ-ḫi dul-lu amîlu išpari	sur le travail du tisserand
ša arḫu aiari sil-la-[tu-nu]	du mois d'iyar, êtes-[vous] négligents ?
ta-bar-ri.........	Vous voyez (?)......
a-na Su......	à Sou........

(lacune)	(lacune)
13. *kaspa a-na amîlu agrûtu-[meš]*	13. de l'argent pour les ouvriers à gages
lid-din amîlu agrûtu-meš	qu'il donne. Les ouvriers à gages
15. *la-mu-ú-in-ni*	15. m'assiègent (pour avoir de l'argent),
ù dul-la-a	et mon travail
ina la amîlu agrûtu-meš	sans ouvriers à gages
baṭ-ṭil	chôme.
ina muḫ-ḫi dul-lu ša arḫu aiari	Le travail du mois d'iyar
20. *la ta-sil-la-'*	20. ne négligez pas.
te-iq-tum Ba-ku-ú	Bakou
ina lib-bi-ku-nu	parmi vous
la i-šak-kan	ne doit pas causer de retard;
...*ta-a-' a-mur-ra-' ki-i*	..... voyez si
25. ...... *tum a-na ni*.....	25. ....
.....*ku-ri a-na ni ib*....	....

15\. Il n'est pas certain que *la-mu-ú* soit ici le permansif I, 1 de *lamû* « cerner ». Peut-être doit-il être rattaché à une autre racine, dont le sens serait « faire défection » : « les ouvriers à gages m'ont abandonné ».

21\. *te-iq-tum*, « retard »; voir *supra*, note sur le nº 60, l. 13.

Nº 138

Fragment. L'auteur de la lettre paraît se disculper.

11. *it-ti-šu*	11. avec lui
ul a-da (?)-bu	je n'ai pas discuté (?);
a-na ùmi XVI kan	jusqu'au XVIe jour,
it-ti-šu	avec lui
15. *ú-qa-ad (t)*	15. j'ai tissé (?).
amîlu qalla ša bêli-iá	Un serviteur de mon maître
lu-mur-ma mi-nu	puissé-je voir, et que tout,
ki-i ú-qa-ad (t)	selon que je (l')ai tissé (?),
a-na bêli-iá	à mon maître
20. *lu-šú-pur-ru*	20. soit mandé.

12. *a-da-bu* pour *a-da-bub* (?).

15 et 18. *ú-qa-ad (t)*. Cf. Harper VII, n° 714, *aq-du-ni-ni*, que Behrens, *Assyrisch-Babylonische Briefe*, p. 34, note 1, rapproche de עקד, « lier », « tisser ». — Est-ce le même mot dans les deux passages ? Si nous admettons cette étymologie, *ú-qa-ad* serait pour *uqqad*, II, 1 ; sinon, cette forme appartiendrait à un 1er ו, וקד, au qal, ou à un verbe à 2e déficiente קוד, קות, קאת, au paël.

N° 140

Bêl-aḫê-iqîša prie le prêtre de Sippar de payer un ouvrier.

[*duppi*] *ilu Bêl-aḫê-meš-iqîša (ša)*	[Tablette] de Bêl-aḫê-iqîša
a-na amtlu šangi Sippar ki	au prêtre de Sippar,
abi-ia ilu Nabû u ilu Marduk a-na	mon père : que Nabou et Mardouk
abi-ia lik-ru-bu	bénissent mon père.
a-mur ilu Šamaš-it-ti-ia	Voici : Šamaš-itti-ia
a-na pa-ni bêli-ia al-tap-ra	devant mon maître j'envoie ;
1 gur ŠE-BAR ina kurummâte	1 *gour* de grain, pour la solde alimentaire
arḫu nisanni bêlu lid-da-aš-šu	du mois de nisan, que le maître lui donne.
dul-lu ina la ḫi-ri	Le travail, sans creuser,
ip-pu-uš 10 zab-bil-lu	j'exécute. 10 hottes
bêlu lu-še-bi-li tam-lu-ú	que le maître envoie, le terrassement
nu-kal-la	nous terminerons.
(sceau)	(sceau)

9. Le signe *la* n'est pas certain ; peut-être faut-il lire *te* (Thompson) : *ina te-ḫi-ri*, « avec le ? ».

N° 142

Après avoir porté un présent au préfet de Babylone, Nabou-apli-iddin semble engager Mouranou à en faire autant, quelque ennuyeux que ce soit.

duppi ilu Nabû-apli-iddin a-na	Tablette de Nabou-apli-iddin à
Mu-ra-nu aḫi-iá	Mouranou, mon frère :

ilu Nabû u ilu Marduk a-na	que Nabou et Mardouk
aḫi-ia lik-ru-bu	bénissent mon frère.
mi-na-a šú-gar-ru-ú	Pourquoi le *šougarrou* (produit des dattiers)
ša arḫu nisanni	du mois de nisan
ul tu-še-bi-lu	n'as-tu pas fait porter?
bêlu a-mur	O maître, voici :
a-na Bâbili	à Babylone,
a-na pân	chez
amîlu bêl paḫâti	le préfet,
a-tal-lak-ku	je me suis rendu.
4 ka-lu-mu	4 agneaux,
kur-ba-nu-ú	en présent,
aš-ši zib it-ti	je (lui) ai porté. Une offrande (?) avec
Ku-ban-na-ilu Marduk	Koubanna-Mardouk
i-ša-' a-na	prends (et) à
Bâbili ir-bi	Babylone arrive,
ki-i na-kut-tum	quoique de l'ennui
al-tap-par-ka	je t'envoie.
(enveloppe de la lettre avec adresse :)	(enveloppe de la lettre avec adresse :)
duppi ilu Nabû-apli-iddin a-[na]	Tablette de Nabou-apli-iddin à
(empreinte du sceau)	(empreinte du sceau)
Mu-ra-nu	Mouranou

15. *zib*, état construit de *zîbu*, aurait ici le sens de « présent » en général et non celui d'offrande rituelle, mais cette lecture et cette traduction sont bien douteuses. Thompson a coupé et traduit ce texte tout autrement : « Envoie quatre agneaux en présent pour le lait », *aš-ši-zib* = *ana ši-zib* ? Dans les deux hypothèses, il faut admettre la présence anormale d'un état construit. Il est encore possible que ZIB soit un idéogramme ou qu'un signe, par exemple [illegible], ait été omis à la suite sur la tablette ou sur l'autographie. Nous aurions dans ce cas *ṣip-tú*, « des produits (d'animaux) ...... prends », etc.

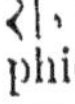

16. *ku* (!)-ban-na-ilu Marduk, au lieu de *Kur*-ban-na ilu Marduk ! [illegible] avait-il aussi la valeur *kur* ou le scribe aurait-il commis une méprise en écrivant [illegible] au lieu de [illegible] ou de [illegible] ?

N° 144

Nabou-eṭir-napšâte adresse de vifs reproches et des menaces à Bêl-ibni.

duppi ilu Nabû-eṭir-nap-šâte-meš	Tablette de Nabou-eṭir-napšâte
a-na ilu Bêl-ibni aḫi-iá	à Bêl-ibni, mon frère :
ilu Bêl u ilu Nabû šú-lum u balâtu	que Bêl et Nabou la prospérité et la vie
ša aḫi-iá liq-bu-ú	de mon frère décrètent !
lìb-bu-ú amîlu ša it-ti	A l'instar d'un homme qui avec
bêl da-ba-bi-šu ḫarrâna	son adversaire en route
il-la-ku lìb-bu-ú-šu	va, à son instar (dis-je),
ḫarrâna it-ti-iá	en route avec moi
ta-at-ta-lak	tu es allé, (et)
ṣi-bu-ta-a ul te-pu-uš	tu n'as pas exécuté ma volonté.
a-di muḫ-ḫi ša	Aussi longtemps que
ta (?)-gi-ri pa-ni-ma	tu me seras hostile et que
..... *tu* ..... *la nu*	....
..... *il ku*	....
en-na a-mur	Maintenant, voici :
[a]-na aḫi-iá al-tap-ra	à mon frère je mande :
2 ma-na kaspu piṣû (ú)	2 mines d'argent comptant (?)
Ṣal-lum amîlu rik-ki	à Ṣalloum, le collecteur,
apil ša Ki-na-a i-din	fils de Kinâ, verse.
lu-ma-a-du a-na	Que tout à fait selon
ṣi-bu-ti-ia	ma volonté
ša-ki-in ia-a-nu-ú	cela se passe, sinon
il-la-nu-uš-šu	au-dessus de cela
mi-di-ta-a	ma mesure
ta-ša-ak-ka-an	tu placeras.

5-9. *lìb-bu-ú* est écrit [illegible], qu'on peut lire aussi *nar-bu-ú*, comme l'a fait Thompson. Mais cette lecture laisse ce passage inintelligible. Nabû-eṭir-napšâte reproche à Bêl-ibni d'avoir adopté à son égard une attitude hostile, celle d'un homme qui ferait route avec son ennemi.

16. « A mon frère », c'est-à-dire à Bêl-ibni lui-même.

17. *kaspu piṣû*, « argent comptant » (?), littéralement « argent blanc ».

18. *amilu rik-ki*, voir *supra*, note sur n° 88, l. 13.

23-25. Ces lignes contiennent une menace, mais le sens précis en est obscur. Nabû-eṭir-napšâte paraît déclarer que si Bêl-ibni lui désobéit sur ce point, il fera la mesure comble, sa dose de patience n'ira pas jusqu'à supporter cela : *illanu* pour *elânu* et *šu* avec le sens du neutre.

N° 146

Lettre de remerciments de Nabou-bân-aḫi à Šoutebanni.

duppi ilu Nabû-bân-aḫi	Tablette de Nabou-bân-aḫi
a-na Šutebanni	à Šoutebanni,
abi-ia ilu Nabû u ilu Mar-duk	mon père : que Nabou et Mardouk
a-na abi-iá lik-ru-bu	bénissent mon père.
ki-i aš-mu-ú	Comme je l'ai appris,
(lacune)	(lacune)
man-ma tap-pu itti ni-ni	aucun compagnon avec nous
la ub-ba-lu(?)	ne porte.
šú-ú ṭabâti	Cette bonté
ša bêli-iá ina muḫ-hi-iá	de mon maître à mon égard
ra-ba-a-ta	est grande.

2. *Šutebanni*, écrit . Cette lecture est établie par le *Syllabaire de Berlin*, édité par Reisner, dans *Zeitschrift für Assyriologie*, t. IX, p. 162, col. III, l. 4, si notre signe est bien identique à du syllabaire. Ce signe seul, SUḪ, a déjà la valeur *šu-ub-bu-u*, *ibidem*, l. 3. Il faut, par conséquent, rattacher *šuteba* à la racine *šabû*. Or, *šabû* a aussi pour idéogramme GAB *(du)*, qui a pour équivalents : *ša-bi-e ša qâti, dakû, našû ša ini*, voir Muss-Arnolt, p. 1000 ; Brünnow, p. 197 ; Meissner, *Seltene Assyrische Ideogramme*, p. 168. Donc, *šabû* est probablement un synonyme de *dakû* et de *našû*, qui signifient l'un et l'autre « lever », « élever », et le nom propre *Šutebanni*, impér. II, 2 de

šabû, avec suffixe de la 1re personne du singulier, signifie sans doute « Élève-moi ».

7. *itti*, écrit *DA ;* si on lit *tap-pû-da* pour *tap-pu-ta* : « personne ne nous porte secours ».

8. *ub-ba-lu* ou *ub-ba-ṭu* ? Le dernier signe est douteux.

N° 148

Nabou-dîni-šarri prie Iddin-Mardouk de verser à un employé un supplément de paye.

duppi ilu Nabû-di-i-ni-šarri	Tablette de Nabou-dîni-šarri
a-na Iddin-ilu Marduk	à Iddin-Mardouk,
abi-iá Bêl u ilu Nabû	mon père : que Bêl et Nabou
šú-lum balâṭu ša abi-iá	la prospérité et la vie de mon père
liq-bu-ú bêlu a-mur	décrètent. O maître, voici :
ilu Nergal-uṣur al-tap-par-ka	je t'envoie Nergal-ouṣour
u ilu Bêl-ri-man-ni	et Bêl-rimanni,
bêl pi-qit-ti-ia	mon chef de poste,
it-ti-šu a-di muḫ-ḫi	avec lui. Jusqu'à
1/3 ma-na kaspi bêlu	1/3 de mine d'argent, que le maître
lid-da-šu kaspa a-na	lui donne. De l'argent à
ša-a-šu u ilu Bêl-ri-man-ni	lui et (à) Bêl-rimanni
id-din-nu	on a (déjà) donné.
a-na ba-ba-nu-ú	En supplément,
lid-din-nu-'	qu'on lui donne (ce 1/3 de mine).
kap-da in-na-šu-'	Au plus tôt, donne-(le) lui,
a-di la-' ba-ba-nu-ú	avant que, faute de supplément,
ik-ki-ir giṭ-ṭa	il ne (me) devienne hostile. — Le document
ša ta-ad-din-nu	que tu m'as livré,
a-na Daianu-bêl-uṣur	à Daianou-bêl-ouṣour
at-ta-din-nu	j'ai remis.

14. *ba-ba-nu-ú*, féminin *babbanitum*, adjectif, littéralement « en (paye) supplémentaire », ou « de gratification », « de compensation ». Pour ce sens, voir encore le n° 201, l. 15,

a-me-lu-ut-ti bab-ba-ni-tu ši-i, « elle est une esclave de supplément », à propos d'une esclave donnée en gratification, — et le n° 202, l. 34-35, *ana-ku ištênit qal-lat bab-ba-ni-tum ana* sinništu *Kabitti a-šap-par-ru*, « moi j'enverrai une esclave de compensation à la dame Kabitti », à la place de celle qu'il ne veut pas rendre.

17-18. On pourrait encore traduire : « sans que le supplément soit changé », — mais *nakâru* I, 1 signifie ordinairement « être hostile ».

N° 150

Nabou-zêr-oukin, officier de la cour, adresse de vifs reproches au prêtre de Sippar pour avoir retenu le traitement d'un scribe. Il lui annonce qu'il va le déférer au « fils du roi », c'est-à-dire au prince héritier.

[duppi] ilu *Nabû-zêr-ukin*	Tablette de Nabou-zêr-oukin,
amîl èkalli	officier du palais,
a-na amilu *šangi Sippar* ki	au prêtre de Sippar,
ahi-ia ilu *Nabû u* ilu *Marduk*	mon frère : que Nabou et Mardouk
a-na ahi-ia lik-ru-bu	bénissent mon frère.
ilu *Nergal-šum-ibni dup-šarru*	Nergal-šoum-ibni, le scribe,
ša ina pa-ni-ka mi-na-a	qui est chez toi, pourquoi
kurummât-su ta-kil-[lu]	retiens-tu sa solde alimentaire ?
ki-i dul-la-šu i-[pu-uš]	S'il a exécuté son travail,
kurummât-su.....	sa solde alimentaire....
lib-bu-[ú ša i-pu-uš]	au prorata [de ce qu'il a fait],
la tu-[kal-la]	tu ne dois pas retenir.
u dul-la [ki-i]	Et [si] il n'y a [pas] de travail
ina èkurri ia-a-[nu-ú]	dans le temple,
šú-pur-ši-ma dul-la	envoie-le pour qu'il ex[écute]
a-šar i-ba-aš-šú-u li-[pu-uš]	le travail là où il y en a.
mi-na-a i-nam-ziq (?)	Pourquoi se plaint-il,
um-ma dul-la-a i-ba-aš-[šu]	en disant : « Mon travail est (fait),
u kurummâti-a ik-kal-[lu]	et cependant ma solde alimentaire est rete[nue] » ?

a-na mâr šarri a-na muḫ-ḫi-šu	Au fils du roi, à son sujet,
a-qab-bi šarru kurummâti il-ta-kan	je parlerai. Le roi a fixé les soldes alimentaires,
dul-lu uk-tal-lim-šu	(et) il lui a assigné du travail ;
a-na ša ina pa-ni-ka	selon ce qui a été mis
[ma]-nu-ú e-pu-uš	à ta disposition, agis.

18. *ik-kal-[lu]*, nifal et non qal, comme l'a entendu Thompson.
22-23. *ša ina pa-ni-ka [ma]-nu-ú*, littéralement « ce qui à ta disposition a été compté ».

N° 151

Nabou-zêr-oušabši recommande à dame Sikkou, probablement sa femme, de bien veiller sur sa maison et de prier pour lui.

duppi ^{ilu} Nabû-zêr-ušabši (ši)	Tablette de Nabou-zêr-oušabši
a-na ^{sinništu} Sik-ku-ú	à Sikkou,
bêlti-ia ^{ilu} Bêl u ^{ilu} Nabû šú-lum	ma dame : que Bêl et Nabou décrètent
u balâṭu (ṭu) ša bêlti-ia liq-bu-ú	la prospérité et la vie de ma dame.
ina ṣilli ša ilâni-^{meš} šú-lum	Par la protection des dieux, je vais bien,
a-na-ku u šú-lum a-na	moi, et Bêl-iddin aussi
^{ilu} Bêl-iddin a-mur ši-pir-tum	va bien. Voici : un message
a-na Iddin-^{ilu} Marduk apil-šu ša Iqiša-a	à Iddin-Mardouk, fils de Iqiša-a,
al-tap-par 10 gur ŠE-BAR	j'ai envoyé ; 10 *gour* de grain
i-nam-dak-ka	il doit te livrer.
ina muḫ-ḫi bîti	Sur la maison
la ta-sil-li	ne sois pas négligente ;
at-ta pal-sa-'	veille (bien), toi (?).
ilâni-^{meš} a-na muḫ-ḫi-ia	Prie les dieux
ṣu-ul-li-'	pour moi.
kap-du ṭe-en-ka	Au plus tôt, de tes nouvelles
ina qâtê[2] man-ma	par n'importe quel
al-la-ku lu-uš-me	messager, que je reçoive.

4. *bêlti* écrit *NIN* pourrait se transcrire aussi *aḫâti*, « ma sœur », mais au n° 200, l. 2-3, on lit *a-na sinništu... be-lit-ia.*

13. *at-ta pal-sa-'* pour *attî palsî,* impér. I, 1 de *palâsu*? Il est singulier que le scribe n'ait pas employé ici la terminaison féminine comme il l'a fait aux l. 12 et 15. On pourrait lire en un seul mot *attapalsa'*, 1re pers. du singulier de l'imparfait IV, 2 de *palâsu*, pour *attapalas*, « je t'observe » ou « je verrai » à mon retour, mais dans cette hypothèse la prolongation *a'* est encore plus anormale.

N° 152

Nabou-zêr-ibni veut apprendre à Rimout comment on fait les nattes de roseaux.

duppi ilu Nabû-zêr-ibni	Tablette de Nabou-zêr-ibni
a-na Ri-mut	à Rimout,
aḫi-šu ilu Bêl u ilu Nabû	son frère. Que Bêl et Nabou
šú-lum aḫi-ia	la prospérité de mon frère
liq-bu-ú kaspa	décrètent. L'argent
ša ilu Šamaš ša a-na	de Šamaš qui (est destiné) à
qânu bu-ra-ni-e iddinu(nu)	(la confection) des nattes de roseaux, on a livré.
ṣâbê-meš ša iš-šú-ma	Les ouvriers qui l'ont apporté,
am-li-lik	j'ai consulté (?).
al-kam-ma	Viens, pour que
lu-kal-lim-ka	je te montre (comment il faut s'y prendre).
a-mur ḫar-ra	Voici : un trou (?)
ša qânu bu-ra-ni-e	pour les roseaux (destinés aux) nattes
ištên (èn) amîlu ina ku-tal-li-ka	un homme dans ton parc
is-si-ir	doit enclore (?).
al-kam-ma ṣâbê-meš	Viens, pour que les ouvriers (à l'œuvre)
a-na bêli-ia	à mon maître
lu-kal-lim	je montre.
800 qânu bu-ra-ni-e ina pân bêli-nu	800 nattes de roseaux sont à la disposition de notre maître.

7. *qânu bu-ra-ni-e*, « nattes de roseaux », voir Meissner, *Assyriologische Studien*, IV, 21.

9. *am-li-lik*, pour *amlik*.

12-15. *ḫarra* serait le canal ou le trou que Rimut devait faire aménager dans son parc pour y faire cultiver les roseaux destinés à la confection des nattes. La traduction de ces lignes est toute provisoire. Elle semble en tout cas préférable à celle de Thompson qui rend *ina kutalli-ka* par « derrière toi », *behind thy back*.

N° 155

Nabou-zêr-ibni se plaint à ses frères, c'est-à-dire à ses collègues, Aqar-apli, Balâṭou, Nabou-bêl-šoumâte et Šamaš-oudammiq de ce qu'on colporte toutes sortes de méchants propos d'un autre de ses frères ou collègues, Bêl-epouš, contre lui. Il les prie de le faire taire. Des frères ou des collègues doivent être frères en tout.

duppi ilu Nabû-zêr-ibni	Tablette de Nabou-zêr-ibni
a-na A-qar-apli	à Aqar-apli,
Ba-lâ-ṭu ilu Nabû-bêl-šu-mâte-me	Balâṭou, Nabou-bêl-šou-mâte
u ilu Šamaš-udammiq (iq) aḫe-me-šu	et Šamaš-oudammiq, ses frères :
a-du-ú ilu Nabû u ilu Na-na-a	maintenant, Nabou et Nanâ
a-na balâṭ napšâte-me ša aḫê-me-e-a	pour la vie des âmes de mes frères
ú-ṣal-la ilu Bêl-epuš (uš)	je prie. Bêl-epouš,
ša a-gan-na-ku-nu	qui est auprès de vous,
aḫu-ú-a šú-ú	est mon frère.
min-ma dib-bi-šu	(Cependant) toutes sortes de paroles
bi-ʾ-šú-tu	méchantes (provenant) de lui
i-dib-bu-bu	on dit.
ki-i ša aḫê-me-e-a	Si mes frères
i-li-ʾ-ú	(le) veulent (bien),
lu-sak-ki-tu	qu'ils (le) fassent taire,
šú-ú ul-tu ri-eš	lui. Du commencement
a-di ki-it aḫê-me	à la fin, des frères
a-ḫa-meš ni-ni	les uns pour les autres nous (devons être).

ki-i na-kut-ti a-na aḫê-me-a	Quoique de l'ennui à mes frères
20. *al-tap-ra a-ga-a*	20. j'envoie, cela,
lu-ú ṭâbtu ša aḫê-me-e-a	certes, la bonté de mes frères
ip-pu-šú-nu	(le) fera pour moi.
gab-ri ši-pir-ti ša aḫê-me-e-a lu-mur	Puissé-je voir la réponse de mes frères à mon message.

2. *A-qar-apli :* cf. Aḥikar, Abi-ia-qar, etc., François Martin, *Documents pour l'étude de la Bible : Histoire et sagesse d'Aḥikar l'assyrien*, par Fr. Nau, Paris, 1909, p. 7-8.

7-12. On pourrait traduire encore : « Bêl-epuš qui est mon frère (collègue) auprès de vous, dit (contre moi) toutes sortes de paroles méchantes ». — Cette traduction a contre elle la vocalisation de *idibbubu*, dont la voyelle finale semble attester un pluriel. Mais ce peut être une simple voyelle d'addition, comme on en rencontre assez souvent, surtout dans ces lettres, v. g. *infra*, l. 22.

10. *min-ma*, écrit ⟨⟨*-ma*, Thompson transcrit *man-ma* et entend ce passage de calomnies ou de médisances dirigées contre Bêl-epuš par certain individu, « some one ». Pour la lecture *min-ma*, voir Delitzsch, *Assyr. Handw.*, 418, et Salmanasar II, *Obélisque*, l. 72.

15-16. *lu-sak-ki-tu*, parf. paël de *sakâtu*, « se taire ». Cf. *Épopée de Gilgameš*, VIII, col. V, l. 35 : *ki-ki-i lu-us-kut*, « comment puis-je me taire ».

šú-ú paraît employé comme régime direct de *lu-sak-ki-tu*. Si on le prend comme sujet de ce verbe, il faut donner au paël le sens de « se taire », comme au qal : « qu'il se taise, lui ».

19. *na-kut-ti*, voir *supra*, nº 6, l. 7.

20. *agâ* peut être envisagé également comme un adjectif démonstratif se rapportant à *ṭâbtu*, et qu'on peut rendre par notre article, comme il arrive assez souvent pour *zekû* en éthiopien : *agâ......ṭâbtu*, « la bonté de mes frères...... fera (cela) pour moi ».

22. *ip-pu-šú-nu* pour *ippušanni* ; cf. nºˢ 117, l. 10; 131, l. 18, 20 ; 222, l. 26, 27. Cependant *nu* peut être aussi une simple enclitique, pour *ni ;* le sens n'en serait pas sensiblement modifié.

N° 157

Nabou-kouṣouranni engage Iddin-Mardouk à lui envoyer la somme nécessaire pour un achat de grains.

ilu Nabû-ku-ṣur-an-ni	Nabou-kouṣouranni
šú-lum ša Iddin-ilu Marduk	des nouvelles de la santé de Iddin-Mardouk,
bêli-šu i-ša-a-lu	son maître, demande.
4 5 šiqli kaspi ŠE-BAR	Le grain à 4 ou 5 sicles d'argent
a-na 1 gur 12 qa a-an	par 1 *gour* et 12 *qa*,
a-gan-na a-ta-mar	je vois ici.
5 šiqli kaspu pi-ṣu-ú	5 sicles d'argent comptant
bêlu li-iq-nu-uq	que le maître scelle (donc),
ù zir-mu-ú parzilli	et un arrosoir (?) en fer
ù ša-gal-la	et un.......
ina qâtê[2] ilu Bêl-iddin	par les mains de Bêl-iddin
bêlu lu-še-bi-la	que le maître envoie (avec).
kap-du harrâna	Vite, le chemin
a-na šêpê[2]-šu bêlu	pour ses pieds que le maître
liš-kun-nu amîlu a-na	dispose. Un homme à
ma-dak-tum il-lak	la station se rendra.
ša 1 šiqli kaspi šipâte	Pour un sicle d'argent, de la laine
bêlu lu-še-bi-la	que le maître envoie.
ŠE-BAR at-ta-ša-a	J'apporterai le grain.

1-3. En d'autres termes, Nabou-kouṣouranni salue respectueusement Iddin-Mardouk.

7. *pi-ṣu-ú*, voir n° 144, l. 17.

9. *zir-mu-ú*, « arrosoir », de זרם, ou « pioche », comme traduit Thompson, à la suite de Meissner? Voir Muss-Arnolt, *Assyr.-engl.-deutsches Handw.*, p. 276.

N° 158

Nabou-lou-ouṣi envoie Doumouq chercher du bois de palmier chez le prêtre de Sippar; il prie ce dernier de lui renvoyer Doumouq au plus vite.

[duppi] ilu Nabu-lu-ûṣi	[Tablette] de Nabou-lou-ouṣi

a-na amîlu šangi Sippar ki	au prêtre de Sippar,
abi-iá ilu Nabû u ilu Mar-	mon père : que Nabou et
duk	Mardouk
a-na abi-iá lik-ru-bu	bénissent mon père.
a-mur Du-muq	Voici : Doumouq
a-na pa-ni bêli-iá	chez mon maître
al-tap-ra	j'envoie ;
iṣu MIS-MA'-KAN-NA	du bois de palmier
a-na dul-lu a-an	pour chacun de tous les
ma-la	ouvrages (à exécuter) que
ú-kal-la-mu-ka	je t'ai montrés,
i-na ištênit (it)	sur un
iṣu elippi bêlu	bateau que le maître
lu-še-la-'	charge,
lu-še-bi-lu	(et) qu'il envoie.
kap-du ḫarrâna a-na	Vite, le chemin pour
šêpê-' šu bêlu liš-kun	ses pieds que le maître dis-
	pose,
dul-la-šu a-gan-na	(car) son travail ici
ra-bi	est considérable.

8. Thompson transcrit *iṣu duppi* (DUP au lieu de MIS)-*MA-GAN-NA*, « the logs of Maganwood ».
9. *a-an* marque la distribution ; voir *supra*, note sur le n° 87, l. 6.

N° 160

Nabou-silim ordonne au nom du roi à un intendant d'envoyer enchaînés les hommes qui travaillent sous ses ordres, car le roi veut châtier leur négligence. Il ajoute que le jugement de l'intendant lui-même est imminent et qu'il fera bien de solder au plus vite l'arriéré du salaire des tailleurs de pierre, qui sont très montés contre lui.

duppi ilu Nabû-si-lim	Tablette de Nabou-silim
a-na amîlu šà-tam aḫi-ia	à l'intendant, mon frère :
lu-ú šú-lum a-na aḫi-iá	salut à mon frère !
ilu Nabû u ilu Marduk a-na	que Nabou et Mardouk
aḫi-iá lik-ru-bu	bénissent mon frère.
ilu Nabû-šar-uṣur apil-šu	Nabou-šar-ouṣour, fils de
ša Šum-uṣur	Šoum-ouṣour,

šarru a-na eli amtlu ṣabê-meš-šu ul-te-ziz	le roi a préposé à ses ouvriers,
um-ma amtlu ṣâbê-meš ul i-man-gur-ma	en disant : « Les ouvriers n'obéissent pas
dul-lu ša šarri ul ip-pu-uš	et n'exécutent pas le travail du roi ».
šarru iq-ta-ba-' um-ma	Le roi a (donc) donné des ordres en ces termes :
a-na amtlu šà-tam šú-pur-ma	« Mande à l'intendant, et
liš-pur-ra-ak-aš-šú-nu-tu	qu'il te les envoie (les ouvriers) ».
en-na a-na bêli-iá	(En conséquence), maintenant, à mon maître
al-tap-ra ḫa-an-ṭiš	je mande : « Promptement,
ilu Ba-ú-nâ'idat (?)	Baou-nâ' idat (?),
apil-šu ša ilu Šamaš-iddin	fils de Šamaš-iddin,
Šutebanni apil-šu ša Ri-mut	Šoutebanni, fils de Rimout,
Ri-mut apil-šu ša Ša-pî-ilu Bêl	Rimout, fils de Ša-pî-Bêl,
ilu Nabû-nâ'id apil-šu ša ilu Nabû-iddin	Nabou-nâ'id, fils de Nabou-iddin,
ina is-qa-tum be-li	dans les fers, que mon maître
liš-pur-ra-aš-šu-nu-tu	les envoie ». —
a-na da-[a]-ni-ka šarru	Pour te juger
ki-i ú-dan-ni-in	comme le roi presse,
a-na muḫ-ḫi ip-te-kid	il veillera là-dessus (à l'exécution de cet ordre).
amtlu [ḫar]-ra-ku gab-bi	Tous les tailleurs de pierre
gaš-ru-ú i-qa-bu-ú	s'expriment avec violence,
um-ma ri-ḫa-an-ni	en ces termes : « Notre arriéré de solde
ša arḫu simânu u arḫu du'-ûzu	du mois de sivan et du mois de tammouz .
man-ma ul id-di-ni-an-na-šu	personne ne nous a payé ». —
bêlu liq-bi-i-ma	Que le maître donne (donc) des ordres pour
lid-din-nu-ni-iš-šu-nu-tu	qu'on les paye,
lu-ú ma-a-du	(car) certes très fort

pa-ni-šu-nu	leur face
bi-šú-'	est mauvaise.

6-9. Le roi est très mécontent de ses ouvriers. Il leur prépose Nabû-šar-uṣur, sans doute à titre d'inspecteur devant lequel les coupables devront comparaître.

12. *liš-pur-ra-ak-aš-šú-nu-tu* : le verbe gouvernant deux régimes directs est construit, comme cela se fait en éthiopien et en arabe, avec deux pronoms suffixes, dont le premier, *ak* (2e pers. masc. sing.), exprime notre datif, et le second, *aššunutu* (3e pers. masc. plur.), l'accusatif. — L'écriture très régulière *liš-pur-ra-aš-šu-nu-tu* de la l. 21 « qu'il les envoie », prouve bien qu'à la l. 12 le scribe a voulu marquer expressément les deux régimes. — Cette construction se retrouve encore au n° 224, l. 19, *a-šap-par-ki-iš*, « j'enverrai à toi elle ».

15. *ilu Ba-ú-nà'idat*, si le signe est bien *i*; ne serait-ce pas *KAN*, *ilu Ba-ú-ereš*?

17. *Šutebanni*, écrit ; voir *supra*, note sur le n° 146, l. 2.

23. *ki-i ú-dan-ni-in*, « comme le roi presse », ou « comme le roi est fermement décidé » ?

26. *gas-ru-ú*, littéralement : « violence » ils parlent; cf. *gab-ru-u*, « rival », « réponse » ; *maḫ-ru-u*, « temps antérieur », etc. — Comment Thompson peut-il justifier le sens de « trahison » ?

27. *ri-ḫa-an-ni*, littéralement « notre reste » ou même « le reste », l'arriéré, pour *riḫâni* de *riḫânu*, voir Muss-Arnolt, p. 959. — Thompson, *dal*-ḫa-an-ni, « oppresseth us ».

N° 168

Nabou-šoum-iškoun dénonce un berger infidèle.

duppi ilu Nabû-šum-iškun (un) a-[na]	Tablette de Nabou-šoum-iškoun
amêlu šangi Šip-par-ki abi-iá	au prêtre de Sippar, mon père :
ilu Nabû u ilu Marduk a-na	que Nabou et Mardouk
abi-iá lik-ru-bu	bénissent mon père.
Ta-li-mu amêlu rê'û	Talimou, le berger

ša ilu Šamaš u Arad-ilu Bêl apil-šu	de Šamaš, et Arad-Bêl, son fils,
30 ṣi-e-nu pu-qud-di-tum	30 moutons, dépôt
[ša] qâtê²-šu iṣ-ṣa-bat	(remis) en ses mains, a pris.
[x]-ta ina lib-bi a-na kaspi	Là-dessus [x] pour de l'argent
10. *[it]-ta-din ù*	10. il a vendu, et
.... *su*	....
(lacune)	(lacune)
13. ..... *[ṣi]-e-nu*	13. ..... les moutons
.... *ku gab-bi*	.... tous
a-na kaspi i-nam-din	pour de l'argent il vend
ù ṣa-bit	et il prend (?).

16. Le permansif *ṣa-bit* est assez inattendu. Le scribe veut-il dire que Talimu « a été pris » ou qu'il « prend » pour lui, s'approprie le produit de la vente du bétail volé ?

N° 171

Nabou-šoum-[iškoun ?] prie le prêtre de Sippar de verser une partie du grain qui lui appartient au messager Boulloutou.

duppi ilu Nabû-šum-[iš-kun ?] a-na	Tablette de Nabou-šoum-[iškoun] au
amtlu šangi alu Sippar ki	prêtre de Sippar,
bêli-ia ilu Bêl u ilu Nabû	mon maître : que Bêl et Nabou
šú-lum balâṭu sa bêli-ia	la prospérité (et) la vie de mon maître
5. *liq-bu-ú a-mur Bul-lu-ṭu*	5. décrètent. Voici : Boulloutou,
apil-šu ša ilu Nabû-zêr-ukin a-na	fils de Nabou-zêr-oukin,
pa-ni bêli-ia al-tap-ra	chez mon maître j'envoie.
200 (gur) ŠE-BAR ina ŠE-BAR-ia	200 *gour* de grain, sur mon grain
ša ina pa-ni bêli-ia bêlu lid-da-aš-šu	qui est chez mon maître, que mon maître lui donne.
10. *kap-du ḫarrâna a-na sêpê²-šu*	10. Vite, le chemin pour ses pieds
bêlu liš-kun ŠE-BAR	que le maître dispose. Du grain

[pa]-ni-ti bêlu lid-da-aš-šu	ancien que le maître lui donne
(lacune)	(lacune)
ŠE-BAR ma	et le grain ....
bêli-ia i-tiq-šu	ô mon maître, transfère-lui (?).
bêlu lid-da-ni-im-ma	Que le maître verse (ce grain), et
a-na kaspi (?)-šú-nu	en échange de leur argent (?)
lid-din ŠE-BAR-a ù ŠE-BAR	qu'il (le) verse. Mon grain et le grain
ilu Nabû-zêr-ukin[li]-im-ḫur	de Nabou-zêr-oukin, que (Boulloutou) reçoive (donc).
kap-du ḫarrâna	Vite, le chemin
a-na sêpê[2]-šu	pour ses pieds (de Boulloutou)
bêlu liš-kun	que le maître dispose.

12. Pour la restitution *[pa]-ni-ti*, qualificatif du féminin *ŠE-BAR*, voir des exemples analogues d'adjectifs féminins avec *ŠE-BAR*, dans Muss-Arnolt, p. 996, col. b.

15-19. Il est assez probable que dans le passage manquant il était encore question de deux sortes de grain : d'abord, celui de Nabû-zêr-ukin resté en dépôt à Sippar ; le scribe prie le prêtre de Sippar de transférer ce grain à Bulluṭu, le propre fils de Nabû-zêr-ukin (l. 6) ; puis d'un autre grain que certains individus veulent acheter. Ce grain-là, le prêtre doit le verser contre espèces. Il est encore possible qu'il s'agisse simplement de grain que Nabû-zêr-ukin et Bulluṭu voudraient acheter, et que le scribe engage le prêtre à lui verser en échange « de leur argent ».

N° 174

L'auteur de cette lettre, dont le nom est presque entièrement effacé, était sans doute un haut fonctionnaire du roi. Il adresse au début de vifs reproches et des menaces à un de ses collègues ou subordonnés, puis il lui donne une longue liste d'ordres à exécuter. Malheureusement son message nous est parvenu en très mauvais état, et ce qui en reste est d'une interprétation difficile. La traduction que je propose n'est qu'un essai provisoire.

duppi ilu Nabû..... [a-na.....]	Tablette de Nabou ..... [à X.....]

bêli-iá ilu Bêl u ilu Nabû [šúlum u balâṭu]	mon maître : que Bêl et Nabou [la prospérité et la vie]
ša bêli-iá liq-bu-ú ina eli...	de mon maître décrètent. Au sujet du...
ša ilu Bêl a-na eli 100 amtlu ṣâbê-meš a-gan-na	de Bêl, pour les 100 ouvriers, ici
a-ma-tum aš-ša-a mi-ta-ak-ka ina lib-bi-iá	j'ai apporté un ordre (royal): ta mort est en moi ;
ul ta-tal-la-ka ilu Bêl u ilu Nabû ki-i	si tu ne viens pas, par Bêl et Nabou,
ina eli mi-tu-ú-tum la-ak-ka	ta personne (?) est (vouée) à la mort.
en-na a-na bêli-iá al-ta-par	Maintenant, à mon maître je mande (ceci) :
3 ma-na kaspi la-pa-ni apil-šu ša Kas-ba-(?) an-na	3 mines d'argent chez le fils de Kasba-(?)an-na,
5 ma-na kaspi la-pa-ni... apil	5 mines d'argent chez [X...], fils de
ilu Nabû-mu-še-zib bêlu li-[iš-ši-ma] lu-še-bil-am-ma	Nabou-moušezib, que le maître [prenne, et] qu'il envoie,
a-na [dul-li] ša ...... [ia-a-nu-ú] dul-lu	pour [le travail] de ...... [sinon] le travail
[i-baṭ-ṭil ....]	[sera interrompu ....]
a-na dul-la la a-nam-din u a ...... tum	Pour le travail je ne donnerai (plus) ; tout le ......
ma-la it-ti-iá a-na kaspi la ad-di-nu	qui était chez moi, pour de l'argent n'ai-je pas versé!
400 (gur) suluppi ina eli bêli la aš-kun-nu	400 *gour* de dattes pour mon maître n'ai je pas déposé!
amtlu ṣâbê-meš bânûti(ti) bêlu liš-pu-ur-ru Mu-gal-lu	Que le maître envoie des maçons : Mougallou,
apil Na-ba-an-nu ul-tu eli ŭ-mu ša bêlu	fils de Nabannou, depuis le jour où le maître
lil-li-ku ištênit(it) a-gur-ru ul is-[niq (?)] ... gur	est venu, n'a pas assemblé (?) une seule brique...
u elippu ša a-gur-ru li-taš-pu-ur	En conséquence, qu'un bateau de briques soit envoyé.
La-ba-ši apil Na-ba-ṣu ina is-qa-tum lil-li-ku	Que Labaši, fils de Nabaṣou, vienne dans les fers;

Mu-ra-nu apil ša Ki-kis-iá ina is-qa-tum lil-li-ku	que Mouranou, fils de Kikisia, vienne dans les fers;
mârê-meš [ki-]din-nu-meš ša ilu Nabû-šum-uṣur lil-li-ku-nu	que les clients (?) de Nabou-šoum-ouṣour viennent aussi :
araḫ ŭ-mu-meš a-ga-a Ḫa-aḫ-ḫu	pendant tout ce mois de jours, Ḫaḫḫou ......
dul-la-šu-nu ul i-pu-uš	n'a pas fait leur travail (qu'ils lui avaient commandé).
ilu Bêl-aḫi-iddin apil Ku-kur-ra 1/2 mana kaspi	Bel-aḫi-iddin, fils de Koukourra, (doit) 1/2 mine d'argent,
lil-li-ku Tab-ni-e-a apil Ḫi-ri-tum	qu'il vienne; Tabniea, fils de Ḫiritoum,
1/2 ma-na kaspi lil-li-ku	(doit) 1/2 mine d'argent, qu'il vienne :
Ga-la-la apil Ša-pi-i-ili-iá	Galala, fils de Ša-pí-iliia,
1/2 ma-na kaspi Mu-ra-šú-ú aḫu ša	(doit) 1/2 mine d'argent; Mourašou, le frère de
ilu Marduk .... u ki-i 1/2 ma-na kaspi	Mardouk ..... pour 1/2 mine d'argent
1/2 ma-na kaspi 5 elippu ša a-gur-ru	(doit) 1/2 mine d'argent. Cinq bateaux de briques cuites,
Zêr-ú-tu ša Ḫu-ṣab Gu-za-nu	Zêroutou (le serviteur) de Ḫouṣab, Gouzanou,
1 immeri ilu Taš-me-tum 150 gur suluppi-šu	1 mouton de Tašmetoum, 150 *gour* de ses propres dattes,
bêlu liš-ša-am-ma ina qâtê[2] *Mu-ra-šú-ú*	(tout cela) que le maître prenne, et par les mains de Mourašou
ša a-na bêli [aš-pur-ra-am]-ma bêlu	que [j'ai envoyé] à mon maître, que le maître
lu-še-bi-il 50 gur suluppi	(l')envoie. Cinquante *gour* de dattes,
ša Muk-ki-e-a apil Ḫu-ṣab ul-tu eqli	de Moukkiea, fils de Ḫouṣab, (provenant) du champ
ša E-sag-gil 20 (gur) SE bêlu lu-še-bi-lu	de l'Esaggil (et) 20 *gour* d'oignons (?) que le maître envoie (aussi).

50 gur suluppi ša Ap-la-a apil-šu ša	Cinquante *gour* de dattes d'Aplâ, fils de
Ri-mut bêlu liš-ša-am-ma	Rimout, que le maître prenne
bêlu lu-še-bi-lu	et que le maître envoie.
kaspu ša Na-ar-gi-a a-na suluppi	L'argent de Nargia en échange des dattes
at-ta-ša-a suluppi-šu ina muḫ-ḫi-iá	j'ai pris, ses dattes sont (encore) chez moi.
A-qar-ilu Nabû apil Ki-din-ilu Šin 1 ma-na iš-(?)ša(?)	Aqar-Nabou, fils de Kidin-Sin, a pris (?) 1 mine
ù il-li-ku amtlu ṣâbê-meš za-ku-(?)-tum	et s'en est allé. Les hommes exempts (?)
a-ki-i im.... ša ina a-ma-tum ša šarri	selon le .... qui est sur l'ordre du roi,
ša bêli-iá riš.... ilu Nabû ki-i	que mon maître a .... par Nabou, si
..... e kur (?) 𒁹 ši a...	....
an 𒁹 ilu Marduk...	.... Mardouk...
..... ia i-ṣi-ip(?)-pu kap-du	..... a ajouté (?). — Vite,
[x] ma-na kaspu pišû (ú) bêlu lu-še-[bi-lu]	[x] mines d'argent comptant que le maître en-[voie].
(La fin manque.)	(La fin manque.)

5-6. Thompson traduit : « thy dead man hath not arrived », ton homme mort n'est pas arrivé. Le sens habituel de *mîtu* est bien en effet celui de l'adjectif « mort » ; mais si on l'accepte ici, ce passage reste inintelligible. D'ailleurs, ce mot ne peut pas être le sujet de *tatallak* qui est une 2e pers. masc. sing. ou une 3e pers. fém. sing. A tous égards, cette traduction est donc inacceptable. Dans les additions de la p. 226, il propose « thy course » : ta course n'est pas arrivée. Ce n'est pas beaucoup plus clair. — Il faut plutôt admettre, surtout à cause de la menace évidente contenue dans les l. 6 et 7, que *mîtu* est ici pour *mûtu* : « ta mort est en moi », c'est-à-dire dépend de moi, tu es à ma merci.

7. *la-ak-ka* pour *la-an-ka*, littéralement « ton corps ».

12-13. La restitution est basée sur le contexte de 14 à 16 où l'auteur de la lettre paraît se plaindre d'avoir déjà fait de trop nombreuses avances. N'a-t-il pas été obligé de vendre certains objets pour les faire, semble-t-il dire à la l. 15.

21-22. Peut-être simplement : que X. et X. aillent dans les fers, c'est-à-dire soient enchaînés. Cependant, à la l. 23, le fonctionnaire paraît demander que d'autres individus viennent (aussi) là où il se trouve.

24. « Ce mois de jours », c'est-à-dire « tous les jours de ce mois ».

26-30. En suivant strictement le texte, il faudrait traduire : « que Bêl-aḫi-iddin....(et) 1/2 mine d'argent viennent », etc... — Chacun de ces individus paraît donc passible d'une taxe ou d'une dette, dont le montant est de 1/2 mine d'argent. Plus loin, à la l. 45, le fonctionnaire parlait peut-être des individus « exempts » de taxe ou de dette, autant que le mauvais état de la tablette permet de le conjecturer.

30-32. Mourašou doit payer (?) le montant exact de sa taxe ou de sa dette. Elle est de 1/2 mine d'argent ; il doit donc apporter 1/2 mine d'argent ; cf. *bîtu ki-i bîti*, « propriété pour propriété », Muss-Arnolt, p. 363.

33. Thompson a pris Ḫusab pour un nom commun, « un palmier », ce qui ne lui permet pas de traduire *ša* ; c'est un nom propre ; voir *infra*, l. 38, où il a commis la même erreur.

N° 175

Nadinou avait chargé un fonctionnaire, le gouverneur, ou plutôt le garde, d'une petite résidence sans doute, de lui procurer des roseaux ; il lui avait même confié de l'argent à cet effet. Mais il annonce au prêtre de Sippar qu'il ne peut pas compter sur ces roseaux et qu'il va réclamer son argent.

duppi Na-di-nu	Tablette de Nadinou
a-na amîlu šangi Sippar ki	au prêtre de Sippar,
aḫi-ia lu-ú šú-lum	mon frère : salut
a-na aḫi-ia ilu Bêl u ilu Nabû	à mon frère. Que Bêl et Nabou
šú-lum ša aḫi-ia liq-bu-u	décrètent la prospérité de mon frère.
a-mur a-na eli	Voici : au sujet de .....
a-na pa-ni bêli-[ia ......]	devant [mon] maître .....
(lacune)	(lacune)
at-ta bêlu i-di	Toi, maître, sache .....
ša a-na eli qanâti-meš	que pour les roseaux

ša amtlu ki-i-pi la	du garde, je n'(y)
ra-aḫ-ṣa-ki a-šap-par-ma	compte pas. J'enverrai (un message), et
kaspa ša a-na qanâti-meš ad-da-aš-šu	l'argent que pour les roseaux je lui ai versé
a-maḫ-ḫar-šu ṭe-e-mu	je récupérerai sur lui. Des ordres
u šú-lum ša ahi-iá	et (des nouvelles de) la santé de mon frère
lu-uš-me	puissé-je recevoir !

13. *ra-aḫ-ṣa-ki* pour *ra-aḫ-ṣa-ku*, 1re pers. sing. du permansif I, 1 de *raḫâṣu*, « attendre », « avoir confiance ». Thompson y a vu la racine *raḫâṣu*, « laver » : « I have not washed them » ! Il voit aussi à tort dans *ad-da-aš-šu* un imparfait « I am to pay » ; ici, il a le sens du parfait.

N° 176

Le fils de Nabou-šoum-iškoun avait probablement demandé un congé. Nadinou informe le père que le chef de son fils ne l'autorise pas à prendre de repos et qu'il doit au plus vite rejoindre son poste, où il sera d'ailleurs bien nourri. Dans la suite de son message, Nadinou devait traiter une affaire très grave, car il paraît tenir à ce que la présente lettre atteste qu'il a appelé l'attention de son correspondant sur cette affaire. Il y tient d'autant plus qu'il n'en conserve pas de copie.

duppi Na-di-nu a-na	Tablette de Nadinou à
ilu Nabû-šum-iškun(un) aḫi-ia	Nabou-šoum-iškoun, mon frère :
ilu Nabû u ilu Marduk a-na aḫi-iá	que Nabou et Mardouk bénissent
lik-ru-bu ana-ku u ilu Nabû-eṭir	mon frère. Moi et Nabou-éṭir
a-na pa-ni šarri ni-il-lak	nous allons nous rendre devant le roi.
Ardi-ia a-gan-nu ina ṭe-me-šu	Ardi-ia est ici. Par son ordre,
mâri-ka nu-bat-ti	ton fils de repos
la i-ba-a-tú ḫa-an-ṭiš li-ik-šú-du	ne doit pas prendre ; qu'il arrive promptement.
a-mur akâlê kurunnu u šêru	Voici : des aliments, du vin de sésame et de la viande,

a-gan-nu ina pa-ni-šu-nu	il y a ici à leur disposition.
ilu Bêl a-na lìb-bi	Par (?) Bêl, au milieu
(lacune)	(lacune)
...... *su'*	....
a-na lìb-bi a-si-ḫi-[*ir* (?)]	au milieu je suis revenu (?).
ina eli bêlu la i-sil-li	Là-dessus que le maître ne soit pas négligent ;
iá-a-nu baṭ-la	sinon, l'interruption (du travail)
iš-šak-kan	aura lieu.
ši-pìr-ta-a lu-ú mu-kin-ni-iá	Que ma lettre soit mon témoin :
ilu Nabû lu-ú i-di	Nabou sait
ki-i gab-ri ši-pìr-ti-iá	qu'une copie de ma lettre
la aš-ṭu-ru u ina pa-ni-iá	je n'ai pas écrit, et chez moi
la ad-ku-ú	je n'ai pas gardé (?).

6-8. Thompson : « Ardia being here in charge, (and) thy son taking no holiday. May they speedily finish ! »

9. Au lieu de *kurunnu*, Thompson transcrit *bi-riš*, « in plenty », avec point d'interrogation !

16. Il est digne de remarque que *ia-a-nu* a bien ici le sens de « sinon », quoique la voyelle finale ne soit pas prolongée (*ia-a-nu-ú*) ; ne serait-ce qu'un oubli du scribe ?

22. *ad-ku-ú*. Le sens habituel de *dikû* est « lever », « élever » ; celui de « garder », « conserver », paraît imposé ici par le contexte. A la l. 21 et à la l. 22, Thompson voit dans *la* non pas la négation mais la particule affirmative *lu;* cette interprétation est également inadmissible.

N° 182

Après avoir réclamé un envoi d'argent indispensable, Nergal-aḫi-iddin essaye de rentrer en grâce auprès de son chef Iddin-Mardouk. — Cette lettre a été éditée une première fois par Strassmaier, *Cyrus*, n° 376.

duppi ilu Nergal-aḫi-iddin a-na	Tablette de Nergal-aḫi-iddin à
Iddin-ilu Marduk abi-ia	Iddin-Mardouk, mon père :
ilu Bêl u ilu Nabû šú-lum u balàṭu ša	que Bêl et Nabou la prospérité et la vie
ša (sic) *abi-ia liq-bu-ú*	de mon père décrètent.

a-na eli kaspi ša abu-ú-a	Quant à l'argent sur lequel mon père
iš-pu-ru kaspu qa-al-la-al	a mandé, (cet) argent est peu considérable,
ša a-na suluppi	car pour des dattes
in-na-di-in	il (en) a été versé.
2 ma-na kaspi kap-du	2 mines d'argent, au plus vite,
abu-ú-a lu-se-bi-lu	que mon père envoie (donc);
al-la a-ga-'-i	seulement ceci (?),
ki-i ṭâbâti-ka	puisque tes bontés
ina eli-ia ia-a-nu	ne (reposent) plus sur moi.
a-mur *ilu**Nabû-ma* (ou *ba* ?)-*at-tu-ú-a*	Voici : Nabou-mattoua
a-na abi-ia al-tap-par	j'envoie à mon père.
amîlu *šà-tam a-na Bâbili*	L'intendant à Babylone
it-tal-lak a-di la	ira, avant de
a-na ku-tal-la i-ni-ḫi-si	se rendre (?) à l'enclos.
ṭe-me ša abi-ia lu-uš-me	Puissé-je recevoir des ordres de mon père :
ki-i ŠE-BAR u ki-i	si du grain ou si
mim-mu ma-la pa-ni-ka ma-ḫir	n'importe quoi t'est agréable,
a-na abi-ia a-nam-din	je (le) donnerai à mon père.
a-mat-ka it-ti-ia	Ta parole à mon égard
la ta-ša-an-na	ne doit pas changer.

11. Le sens de cette ligne est douteux. Dans ces lettres *alla* paraît signifier en général « mais », « or », « seulement »; cf. nº 44, l. 13-15; nº 57, l. 7; nº 159, l. 7-9 et l'éthiopien *'allâ*, l'araméen et néo-hébreu אַלָּה. L'expression *alla agâ* se rencontre dans un autre passage, d'ailleurs assez obscur, nº 11, l. 23-29, *ki-i ina eli pitni (GIŠ-DA) ša* *ilu* *Šamaš tu-ša-az-zi-za-' šú-up-ra-an-ni ia-a-nu-ú al-la a-ga-a a-na eli ŠE-BAR la ta-aš-púr-ra-ni*, « comment (ou : si) vous avez mis sur le registre de Šamaš, mandez-moi; sinon, seulement ceci (pourquoi) vous ne m'avez pas mandé au sujet du grain » (?). Ici, le scribe, après avoir formulé sa demande d'argent, semble ajouter : envoie-moi seulement ceci (les 2 mines), puisque tu as cessé tes bontés. — On pourrait aussi faire de *al-la a-ga-'-i* le début de la phrase suivante : Or, ceci (c'est-à-dire voici) : quoique tes bontés ne soient plus sur moi, voici j'envoie, etc —

Mais *a-mur* marque d'ordinaire lui-même le début d'une phrase.

14-16. Nabû-mattûa (ou *battûa* ?) et l'intendant, *amtlu šà-tam*, ne sont sans doute qu'une seule et même personne.

17. *a-di la*, « avant de », cf. Sargon, *Annales*, 252 : *a-di la ša-lam ilu Šamši*, « avant le coucher du soleil ». L'envoyé passera par Babylone avant de se rendre à l'enclos ou au domaine qu'administre Iddin-Marduk. Peut-être aussi : ira à Babylone, sans pousser jusqu'à l'enclos.

18. *ku-tal-la*, « enclos », voir *supra* note sur n° 74, l. 8. Thompson : « before he sets out for his return ». Que devient *kutalla* dans cette traduction ?

N° 183

Nergal-oušallim prie Iddina-a, son chef, de recueillir et de lui renvoyer une de ses esclaves fugitives, qui s'est arrêtée dans la ville même d'Iddina-a.

duppi ilu Nergal-ušallim	Tablette de Nergal-oušallim
a-na Iddina-a	à Iddina-a,
abi-iá ilu Nabû u ilu Marduk	mon père : que Nabou et Mardouk
a-na abi-iá lik-ru-bu	bénissent mon père.
amtlu qal-lat-ta-a mahrîti (i-ti)	Comme ma première servante
ki-i ta-ḫal-liq	s'est enfuie
a-gan-na-ka ina pân	là où tu es, chez
Ba-nu-nu u Ḫa-ad-da-a	Banounou et Ḫaddâ,
amtlu KU-LU-Û-meš	les........,
ši-pìr-tum il-tap-par-ra-nu	ils m'ont envoyé un message
um-ma amtlu mâr šip-ri-ka	en ces termes : « Que ton messager
lil-lik-kam-am-ma	vienne, pour
li-bu-ku-šu	qu'il l'emmène ».
a-na-ku	Moi,
na-aš-par-tum	en messager
ina ali	dans la ville
al-lik-ku-ú	me suis-je rendu?
ul al-lik-ku	Je ne m'y suis pas rendu.

a-mur *ilu* *Nabû-mu-li-di-im-bi* (?)	(Mais) voici : Nabou-mou-li-di-im-bi (?)
a-na bêli-iá al-tap-ra	à mon maître j'envoie;
bêlu li-bu-ku-ši-im-me	que le maître la prenne (chez lui), et
ina qâtê[2]*-šu bêlu lit*(sic)*-pur-ru*	que le maître (me) l'envoie par ses mains (du messager).
i-na lib-bi ša abu-ú-nu	C'est parce que tu es notre père
at-ta a-na bêli-iá	qu'à mon maître
aš-pur-ru	j'ai envoyé ce message.

5. *maḫrîti*, écrit *ŠI-i-ti* « première » ou « vieille ». Thompson transcrit : *ši-i-ti*, « that ».

6. *ta-ḫal-liq* pour le parfait *taḫliq*, à moins de traduire : comme elle est en train de fuir, elle est en ce moment dans ta résidence, etc.

9. *amīlu* *KU-LU-Ú-meš*, peut-être des « parfumeurs » *iṣu* *KU-LU* = *kanaktum*, une espèce de parfum, Meissner, *Selt. Assyr. Ideogramme*, p. 473.

15-18. Malgré sa forme d'abstrait, *našpartum* ne peut signifier ici que « messager ». Nergal-ušallim n'a pas voulu aller lui-même dans cette ville, comme un vulgaire messager. — Il est possible aussi qu'il emploie *allik* pour *allak*, le parfait pour l'imparfait. S'il en est ainsi, il faudrait traduire : Irai-je en messager dans la ville ? Je n'irai pas, etc....

23-25. Thompson traduit, sans lier les membres de phrase : « Thou art instead of our father ; unto my lord I send ».

N° 184

Un fonctionnaire subalterne, Nergal-iddin, rend compte de l'exécution des travaux à son supérieur hiérarchique, le prêtre de Sippar : il le prie en même temps avec instance de livrer de la laine à un ouvrier. Sa lettre est d'un plat courtisan. La formule protocolaire en est remarquable ; il ajoute le dieu Nergal dont il porte le nom, à l'énumération stéréotypée « Nabou et Mardouk », et bien qu'il écrive au prêtre de Šamaš, ce n'est pas Šamaš qu'il invoque pour son chef, mais ce même Nergal et son doublet féminin Lâṣ

dup-pi *ilu* *Nergal-iddin a-na*	Tablette de Nergal-iddin au

amîlu šangi Sippar ki bêli-iá	prêtre de Sippar, mon maître :
ilu Bêl ilu Nabû u ilu Nergal šú-lum u balâṭu ša bêli-iá	que Bêl, Nabou et Nergal la prospérité et la vie de mon maître
liq-bu-ú ŭ-mu-us-su še-e-ri	décrètent. Tous les jours, à l'aurore
ú ki-iṣ ŭ-mu ilu Nergal u ilu La-aṣ	et à la fin du jour, Nergal et Lâṣ
a-na šâri napšâte-meš ša amîlu šangi alu Sippar ki	pour le (bon) souffle des âmes du prêtre de Sippar,
bêli-ia ú-ṣal-la	mon maître, je prie.
šipâtu ZA-GIN-KUR-RA ša ina qâtê[2] ilu Šamaš-zêr-ušabši (ši)	La laine bleue (?) que par Šamaš-zêr-oušabši
bêlu ú-še-bi-lu a-ta-mar	le maître a envoyée, j'ai vu.
a-na muḫ-ḫi dul-lu ša bêlu iš-pu-ur	Au sujet du travail sur lequel le maître a mandé,
ina ṣilli ša ilu Šamaš ú ina ṣilli-ka	par la protection de Šamaš et par ta protection
dul-lu ḫi-i-ri	l'ouvrage a été creusé (?).
šú-lum a-na dul-lu-ia	Mon travail va très bien.
a-na bêli-iá al-tap-par	A mon maître j'ai (déjà) mandé
um-ma 10 ma-na šipâte	en ces termes : « 10 mines de laines
a-na ilu Šamaš-zêr-ušabši (ši)	à Šamaš-zêr-oušabši
i-di-in bêlu lu-ú id-din	donne ». — Que le maître donne (ces laines).
bêli-ni 10 ma-na šipâte	O notre maître, 10 mines de laines
in-na-aš-ši-im-ma dul-lu-a	donne-lui pour que mon travail
ša i-ba-aš-šú-ú a-gan-na-ka	qui est (à faire) auprès de toi,
li-pu-uš na-kud-ut (sic)*-tum*	il exécute. D'inquiétude
ša dul-lu bêlu la i-raš-ši	au sujet du travail que le maître ne conçoive pas.
mi-nu-ú ṣi-bu-tú	Tout ce qui est désir
ša bêli-iá bêlu liš-pu-ru	de mon maître, que le maître (me) mande.

5. *ki-iṣ*, « fin » ; cf. hébr. קץ de קצץ.

8. Cf. *Cuneiform Texts*, fasc. IV, 38 a, l. 2, *šipâtu* .

12. *ḫi-i-ri*, perm. de *ḫirû*? Il s'agissait sans doute d'un canal qu'il devait faire creuser.

N° 185

Nergal-Gâmil rend compte à Bêl-oušallim de l'exécution de ses ordres. C'est une des rares lettres dont la formule du début ne contient pas une prière.

duppi ^ilu^ *Nergal-Gâmil*	Tablette de Nergal-Gâmil
a-na ^ilu^ *Bêl-ušallim*	à Bêl-oušallim :
lu-ú šulmu(mu) ana be-lí-iá	salut à mon maître.
aš-šu Ad-na-lu	Au sujet d'Adnalou,
ša be-li iš-pu-ra	que mon maître a envoyé,
^ilu^*Nabû-na-id*	Nabou-na-id
il-tap-ra	mande
um-ma ṣâbê-meš	en ces termes : « Des hommes
di-ka-a ù	levez, et
ûmu IX ^kan^ *at-ta*	le IXe jour, toi,
Ad-na-lu	Adnalou
Abu-ili-'	(et) Abou-ili',
a-na pa-ni-iá	devant moi
al-ka-nu	venez ». —
a-na Uruk-a	A Ourouka
ù Kan-na-nu	et Kannanou
ki-i aq-bu-ú	quoique j'ai donné des ordres,
ul i-man-gur-ma	ils n'obéissent pas, et
ṣâbê-meš ul i-di-ku-nu	ils ne lèvent pas d'hommes.
a-du-ú ina pâni-ka	Maintenant, ils sont à ta
šu-nu ù ia-a-ša	disposition. Et moi,
Ad-na-lu	Adnalou,
ù ^amîlu^ *bêl ḫarrâni-šu*	et le chef de son entreprise (?),
ina še-ri	demain,
a-na pa-ni	chez
be-li-ia	mon maître
ni-il-la-ka	nous nous rendrons.

20-21. Puisque ces individus ne veulent pas obéir, fais-en ce que tu voudras ; je ne m'en occupe plus.

23. *bêl ḫarrâni*, « le chef de l'entreprise » ou « de la caravane », le « guide » ?

24. *ina še-ri*, [illegible], à transcrire peut-être *aš-še-ri*, pour *ana šêri*.

N° 186

Le scribe demande qu'on lui envoie le titre d'une créance ou d'un contrat intervenu entre deux autres individus.

[dup]pi ilu Nergal	Tablette de Nergal ......
[a]-na Ebabbara-ša-du-nu	à Ebabbara-šadounou,
[aḫ]i-ia ilu Nabû u ilu Marduk	mon frère : que Nabou et Mardouk
a-na aḫi-ia lik-ru-bu	bénissent mon frère.
ú-il-tim ši-i	(Sur) cette obligation
ša ilu Nabû-tuk-ki-na-an-nu	que Nabou-toukkinannou
it-ti Iqiša-a	avec Iqiša-a
alu Du-ur-ga-aṣ-ṣa-a-a	de la ville de Dourgaṣâ
i-'-lu u ana (?)	a contractée et à (?)
ilu Nabû-ka-ṣir	Nabou-kaṣir,
mâr amilu gallabu a-na	le tondeur, en
paq-da im-nu-ú	garde a confiée,
a-na ilu Nabû-ka-ṣir	à Nabou-kaṣir
pi-qid-ma	donne des ordres, et
ú-[il]-tim a-na	l'obligation à
man-ma i-nam-din	n'importe qui il livrera.
(La fin manque.)	(La fin manque.)

N° 188

Autant qu'on peut le conjecturer par ce qui reste de cette lettre, Sin-nâdin-aḫi essaye de rentrer en grâce auprès de son chef Nabou-eṭir-napšâti. Comme Nergal-iddin que nous avons vu plus haut, n° 184, il place lui aussi parmi les dieux qu'il invoque pour son correspondant celui dont il porte le nom.

duppi ilu Sin-na-din-aḫi	Tablette de Sin-nâdin-aḫi
a-na ilu Nabû-eṭir-napšâti-meš	à Nabou-eṭir-napšâti,
abi-iá ilu Bêl ilu Nabû ilu Sin	mon père : que Bêl, Nabou, Sin

u ilu Šamaš šú-lum balâṭu ḫu-ud lìb-bi	et Šamaš la prospérité, la vie, la joie du cœur
u arâk ûmê-meš ša abi-iá	et la longueur des jours de mon père
liq-bu-ú ḫarrânu a-ga-a	décrètent. (A propos de) cette association
ša aḫûtu(ú-tu) ša abu-ú-a	fraternelle que mon père
it-ti-iá ṣa-ab-tu	avec moi avait conclue,
mi-nu-ú ki-i ip-pu-šú-ma	pourquoi agit-il ainsi, et
.... [*šulum* (?)]-*ka*	.... Ton [bonheur (?)]
[*ilu Bêl ilu Nabû*] *ilu Sin u ilu Šamaš*	que Bêl, Nabou, Sin et Šamaš
[*liq*]-*bu-ú*	[dé]crètent,
[*ša*] *û-mu-us-su*	[eux que] tous les jours
[*a*]-*na muḫ-ḫi-ka*	pour toi
ú-ṣal-lu-ú ṣu-li-e-a	je prie. Mes prières
liš-mu-ú ḫi-su-ú-tú	puissent-ils exaucer .....
[*ilu Mar*]*duk-apli .... ri ....*	[Mar]douk-apli .....
[*il*]-*ta-sa-an-ni*	m'a [in]terpellé,
i-qab-ba-a um-ma	en disant :
3 ma-na 1/3 šiqli kaspi	3 mines (et) 1/3 de sicle d'argent
ša ilu Bêl ina muḫ-ḫi-ka	de Bêl sont chez toi.

6-7. *ḫarrânu ...... ša aḫûtu*, litt. « une entreprise de fraternité ». Il s'agit probablement d'une association commerciale que Sin-nâdin-aḫi et Nabû-eṭir-napšâti ont conclue autrefois ensemble. Nabû-eṭir-napšâti paraît se défier maintenant de son associé. Celui-ci, pour le rassurer, proteste qu'il ne cesse de prier pour lui.

13. La restitution du relatif [*ša*] paraît indiquée par la forme prolongée *ú-ṣal-lu-ú* de la l. 15.

21. *ina muḫ-ḫi-ka*, « chez toi », ou : il y a « pour toi », — ou encore : sont « sur toi », c'est-à-dire « tu en es responsable » ?

N° 189

Souqaia informe son chef Širikki que certain payement a bien été fait et inscrit.

duppi Su-qa-a-a	Tablette de Souqaia
a-na Ši-rik-ki abi-iá	à Širikki, mon père :

ilu Bêl u ilu Nabû šú-lum balâṭu ša	que Bêl et Nabou la prospérité (et) la vie de
abi-iá liq-bu-ú	mon père décrètent.
kaspu piṣû (ú) ša ina pâni-ka	L'argent comptant (?) qui est chez toi,
ina qâtê ilu Nabû-aḫi-id-dan-nu	par les mains de Nabou-aḫi-idannou
bêlu lu-še-bi-lu	que le maître envoie.
ana muḫ-ḫi kaspi a-an	Au sujet de l'argent
ša taq-qa-ba-'	dont tu me parles,
pitna ki-i a-mu-ru	comme j'ai vérifié le registre,
1/2 ma-na 3 šiqli	la 1/2 mine (et) les 3 sicles
kaspi	d'argent
ša ana pân ilu Nabû a-dan-nu	qui étaient pour Nabou, j'ai (bien) versé ;
ina pitni ana muḫ-ḫi-ka	sur le registre, à ton compte
ša-ṭi-ir	c'est inscrit.

9. *taq-qa-ba-'* pour *ta-qa-ba-'* ; le contexte ne permet guère d'admettre ici un nifal : « sur lequel tu as reçu des ordres ».
10. *pitna*, écrit *GIŠ-DA ;* cf. note sur le nº 126, l. 8.

Nº 190

Le même Souqaia réclame un âne pour faire ses tournées. — Cette lettre avait déjà été éditée et traduite par Pinches, *Recueil de Travaux*, t. XIX (1897), p. 105-106 ; il la donne comme provenant de Dilbat. Voir *supra*, note sur le nº 13, l. 25.

duppi Suqa-a-a	Tablette de Souqaia
a-na ilu Nabû-zêr-ibni	à Nabou-zêr-ibni,
abi-iá ilu Bêl u ilu Nabû	mon père : que Bêl et Nabou
šú-lum u balâṭu ša abi-iá	la prospérité et la vie de mon père
liq-bu-u en-na	décrètent. — En ce moment,
ša la imêri at-ta-lak	comme je vais et viens sans âne,
imêra a-na	un âne à
ilu Šamaš-eṭir	Šamaš-eṭir

i-din-ma	livre, pour
liš-šú-'-[šu]	qu'il (me) [l']amène.
bu-gu-da-ti	Des vêtements (?)
in-na-aš-šu	donne-lui (aussi).

10. Pinches a lu *liš-pu-ra* (?)......
11. On pourrait transcrire aussi *pu*-gu-da-ti, « les dépôts ».

N° 191

Souqaia rejette sur la maladie l'inexécution des ordres de son chef, et demande de nouveaux ordres pour diverses affaires, en particulier, semble-t-il, pour l'achat de terres que les prêtres d'un temple mettent en vente.

duppi Su-qa-a-a [a-na] ...a-a	Tablette de Souqaia [à]...a-a,
bêli-ia ilu Illil u ilu Nabû šú-lum u balâṭu	mon maître. Que Illil et Nabou la prospérité et la vie
ša bêli-ia liq-bu-ú a-na muḫ-ḫi	de mon maître décrètent. Au sujet
ki-me ša taq-ba-' ki-me ki-i aš-ša-'	de la farine sur laquelle tu as donné des ordres, comme j'ai pris la farine
ša-ki-in u a-na-ku mar-ṣa-ak	elle gît, et moi je suis malade.
ma-la šú-bu-lu ul an-ṣi	Je n'ai pas trouvé un moyen quelconque de l'envoyer.
ul-tu ûmi eššeši mar-ṣa-ak	Depuis le jour des offrandes (?), je suis malade.
ina lib-bi ki-i ki-me a-na bêli-ia	C'est pour cela que la farine à mon maître
la ú-še-bi-lu u ṭe-e-me-a	je n'ai pas envoyé, et que de mes nouvelles
la taš-mu-ú ina ṣilli ša ilâni-meš	tu n'as pas reçu. Par la protection des dieux,
um-ma un-taš-šir-an-ni	la fièvre (?) m'a quitté.
a-mur ŭ-mu-su ilu Illil u ilu Ninip	Voici : tous les jours, Illil et Ninip
a-na muḫ-ḫi bêli-ia ú-ṣal-lu	je prie pour mon maître.
a-na muḫ-ḫi Bêl-šu-nu ša bêlu	Au sujet de Bêl-šounou, sur lequel le maître

iš-pur a-na Bêl-šu-nu ki-i	a mandé, à Bêl-šounou quoique
aq-bu-ú um-ma	j'ai donné des ordres en ces termes .....
a-lik-ma	Va, et ....
....	....
ûmu eššešu	le jour des offrandes .....
ù a-na ku-tal-la	et à l'enclos (?) ......
[aš]-pur-ak-ka u a-[na-ku (?)]	je t'ai envoyé et [moi (?)]
il-lu ma-am-ma	un lien quelconque .....
ul ad-di-ši-i ul ..... *aq-bi*	je n'ai pas jeté sur elle, je n'ai pas dit .....
ṭe-en-ka lu-uš-mu-ma	Puissé-je recevoir tes ordres, et
it-ti ma-am-ma al-la-ku	avec un messager quelconque
qu-tu-lu-ka-nu il-la-ku	il faut que le *goutouloukanou* vienne.
..... *du ši-i lu-uš-pur-ak-kaš*	...... je veux te l'envoyer.
..... *tu a-mur iq-qab-bu-ú*	..... Voici : (les gens) disent :
um-ma ma-la al-la a-ḫa-meš	« Or, tous ensemble
kaspa i-ša-an-nim-ma gi-mir	apportez de l'argent, et tout
ana amêlu šangi eqlu-meš a-ga-'	au prêtre (administrateur) de ces champs
ni-id-din u eqlu-meš it-ti	versons(-le), et les champs près de
Nippur ni-iz-kur ṭe-en-ka	Nippour choisissons ». — Tes ordres
a-na muḫ-ḫi lu-uš-me mi-na-a	à ce sujet puissé-je recevoir. Quels
ṭe-en-ka il-li-ik	ordres de toi sont-ils partis (là-dessus) ?
kap-du ṭe-en-ka	Vite, tes ordres
lu-uš-me	puissé-je recevoir.

4-5. La farine est dans la même position qu'au premier jour, je ne l'ai pas touchée à cause de la maladie.

6. *anṣi* pour *amṣi; šubulu* me paraît ici un infinitif, Thompson y

voit sans doute un permansif, car il traduit : « I cannot find all that was sent ».

7. *ûmu eššešu* est écrit *UD AB-AB*; sur la traduction « jour des offrandes » voir Thureau-Dangin, *Zeitschrift für Assyriologie*, t. XVI, p. 353 et *Inscriptions de Sumer et d'Akkad*, p. 114, note 3.

11. *um-ma*, « fièvre », de אמם[3], « être chaud » ? Si c'est la particule usuelle *umma*, « ainsi », il faut sous-entendre le mot « cela » ou le mot « maladie » devant le verbe, comme l'a fait Thompson : « (the sickness) hath now left me ».

22. *il-lu*, de אלל, « lier », peut désigner un « lien » physique, des « chaînes », ou un « charme », un « maléfice », que les Babyloniens considéraient comme un lien qui enchaînait celui sur lequel on le jetait.

23. *ad-di-ši-i*, peut-être pour *ad-di-šu*; cf. n° 98, 14, *in-na-aš-ši* pour *in-na-a-šu*, etc.

28-33. Ce passage est obscur. Il semble que les gens du pays où se trouve Suqaia proposent de prendre tout l'argent dont ils disposent et de le verser à des prêtres pour leur acheter des champs situés près de Nippur. Les permansifs *ni-id-din* et *ni-iz-kur* auraient ici le sens de l'optatif ; voir *supra*, note sur le n° 57, 10, 23; *ni-iz-kur*, littéralement « nommons », « indiquons » comme champ que nous voulons acheter, c'est-à-dire « choisissons » les champs qui sont près de Nippur. — Thompson lit *bêl pit-ki* « the overseer », au lieu de *EN-LIL-KI=Nippur*.

N° 192

Ordre de livraison de dattes.

duppi Pîr-u' ù	Tablette de Pir'ou et
Iddin-^{ilu} Nabû a-na Ki-i-^{ilu} Nabû	Iddin-Mardouk à Kî-Nabou,
Na-ṣir u ^{ilu} Bêl-iddin (?)	Naṣir et Bêl-iddin (?),
aḫê-^{meš}-e-ni ^{ilu}Nabû	nos frères : que Nabou
u ^{ilu} Marduk a-na aḫê-^{meš}-e-ni	et Mardouk bénissent nos frères.
lik-ru-bu 46 (gur) 120 (qa) suluppi	46 *gour* 120 *qa* de dattes
[*ina*] *GIŠ-BAR gal-la-tum*	selon le taux de la grande
6.... 1 pi	taxe; 6.... 36 *qa*

suluppi ša 6 (gur) 18 (qa) a-an	de dattes, par 6 *gour*, 18 *qa*,
ina GIŠ-BAR gal-la-tum	selon (le taux) de la grande taxe,
10. *6 gur 72 + 6 (qa) su*[*lup-pi*]	10. 6 *gour*, 72 + 6 *qa* de da[ttes] .
ša	de ....
(lacune)	(lacune)
13. *bi-'* .... *a-na*	13. .... pour
isitti ^*iṣu*^ *daltu* (?) *ta-nam-din-nu*	le ..... de la porte (?) vous livrerez.
15. *eli ma-ak-ka-su*	15. Au collecteur,
lib-bu-ú-a	à cause (?)
ilu šar-ḫu Sippar ^*ki*^	du puissant dieu de Sippar
u ^*ilu*^ *Bu-ne-ne*	et de Bounene,
a-na isitti ^*iṣu*^ (?) *daltu* (?)	pour le .... de la porte(?)
20. *in-na-'*	20. livrez-(les).

6. Thompson lit « 48 (*gur*) 12 *qa* ». Il a mal groupé les signes et écrit [cunéiforme] au lieu de [cunéiforme]; de plus il a mal transcrit sa propre lecture : le groupe [cunéiforme] = 48 *qa*.

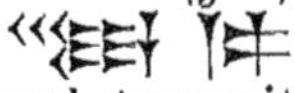

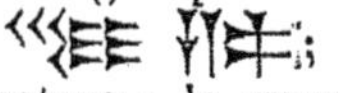

7. *ina GIŠ-BAR gal-la-tum*, « selon la grande taxe », c'est-à-dire au taux de la « grande taxe » prélevée pour le temple, par opposition à une autre taxe moins élevée. Cf. le titre de Gula : *A-ZU gal-la-tu*. Sur cette taxe, voir Clay, *The Babylonian Expedition*, t. XIV, p. 5, 6 et 27. — Ici et à la l. 9, Thompson traduit *GIŠ-BAR gal-la-tum* par « the payment for the female slave ».

8. Au lieu de « par 6 *gur*, 18 *qa* », Thompson prenant [cunéiforme] pour le signe *AŠ*, traduit « six of corn », sans tenir compte de *ša*.

14. Après *isitti* Thompson a lu ^*iṣu*^ *dalti* sans point d'interrogation, bien que le signe *IK* soit au moins incomplet sur son autographie. Il traduit : « the door-sill » ; de même à la l. 19.

16. *lib-bu-ú-a* pour *libbû* = *ina libbi*, plutôt, semble-t-il, à cause du contexte, que pour *ina libbi-ia*, « à cause de moi ». Sinon, il faut admettre, ce qui est possible, que *inna'* régit ici deux accusatifs, celui de la personne et celui de la chose : « à cause de moi (ou : pour mon compte) livrez au puissant dieu ». Ou encore : « à cause de moi livrez (les statues du) puissant dieu de Sippar et de Bounene » ?

17. *ilu šarḫu Sipparki;* ce qualificatif désigne évidemment Šamaš, le grand dieu de Sippar.

N° 194

Rimoutou confie à Iddina-a que c'est à la prière qu'il doit la réalisation de ses désirs. Il lui donne ensuite des instructions détaillées pour la rentrée d'une créance, et il termine en demandant des nouvelles de plusieurs personnes, c'est-à-dire en leur envoyant ses salutations.

duppi Ri-mu-tu a-na	Tablette de Rimoutou à
Iddina-a aḫi-ia	Iddina-a, mon frère :
ilu Nabû u ilu Marduk a-na	que Nabou et Mardouk
aḫi-ia lik-ru-bu	bénissent mon frère.
ina ṣilli ša ilâni-meš	Par la protection des dieux,
šú-lum a-na-ku	je vais bien.
ilâni-meš ki-i ú-ṣal-lu-ú	Parceque j'ai prié les dieux,
ṣi-bu-ta-a	(la réalisation de) mon désir
ak-ta-šad a-na eli	j'ai obtenu. Au sujet
ṣi-bu-ti-ka	de ton désir
ša taš-pu-ru	que tu m'as mandé,
ilu Bêl u ilu Nabû ki-[i]	par Bêl et Nabou,
a-na eli ša	au sujet de ....
la aq-bu-[ú]	je n'ai pas parlé,
u a-di-i a-na	et des ordres (?) à [X.]
aq-bu-ú	j'ai donné;
ina lib-bi ú-ḫa-am-mu-ka	là-dessus je t'ai obéi.
1/3 ma-na kaspi la-pa-ni	1/3 de mine d'argent chez
Li-bu-ru ta-at-ta-ši	Libourou tu prendras;
ri-ḫi-it kaspi a-na	le reste de l'argent sur
ilu Nabû-apli-iddin la ta-maḫ-ḫar	Nabou-apli-iddin tu ne récupèreras pas,
a-di muḫ-ḫi ša	jusqu'à ce que
ir-ru-bu-am-ma	j'arrive et que
e-ṭir-ru-ka	je te paye.
liš-mi-ma ištên (en) ši-pir-tum	Que (mon frère) écoute, et un message
ša šú-lum ša bîti	sur le bon état de la maison
ša sinništu Ḫa-ma-ra-na-tú	de dame Ḫamaranatou,
sinništu Amti-ia	de dame Amtiia
u mâri-šu šú-pur	et de son fils envoie.

7-9. Ou : « Quand je prie les dieux, j'obtiens la réalisation de mon désir ».

17. *ú-ḫa-am-mu-ka*, II, 1, de *ḫamû*, « regarder », « observer », « obéir » ; voir Meissner, *Mitteilungen der Vorderasiatischen Gesellschaft*, 1904, n° 3, p. 49-52.

25. Il faut peut-être sous-entendre *aḫi-ia*, « mon frère », avec passage de la 2e à la 3e personne, si familier aux auteurs de ces lettres, à moins d'admettre que *liš-mi* est pour *lu-aš-mi*, au lieu de *lušmi* : « que j'apprenne » (l'exécution de cet ordre). Le sens serait certainement meilleur.

N° 196

Lettre d'affaires. Rimout traite avec son chef, le prêtre du temple de Sippar, de questions de semences. Il réclame en terminant ou l'envoi d'ouvriers, pour faire la clôture d'un champ, ou le versement de la récolte à des mercenaires (?) qui exécuteront ce travail en échange.

duppi Ri-mut a-na	Tablette de Rimout au
amilu šangi Sippar^{ki}	prêtre de Sippar,
bêli-ia û-mu-us-su	mon maître : tous les jours
^{ilu} *Bêl u* ^{ilu} *Nabû a-na balàṭ napšâti*^{meš}	Bêl et Nabou pour la vie des âmes,
ṭu-ub [*lib-bi*] *ṭu-ub šêri*	le bonheur [du cœur], le bonheur de la chair
u a-ra-ku û-mu ša bêli-[*ia*]	et la longueur des jours de [mon] maître
ú-ṣal-la a-na muḫ-ḫi [*dul*]-*lu*	je prie. Au sujet du [tra]vail
ša ^{ilu} *Šamaš ša bêlu iš-pu-ru*	de Šamaš, sur lequel le maître a mandé,
ištên (en) [*šanîtu*] *2 šanîtu ši-pir-tum*	une ou deux fois, un message
a-na [*bêli*]-*ia al-tap-*[*ra*]	à mon [maître] j'ai envoyé.
.... *zêru a-na*	... de la semence pour ....
.. *e-nu al-la zêru*	..... mais de la semence
[*u*] *karânu i-ba-aš-ši*	et du vin il y a.
[*ina eli ša*] *bêlu iš-pu-ru*	[Au sujet de ce que] le maître a mandé,
.... [*ina*] *pâni-šu*	le .... est à sa disposition
...... *zêru*	.... la semence
.... *uš*	....
.... [*x*] *gur zêri*	......[x] *gour* de semence,

bît karâni [^{ilu} *Šamaš* ?]-*upaḫḫir (ir)*	le cellier du vin, [Šamaš ?]-oupaḫḫir
ki-i ^{iṣu} *qup-pu ina ma ....* *il-te-ši u zêru ma-a-du*	parce que le coffre dans .... il a pris, et la semence (y) est considérable,
ina lib-bi ša ^{ilu} *Bêl u* ^{ilu} *Nabû za-qip*	parce que ce qui appartient à Bêl et à Nabou a été ensemencé,
u šattu a-ga-a 3 gur zê[*ri*]	et, cette année, un terrain de 3 *gour* de semence
ú-šal-lam-ma i-zaq-qap	il ensemencera complètement.
u ^{amilu} *ṣâbê*-^{meš} *ina pâni-šu ia-a-nu* *ša i-ga-ri ip-pu-uš-šu*	Mais il n'y a pas à sa disposition d'ouvriers qui construisent la clôture (du champ).
^{amilu} *ṣâbê*-^{meš} *bêlu li-iš-pu-ra-am-ma*	Que le maître envoie (donc) des ouvriers,
i-ga-ri li-ip-pu-uš	pour qu'il puisse construire la clôture;
u ia-a-nu-ú bêlu liš-pur-ra-[*ma*]	et s'il n'y en a pas, que le maître envoie un ordre, [et]
êbûri eqli ša šatti a-[*na* ?]	que la récolte du champ de l'année à (?)
^{amilu} *KU-MAL-MAL*-^{meš} *lu-it-bu-*[*ku-ma*]	des mercenaires (?) on ver[se, et]
i-ga-ri li-[*pu-šu*]	que (en échange) ils fas[sent] la clôture.
.... *šatti*	Le ..... de l'année,
[*bêlu*] *a-na* ^{ilu} *Šamaš li-id-din kap-du ṭe-e-*[*me ša bêli lu-uš-me*]	que le maître verse à Šamaš. [Puissé-je recevoir] promptement les ordres [du maître].

5. [*lib-bi*] a été omis par le scribe.

7. [*dul-*]*lu;* la tablette porte *lu* seulement. J'ai supposé à cause du contexte qu'il fallait lire *dullu* et que le scribe avait commis ici encore une omission. Thompson a transcrit *LU* = *immeru :* « concerning the sheep of Šamaš ».

24. Littéralement : « il parfera et ensemencera ».

N° 201

Lettre de R[imout] au sujet d'une esclave dont il a fait présent à son correspondant.

duppi R[imut]	Tablette de R[imout]
a-na	à ....
aḫi-šu *ilu* *Nabû [u* *ilu* *Mar-duk]*	son frère : que Nabou [et Mardouk]
a-na aḫi-iá [lik-ru-bu]	bénissent mon frère.
ša bêlu iš-pu-ru	(Pour) ce que le maître a mandé
um-ma 1 šanîtu 2 šanîtu a-na	en ces termes : « Une fois, deux fois à
[bêli]-iá al-tap-ra	mon [maître] j'ai envoyé un message,
[u gab]-ri (?) ša bêli-iá	[et la répon]se de mon maître
[ul a]-mur en-na	[je n'ai pas] vu » ; — voici :
[a-me]-lu-ut-ti at-tu- ú-a	mon esclave
at-tu-ka ištên (en) pir-ku	est à toi ; une seule difficulté
ina pàni-iá la šak-kin	il n'y a pas (là-dessus) à mes yeux.
a-na nu-ub-tu ana bêli-iá	En gratification, à mon maître
at-ta-din-ni-ma	je (l')ai donnée, et
a-me-lu-ut-ti bab-ba-ni-tú	une esclave de supplément (?)
ši-i	elle sera.
a-mur a-na	Voici : à
a-ḫat-ti-ka	ta sœur
al-tap-ra a-di la	j'ai mandé, avant que
šarru ir-ru-bu	le roi ne vienne :
[at]-ta u aḫàti-ka	« Toi et ta sœur,
[al-k]a-nim-ma	[ve]nez, et .....
(La fin de la lettre est mutilée.)	(La fin de la lettre est mutilée.)

8. La restitution *u gab-ri*, suggérée par Thompson, est douteuse, d'après sa propre autographie.

10. *amelutti*, Thompson traduit : « mes esclaves ».

11. En tête de la ligne, Thompson transcrit *u*, que ne porte pas

son autographie et qui ne facilite pas l'intelligence du passage. — De plus, il ne me semble pas avoir compris les l. 13-16.

13. *nu-ub-tu*, de נוב, « croître », plutôt que de נוף, « s'élever ». Sur le sens de « gratification », « extrarémunération », voir Meissner, *Supplement*, p. 62.

15. Thompson a lu *kur*-ba-ni-tu, au lieu de *bab*-ba-ni-tu

N° 202

D'après cette lettre, intéressante mais par endroit obscure, Nabou-kišir a fait de la sœur de Bêl-ibni et de Šoum-iddin son esclave; les frères de la malheureuse prétendent que c'est contre tout droit. Ils ont donc prié Rimout-Nabou d'intervenir. Mais celui-ci leur répond qu'il n'est pas au courant et qu'il ne peut pas se mêler de cette affaire, et il se borne à leur transmettre la défense de Nabou-kišir.

L'interprétation de Thompson, à partir de la l. 20, est au moins singulière. Il serait trop long de la discuter.

duppi Ri-mut-[ilu]*Nabû*	Tablette de Rimout-Nabou
a-na [ilu] *Bêl-ib-ni*	à Bêl-ibni
u Šum-iddin ahê-[meš]*-šu*	et Šoum-iddin, ses frères :
[ilu] *Nabû u* [ilu] *Marduk a-na ahê-*[meš]*-iá*	que Nabou et Mardouk bénissent
lik-ru-bu 3 4 šanâti-[meš]	mes frères. Il y a trois ou quatre ans
a-hat-ku-nu ul a-mur	que je n'ai vu votre sœur.
û-mu ša a-mu-ru-šu a-na	Le jour où je l'ai vue, dans
šub-ti-iá ta-at-ta-šab	ma demeure elle était venue s'installer.
2 šanâti-[meš] *a-ga-a* [ilu] *Nabû-ki-šir*	Voici deux ans que Nabou-kišir
i-qab-ba-šu um-ma	dit d'elle :
a-me-lu-ut-ti at-tu-ú-a	« Elle est
ši-i [sinništu] *Hi-ib-ta-a*	mon esclave ». — La femme Hibtâ
uz-na-a ina lib-bi	mes oreilles là-dessus
ul tap-ti at-tu-nu	n'a pas ouvert. (Pour) vous,
... *ši* (?) ... *ša-ku*	si ...... le gouverneur (?)
pal-ha-tu-nu	vous craignez,
a-na šarri	au roi
ul ta-qab-ba-'	vous ne devez pas (le) dire.

u šu-ú ša ana muḫ-ḫi-iá ša	Mais lui, parce que contre moi
i-dib-bu-ub la qâtâ^{2}-iá	il intrigue, sans mes mains
tu-še-la-a-šu ḫi-ṭu	vous le ferez monter (devant le roi ?). De faute (de ma part)
iá-a-nu pa-ni-ku-nu	il n'y a pas (en cela), votre face
ina eli la i-ba-'-iš	à ce sujet ne doit pas (m')être mauvaise.
ul i-šal-lim	(Votre sœur) ne sera pas rendue (quand même).
ilu Nabû-ki-šir it-te-me	Nabou-kišir jure :
ki-i un-diš-šir	« Elle a été livrée (régulièrement),
u en-na-a a-na-ku ana pir-ku	et voici que moi, en querelle
ta-na-suk-an-na-in-nu	vous me placez !
ak-ka-i ki-i	Comment donc !
ša ram-ni-ku-nu ana muḫ-ḫi-iá	Celle que vous-même à moi
ta-nam-di-nu 1 šanîtu	vous avez vendue une (bonne) fois,
a-ga-a ḫa-pi-i ša bîti-iá	celle-là (serait) la ruine de ma maison !
la tu-ú-ma-še-[ru']	Vous ne pouvez pas lui rendre la liberté.
ana-ku ištênit (it) qal-lat	Moi, une esclave
bab-ba-ni-tum ana sinništu	en compensation à dame
Ka-bit-ti a-šap-par-ru	Kabitti j'enverrai. »

12-14. *Ḫibtá* est probablement la sœur des deux Babyloniens, dont Nabû-kišir a fait son esclave. « Elle n'a pas ouvert les oreilles » de Rimût-Nabû, c'est-à-dire, elle ne lui a pas fait connaître sa situation.

15. *ša-ku*, si c'est bien le mot qu'il faut lire à la fin de cette ligne mal conservée, désigne probablement un gouverneur ou commandant de ville, d'après K. 433, l. 26, *amtlu ša-ku Uruk* (cité par Behrens, *Assyrisch-Babylonische Briefe*, p. 60, note 2) ; cf. IV Harper, Bu. 91-5-9, 183, *recto*, 22 ; *verso*, 4, 12.

20. « Sans mes mains », c'est-à-dire sans mon intervention ; ne comptez pas sur moi.

21. Dans *tu-še-la-a-šu*, *šu* peut se rapporter à « votre sœur »; dans ce cas : « vous la ferez monter », pour la reprendre avec vous.

24. Cette ligne est embarrassante. Malgré l'absence du préfixe du féminin, j'ai fait de « votre sœur » le sujet de *išallim*, comme elle l'est certainement de *undiššir*, l. 26. Le sens que donne cette interprétation s'accorde très bien avec la suite. Si le sujet de *išallim* était Nabû-kišir, il faudrait traduire : « il ne restera pas indemne », ce qui serait en contradiction avec la fin de la lettre.

27. à transcrire *ana pir-ku*, comme je l'ai fait, ou *ištên pir-ku*, ce qui donnerait : « à moi une querelle vous faites » (litt. vous placez) ! — Thompson y a vu un nom propre, *Pirku*, et a traduit : « Elle m'embrasserait moi et Pirku » !

34-35. L'affaire n'est pas aussi claire que veut bien le dire Nabû-kišir, puisqu'il offre une esclave à dame Kabitti, sans doute à la femme d'un des deux Babyloniens ou à leur mère, pour calmer leur fureur et éviter un procès. Cependant il est possible, mais peu vraisemblable, que la citation de la réplique de Nabû-kišir finisse avec la l. 33, et que dans les deux dernières lignes Rimut-Nabû reprenne la parole pour offrir un adoucissement à ses amis.

N° 205

Lettre de Šalammanou à propos d'un bœuf rétif.

duppi Ša-lam-ma-nu	Tablette de Šalammanou
a-na Ki-na-a	à Kinâ
u ilu Šamaš-aḫi-iddin	et Šamaš-aḫi-iddin,
aḫê-meš-šu iluBêl u iluNa-bû	ses frères : que Bêl et Nabou
5. *šu-lum ša aḫê-meš*	5. la prospérité des frères
liq-bu-ú a-na eli	décrètent. Au sujet
alpi ša ina pâni Za-za-a	du bœuf qui est à la disposition de Zazâ,
ša bêlu iš-pu-ra	sur lequel le maître a mandé,
am-mi-ni-i	pourquoi
(lacune de plusieurs lignes)	(lacune de plusieurs lignes)
14. [*ul i*]-*man-gur*	14. [il n'o]béit pas,

[ul i]-šim-man-an-ni	[il ne] m'écoute pas.
[iq]-ta-bak-ka	Il t'a (déjà) dit :
um-ma ina Sip-par ^{ki}	« Dans Sippar,
alpa a-na Ša-lam-ma-nu	le bœuf à Šalammanou
ú-kal-lam en-na	je montrerai ». — Maintenant
ul i-man-gur	il n'obéit pas (non plus),
ki-ma aš-šim-ma	à ce que j'ai entendu dire(?).
a-na Sip-par^{ki}	A Sippar,
li-bu-kam-ma	qu'il l'amène (donc)
amilu ṣâbê^{meš} *it-ti-iá*	pour que les ouvriers avec moi
li-mu-ru-uš	le voient.
... *ištên (en) ki-i il-li-ku*	... un, dès qu'ils seront venus.
[iq-bi] um-ma 5 immerê a-na ^{ilu} *Šamaš*	Il a dit : « 5 moutons à Šamaš .....
.... *at-ta-din*	.... j'ai livré ».

21. *aš-šim-ma* pour *ašim*, parfait I, 1 de *šemû*, « entendre »?

N° 208

Šamaš-irba écrit au grand-prêtre, qui s'est absenté de sa bonne ville de Sippar. Il le rassure sur le bon état de tout ce qui l'intéresse et traite d'affaires diverses.

duppi ^{ilu} *Šamaš-irba a-na*	Tablette de Šamaš-irba au
amilu šangi Sip-par^{ki} *bêli-iá*	prêtre de Sippar, mon maître :
ú-mu-us-su	tous les jours,
ilu Bêl u ^{ilu} *Nabû a-na*	Bêl et Nabou pour
balâṭ napšâte^{meš} *ša bêli-ia iá*	la vie des âmes de mon maître
ú-ṣal-la	je prie.
šú-lum a-na êkurri	La prospérité règne dans le temple,
ali u bîti ša bêli-ia	la ville et la maison
ša-ki-in	de mon maître.
a-na eli	Au sujet
na-aṣ-ba (?)	du ....
ša ^{amilu} *rab [ka-ṣir]*	du commandant,
a-na	à [X.]......

iq-bu-[ú]	il a dit :
um-ma amîlu rab [ka-ṣir]	« Que le còm[mandant]
it-ti-ia	avec moi
lil-lik	vienne ». —
mi-nu-ú ki-i	Tout ce que
bêlu ṣi-bu-ú	le maître désire,
a-na bêli-ia lu-še-bi-la	à mon maître, je (le) ferai porter.
a-na eli ta-bar-ri	Au sujet de la pourpre (?) *tabarri*
ù ta-kil-tum	et de la pourpre violette
ša ilu A-nu-ni-tum	de la déesse Anounit,
bêlu la i-sil-li	le maître ne doit pas commettre de négligence.
a-mur Ki-i-ilu Bêl	Voici : Kî-Bêl
u Mu-še-zib-ilu Marduk	et Moušezib-Mardouk
a-na pân bêli-ia	chez mon maître
it-tal-ku-ú-ni	se rendent.
[it]-ti-i	Avec (eux)
bêli-ia a-na amîlu rab ka-ṣir liq-bu-ú	que mon maître parle au commandant.

7-9. Cf. une formule analogue au n° 36, l. 7-8.

29. *it-ti-i*, « avec » (sans régime exprimé), « ensemble »; sur cet emploi adverbial de *itti-i*, voir *supra*, n° 106, l. 41 : *it-ti-i šu-bi-la*, « envoie avec »

N° 209

Šamaš-ounammir réfute les accusations portées contre lui.

[duppi] ilu Šamaš-unam-mir (ir)	Tablette de Šamaš-ounammir
[a-na] Mu-še-zib-ilu Mar-duk	[à] Moušezib-Mardouk,
[bêli-iá] ilu Šamaš u ilu Bu-ne-ne	[mon maître] : que Šamaš et Bounene
[šú-lu]m u balâṭu ša bêli-iá	[la prospérité] et la vie de mon maître
[liq]-bu-ú a-na	décrètent. Au
[eli] ŠE-BAR.....	[sujet] du grain .....
[su]luppi.......	des dattes ......

... *di-meš ša ișu elippi*	.... du bateau
(lacune de plusieurs lignes)	(lacune de plusieurs lignes)
11. ... *șu-pi-ti ša a*	11. ....
a-na-ku man-ma ul ú-maš-[šir]	Moi, je n'ai renvoyé personne;
it-ti-šu-nu ul aḫ-țu	je n'ai pas péché contre eux.
man-ma ina it-ti-ia ia-a-nu	Il n'y a personne à côté de moi;
dul-lu ša ip-pu-uš	le travail que je fais,
ina amîlu limnûtu (ú-tu)	au milieu des méchants
ip-pu-uš	je (le) fais.
[țe]-e-mu u šú-lum	Les ordres et de bonnes nouvelles de la santé
[ša] bêli-ia lu-uš-me	[de] mon maître, puissé-je recevoir.

14. *ia-a-nu*, rétabli d'après les corrections en tête des *Cuneiform Texts*, t. XXII.

N° 210

Šamaš-šar-ouṣour est un haut fonctionnaire, dont le grand-prêtre de Sippar lui-même n'est qu'un subordonné. Il a appris qu'on cherchait querelle à un certain Mouranou, et il veut que cela finisse. Il écrit donc au prêtre de Sippar, en termes plutôt secs, d'avoir à lui envoyer Mouranou et ses adversaires, pour que les juges vident leur querelle.

duppi ilu Šamaš-šar-ușur	Tablette de Šamaš-šar-ouṣour
a-na amîlu šangi Sippar ki	au prêtre de Sippar,
aḫi-iá ilu Nabû u ilu Marduk	mon frère : que Nabou et Mardouk
a-na aḫi-iá lik-ru-bu	bénissent mon frère.
mi-na-a aš-me-e pìr-ku	Qu'ai-je appris ! Une querelle
it-ti Mu-ra-nu	à Mouranou
i-na pa-ni bêli-iá	devant mon maître
id-dib-bu-ub	est faite !
man-ma pìr-ku i-na	Personne de querelle
pa-ni bêli-ia	devant mon maître
it-ti-šu la i-dib-bu-ub	ne doit lui faire.
ša dìni-šu it-ti	Celui qui a une
Mu-ra-nu	contestation

i-ba-aš-šú-ú	avec Mouranou,
15. *it-ti*	15. avec
Mu-ra-nu	Mouranou
bêlu li-iš-pur-im ma	que le maître (l')envoie,
i-na pa-ni	pour que par devant
amîlu daianê-meš	les juges,
20. *a-gan-na dib-bi-šu-nu*	20. ici, leur querelle
li-iq-tu-'	se vide.

N° 211

Šamaš-šoum-oukin adresse des reproches très vifs à un correspondant dont le nom est effacé.

duppi ilu Šamaš-šum-ú-kin a-na	Tablette de Šamaš-šoum-oukin à
.... *zêri aḫi-ia ilu Bêl u ilu* [*Nabû*]	.... zêri, mon frère : que Bêl et [Nabou]
[*šú-lum*] *ša aḫi-ia liq-bu-ú*	décrètent [la prospérité] de mon frère.
a-na-ku i-di ša mim-mu ma-[*la*]	Moi, je sais que tout ce que
5. *it-ti-ia ta-dib-*[*bu-ub*]	5. tu dis sur moi
pi-ir-ṣa-tum u ša-a-[*ri*]	est mensonges et calomnies.
mi-na-a ul-tu eli [*ša*]	Pourquoi, depuis que
iš-ka-ri u iṣu daltu	le harnais (?) et les battants de porte de.......
ma-la in-ni-ip-šú-ni	ont tous été faits,
10. *ul taš-pu-ru en-na*....	10. ne (les) as-tu pas envoyés ? — Maintenant,
al-tap-rak-ka iš-ka-[*ri*]	je te mande : le harnais (?)
[*u iṣu*] *daltu ša alu U*.....	[et les] battants de porte de la ville de Ou..... [envoie].
(lacune)	(lacune)
ṭe-en-ka lu-uš-me	Que je reçoive de tes nouvelles !
(La fin de la lettre est mutilée.)	(La fin de la lettre manque.)

N° 215

Pour la troisième ou la quatrième fois, Širki réclame du grain à Nabou-šaranni.

duppi Ši-ir-ki	Tablette de Širki
a-na ilu Nabû-šar-an-ni	à Nabou-šaranni,
aḫi-ia ilu Bêl u ilu Nabû	mon frère : que Bêl et Nabou
šú-lum u balâṭu ša aḫi-ia	la prospérité et la vie de mon frère
liq-bu-ú 2 šantu 3 šanîtu	décrètent. Quoique deux ou trois fois
ki-i aš-pur-rak-ka	je te (l')aie mandé,
ŠE-BAR ul tu-še-bi-lu	tu ne (m)'as pas fait porter de grain.
ebûru na-a-di	La moisson est faite,
ilu Daianu-iddin	Daianou-iddin
[ana] pa-ni-ka	chez toi
al-tap-rak	je t'envoie ;
ŠE-BAR ma-la	tout le grain
i-riš-šú-ú-ka	qu'il te demandera,
in-na-aš-šu	donne-lui.
kap-du ḫarrâna	Vite, le chemin
a-na šêpê[2]-šu šú-kun	dispose pour ses pieds ;
la tu-še-ti-iq-šu	ne le repousse pas.

8. *na-a-di*, littéralement « gît à terre », « est à bas ».
17. *la tu-še-ti-iq-šu*, voir *supra*, note sur le n° 75, l. 13.

N° 217

Šâpik-zêr rend compte à son chef Balâṭou de l'exécution de ses ordres.

duppi Šàpik-zêr	Tablette de Šâpik-zêr
a-na Ba-la-ṭu	à Balâṭou,
abi-ia ilu Nabû u ilu Marduk	mon père : que Nabou et Mardouk
a-na abi-ia	bénissent
lik-ru-bu	mon père.

ša bêlu iš-pu-ra	(Sur) ce que le maître a mandé
um-ma a-sa-ar me-e	en ces termes : « Le *asar mê*
lu-uṣ-ba-tu	je veux prendre », —
ilu Nabû lu-ú i-di	Nabou sait bien
ki-i i-nim ú-[pat-ti ?]	que j'ai ou[vert (?)] l'œil ;
dul-la in-ni-pu-uš	le travail se fait.
a-na-ku	Moi, (je suis)
[i-na] pa-ni	à la disposition
amêlu šak-nu	du gouverneur,
ki-i bêlu i-dag-gal-lu	comme le maître voit (?).
um-ma a-di eli	Par conséquent, aussi longtemps
ša amêlu šaqû ip-ki-du	qu'un officier supérieur surveillait,
ina lìb-bi ki-i	à cause de cela
la al-li-ku	je n'(y) allais pas.
en-na a-mur	Maintenant, voici :
ûmu XXII^{kan} uṣ-ṣa-a	le XXIIe jour, je sortirai,
ši-na na-da-bak-ku	deux parapets (?)
ina eli bîti a-nam-da	au-dessus de la maison je poserai ;
u gi-sal-lu-ú	des faîtes (?) aussi
a-nam-da	je poserai.
ki-i-bi-ma	Donne des ordres
qanâti-meš li-ki-lu-pu'	pour qu'on fasse passer des roseaux.

1. *Šâpik-zêr*, écrit *DUB-zêr-(kul)* : Dans toutes les lettres de ce scribe, n°s 216 à 219, Thompson a lu *Šit-qul*.

12-19. Le fonctionnaire s'excuse de n'avoir pas fait une inspection, parce qu'il était retenu chez le gouverneur et que d'ailleurs un officier était chargé de surveiller. Il se peut aussi que *um-ma* de la l. 16 marque le commencement d'un discours qu'il a tenu au gouverneur et qu'il rapporte à Balâṭu. Cf. *infra*, n° 222, l. 33, où *um-ma* équivaut à *iqbû um-ma*.

22. *na-da-bak-ku*, peut-être les « parapets » qui bordaient la terrasse au-dessus des maisons. Cf. le mot du Targum נִדְבָּךְ, « rangée de pierres », « mur », Dalman, *Aram. Neuh. Wörterbuch*, 251.

24. Il est possible que *gisallû* soit une partie de la maison en ro-

seaux, à lire dans ce cas *qânu sal-lu-ú*. Cela expliquerait la demande de la l. 27. Cf. *qa-an silli*, Muss-Arnolt, 760.

27. *li-ki-lu-pu-'*, II, 1 de קלפא, ou peut-être même IV, 1 de ce verbe : « pour que des roseaux passent » là où je dois me rendre. — Thompson : « pour qu'on coupe des roseaux ».

N° 218

Ordre de livraison de farine.

duppi Šâpik-zêr a-na	Tablette de Šâpik-zêr à
ilu Bunene-ibni aḫi-ia	Bounene-ibni, mon frère.
90 (?) qa ki-me a-na [kurummâti]	90 (?) *qa* de farine pour [la solde alimentaire]
[ša] ṣdbê-meš ša nâra i-ḫi-ru-ú	[des] ouvriers qui creusent le canal,
i-din arḫu nisannu	livre. Mois de nisan,
ûmu IX kan šattu V kan	IXe jour, V[e] année de
Ku-ra-aš šar NUN-KI	Cyrus, roi de Sippar (?),
šar mâtâti	roi des pays.

7. *NUN-KI* serait pour *UD-KIB-NUN-KI*. Cependant, dans le n° 219, ordre de livraison du même genre et du même au même, Cyrus est dit *šar E-KI*, « roi de Babylone ». Dans le n° 218, *NUN* serait-il l'équivalent de *E=Bâbilu*?

N° 221

Dame Amtiia ordonne à son serviteur Bêl-eṭir de saler de la viande, ou, s'il ne le peut pas, de la lui envoyer. Pas de protocole, mais un ordre bref comme il sied de la maîtresse à l'esclave.

duppi sinništu Amti-ia	Tablette d'Amtiia
a-na ilu Bêl-eṭir	à Bêl-eṭir.
en-na ki-i qâtâ²-ka	Maintenant, si tes mains
kal-da-ta	sont dures (?),
šîra' (') ša ina pâni-ka	la viande qui chez toi
šú-bùl-li-ka	t'a été envoyée,
ina ṭâbti	dans le sel
šú-kun-ku-uš	place-la.
ú ki-i qâtâ²-ka	Mais si tes mains

la kal-da-ti	ne sont pas dures (?),
ultu ûmi IX kan	à partir du IXe jour,
šîra a-na	la viande à
Na-ṣir i-din	Naṣir livre.
šú-ú-ti-lu šú-bùl-li-ka	La bouture (?) t'a été envoyée.
a-mur ina qâtâ[1]	Voici : par les mains de
Itti-ilu Nabû-gu-zu	Itti-Nabou-gouzou,
al-tap-par-rak-ka	je t'envoie ce message.

4-10. *kal-da-ti :* la lecture de ce mot est incertaine ; on peut lire encore *rib*(p)-da-ti ou *lab*(p)-da-ti, etc. Mais le sens paraît clair d'après le contexte ; il faut que la peau des mains soit dure ou au moins intacte pour pouvoir manipuler le sel. On peut rapprocher *kal-da-ti* de la racine arabe كلد, « être dur ». — L'auteur de la lettre a employé par négligence les formes du féminin singulier *kaldâta*, *kaldâti* du permansif, au lieu de la 3e pers. du pluriel *kal-da-a*. On pourrait aussi les rattacher à *kašâdu*, mais cette hypothèse ne fournit aucune interprétation acceptable.

14. *šú-ú-ti-lu.* L'isolement dans lequel se trouve cette phrase ne permet qu'une conjecture, par analogie avec l'araméen שתילא, « bouture », de שתל, « planter ».

N° 222

Une mère, dame Gagâ, adresse une plainte touchante à son protecteur, Ša-pî-Bêl. Il a souffert qu'un misérable, Bêl-ouballiṭ, s'empare des dattes de cette pauvre femme. Elle ne peut se les faire rendre, et elle attend avec angoisse un message, un ordre de Ša-pî-Bêl.

duppi sinništu Ga-ga-a a-na	Tablette de dame Gagâ à
Ša-pî-ilu Bêl abi-šu lu-ú	Ša-pî-Bêl, son père :
šú-lum a-na abi-ia	salut à mon père.
ilu Bêl u ilu Nabû šú-lum	Que Bêl et Nabou la prospérité
ša abi-ia liq-bu-ú	de mon père décrètent.
am-me-ni ina pa-ni-ka	Pourquoi faut-il qu'en ta présence,
a-na-ku u mârâti-meš-ia	moi, ainsi que mes filles,
ina ṣu-um-me-e	de soif
ša ši-pir-tú a-ma-a-ta	d'un message je meure !

ri-ši-ka di-ki-e-ma	Lève ta tête, et
^{ilu}*Šamša a-mur am-me-ni*	regarde le soleil (si tu l'oses). Pourquoi,
^{ilu}*Bêl-uballiṭ (iṭ) ina pa-ni-ka*	en ta présence, Bêl-ouballiṭ
suluppi-ia	a-t-il pris
gab-bi iš-ši	toutes mes dattes ?
a-na ^{ilu} *Bêl-upaḫḫir (ir)*	A Bêl-oupaḫḫir
[ki]-i aq-bu-ú	comme je l'ai dit,
i-qab-ba-a	il (me) dit :
um-ma a-mur	« Voici :
suluppi-i-ka	tes dattes
ana pa-ni ^{ilu}*Bêl-uballiṭ (iṭ)*	sont chez Bêl-ouballiṭ,
u ^{ilu} *Bêl-uballiṭ (iṭ)*	et Bêl-ouballiṭ
suluppi ka-la-ma	n'a pas vendu
ul id-din-nu	toutes les dattes ».
ki-i aq-ba-aš-šu-nu-ti	Comme je leur ai dit (alors) :
um-ma suluppi	« Allons, donnez-moi
i bi-na-nu	les dattes », —
i-qab-bu-nu	ils (me) répondent :
um-ma al-ki-ma	« Va, et
a-na ^{máru} *Da-ku-ru*	aux gens de Dakourou
a-na muḫ-ḫi ki-bi-i	donne des ordres à ce sujet ». —
ša-ni-ia-a-na	Une deuxième fois,
ki-i aq-ba-aš-šu-nu-ti	comme je (le) leur ai dit,
um-ma	(ils ont répondu) en ces termes :
al-ki-ma	« Va, et
ilâni-^{meš} *ši-si-i a-na-ku pa-ni*	appelle les dieux ». — Moi, la face
bêli-ia ad-da-gal mi-nu-ú	de mon maître je regarde : puissé-je
ši-pir-ti a-mat ša bêli-ia lu-uš-mu	recevoir un message quelconque d'une parole de mon maître.

9. Thompson a lu a-*ba*-a-ta, « j'ai passé le temps ». Il faut lire, je crois, a-*ma*-a-ta : les Babyloniens disaient comme nous : « Je meurs de soif » ; ils ne disaient pas : « Je passe le temps dans la soif ». Cf. Muss-Arnolt, *Assyr.-engl.-deutsches Handw.*, p. 618. Le signe *ba* et le

signe *ma* se confondent d'ailleurs facilement en néo-babylonien.

10-12. *di-ki-e*, « lève » : sur ce sens, voir Meissner, *Zeitschr. für Assyr.*, XVII, p. 244. Cf. François Martin, *Recueil de Travaux*, t. XXV, Mélanges Assyriologiques (VIII). — Thompson : « Rack thy brains (for an excuse, and then) by Šamaš, see why Bêl-uballiṭ, an't please thee, hath taken away all my dates ».

20-23. On peut aussi fermer les guillemets à la fin de la l. 20 et traduire les l. 21-23 : « Cependant Bêl-uballiṭ ne (m')a livré aucune datte ». Ces dernières paroles seraient de Gagâ.

26. *bi-na-nu*, 2e pers. du masc. plur. de l'impér., I,1 de בין ; cf. *supra*, note sur le n° 113, 25. D'ordinaire, l'interjection *î* ne s'emploie qu'avec le singulier de l'impératif ; l'auteur avait peut-être oublié son *šunuti* de la l. 24. — Thompson : « The dates are our fruit (?) ».

29. Sur ce renvoi ironique aux « gens de Dakuru », soit parce qu'ils étaient les plus misérables des hommes, les plus incapables de donner un appui quelconque, soit, ce qui est moins vraisemblable, parce qu'ils constituaient une caste de recors, cf. *supra*, n° 74, l. 29-30 ; III Harper, K. 1107, *recto*, 5, *amîlu Da-ku-ra-a-a* : cette lettre est adressée de la ville de Nippur au « roi des pays », *šar mâtâti*. Voir aussi *ibidem*, K. 644, *recto*, 5, 16 *Bît* Ɪ *Da-ku-ru*.

33. *um-ma* supplée ici très évidemment le verbe *iqbû* ; v. *supra*, note sur le n° 217, 12-19.

35-36. *pa-ni bêli-ia ad-da-gal*, « je regarde la face du maître », c'est-à-dire « j'espère en mon maître », je n'ai plus d'autre recours que lui.

N° 224

Lettre d'une mère à son fils ; elle lui réclame une esclave qu'il ne lui a pas envoyée malgré ses promesses, et elle le prie de saluer sa fille ou peut-être sa belle fille.

duppi sinništu Mu-še-zib-tum	Tablette de Moušezibtoum
a-na Ba-laṭ-su	à Balâṭsou,
mâri-šu ilu Bêlit Uruk	son fils : que Bêlit d'Ourouk

u ilu *Na-na-a*	et Nanâ
šú-lum ša mâri-iá	la prospérité de mon fils
liq-ba-a-am (a-an?)	décrètent.
pa-ni-ka ma-ḫi-ri	(Si) cela t'est agréable,
ša ina ṣilli-ka	ce qui par ta protection
a-na ka-a-te [šaknu] (nu)	pour toi a été déposé,
a-na-ku me......	moi,......
ú-kal-la-[mu-ka]	je [te mon]trerai.
sinništu ilu *Na-na-a-Bêlit* (?)	Nanâ-Bêlit (?)
a-gan-na-ka	auprès de toi
aš-ba-at	demeure.
a-na bêlit qal-la-ti-iá	(Cependant) à la gouvernante de mes esclaves (femmes),
ul at-tu-ka-a	toi-même,
ul ta-qab-ba-'	ne dis-tu pas :
um-ma ina a-la-ki-ia	« En m'en allant,
a-ga-a a-šap-par-ki-iš	celle-ci, je te l'enverrai » ! —
en-na am-me-ni	Maintenant, pourquoi
ina qâtê[2] *man-ma*	par les soins d'un
al-la-ku	messager quelconque
la ta-aš-pu-raš	ne l'as-tu pas envoyée ?
sinništu *Mu-še-zib-tum šú-lum*	Moušezibtoum (des nouvelles) de la santé
ša sinništu *Ṣi-ra-a mârti-šu ta-ša-lu*	de sa fille Ṣirâ demande.

3-4. Cf. nº 213, l. 5 : *ilu Bêlit ša Uruk u ilu Na-na-a.*

12. *ilu Na-na-a-Bêlit,* écrit *ilu Na-na-a* 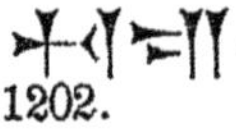 (?), voir Meissner, *Selt. Assyr. Ideogr.*, nº 1202.

19. Sur le verbe avec deux pronoms suffixes, exprimant l'un le datif, l'autre l'accusatif, voir *supra*, note sur le nº 160, l. 12. La forme *ta-aš-pu-raš* de la l. 23, avec le seul suffixe de l'accusatif, prouve bien qu'à la l. 19 nous ne sommes pas en présence d'une mauvaise écriture, et qu'ici aussi, comme au nº 160, le scribe a voulu exprimer deux régimes.

N° 225

Dame Bouqâ est très tourmentée sur le sort, peut-être même sur la mort d'une personne qui lui est très chère, dont le nom est effacé. Elle supplie Iddin-Nabou de lui donner des nouvelles.

duppi ^{sinništu} *Bu-qa-a-na*	Tablette de dame Bouqâ à
Iddin-^{ilu}*Nabû aḫi-iá*	Iddin-Nabou, mon frère :
û-mu-us-su ^{ilu} *Dam-ki-na*	tous les jours, la déesse Damkina
^{ilu}*Bêlit Bâbili-*^{ki} *a-na eli-ka*	(et) la déesse Bêlit de Babylone pour toi
ú-ṣal-lá ^{sinništu} *Bu-qa-a*	je prie. Dame Bouqâ
šú-lum ša ^{sinništu} *Ṣabitum (tum)-ri-mat*	demande des nouvelles de la santé de
aḫâti (ti)-šu ta-ša-lu	dame Ṣabitoum-rimat, sa sœur.
te-ki-tum ša.....	La détresse de.....
a-na ênâ^{2}*-ka ta-aṭ-[ṭul]*	de tes yeux tu as v[u],
ki-i aš-mu-ú	comme je l'ai entendu dire
um-ma Iddin-^{ilu}*Nabû*	en ces termes : « Iddin-Nabou
i-ru-bu	est arrivé,
iḫ-ta-mi	il a vu ». —
u en-na	Et maintenant,
lu ma-a-du	je suis très
da-al-ḫa-ak	troublée,
lu ma-a-du	je suis tout à fait
sa-ba-ka	hors de moi.
^{amîlu} *mâr šipri-ka*	Que ton messager
la i-ba-aṭ-ṭi-il	ne (me) fasse pas défaut.

7. *aḫâti*, écrit  ! Faudrait-il lire *šigritu* ou *mârtu* à cause du suffixe masculin *šú*, « sa femme » ou « sa fille » (de Iddin-Nabû) ? Voir Meissner, *Seltene Assyrische Ideogramme*, nos 4584 et 4585. Il est plus probable que ŠES = *aḫâtu*, car au n° 226, dame Qudnanu écrivant à dame Inṣabtum l'appelle d'abord *NIN-ia*, l. 3, puis *ŠES-ia*, l. 4, qui est donc bien dans ce cas l'équivalent de *aḫâti-ia*, « ma sœur ».

8. *te-ki-tum*, cf. IV Harper, nº 340, *verso*, 2-4, où ce mot semble désigner la fin, l'extrémité d'une chose, v. g. d'une montagne : *mârê Bâbili ina* *šadu* *Ba-ni iṣ-ṣi-e-u-ni si-il-a-te-ši-na ina te-ki-i-ti-ša ana* *amtlu* *ša-ku-meš iq-bu-u-ni*, « Les Babyloniens sont sortis sur le mont Bani ; sur son sommet (?) ils ont adressé aux officiers leurs réclamations ». Ici, il désignerait la fin, la mort d'une personne, ou peut-être seulement l'extrémité, la détresse à laquelle elle est réduite.

13. *iḫ-ta-mi*, voir *supra*, note sur le nº 194, l. 17.

18. *sa-ba-ka*, de *šabû*, littéralement « je suis enlevée » ; cf. *supra*, note sur le nº 145, l. 2.

Nº 228

Des juges prient le grand-prêtre de Sippar de faire comparaître à leur barre Šamaš-ouballiṭ.

duppi *amtlu* *daianê-meš*	Tablette des juges
a-na *amilu* *šangi Sippar*ki	au prêtre de Sippar,
abi-i-ni *ilu* *Nabû u* *ilu* *Mar-duk*	notre père : que Nabou et Mardouk
a-na abi-i-ni lik-ru-bu	bénissent notre père.
ilu *Šamaš-šum-lišir*	Šamaš-šoum-lišir,
a-na muḫ-ḫi	au sujet
ilu *Šamaš-uballiṭ (iṭ)*	de Šamaš-ouballiṭ
ki-i iq-ba-an-na-šu	comme il nous a dit,
ki-i niš-pur-ra-aš-ši	selon que nous lui avions mandé :
[*li*]*-il-li-ka*	« Qu'il vienne » ; —
[*u*] *ilu* *Šamaš-šum-lišir*	[et que] Šamaš-šoum-lišir
a-gan-na	est ici (maintenant) ;
ilu *Šamaš-uballiṭ (iṭ)*	que le maître envoie (donc)
bêlu liš-pur-ra-am-ma	Šamaš-ouballiṭ,
purussi-šu-nu	pour que nous puissions rendre
niš-kun	leur sentence.

5-10. Les juges avaient envoyé un message à Šamaš-šoum-lišir pour lui déclarer que la présence de l'autre partie, Šamaš-ouballiṭ, était nécessaire. Il a répondu : Je consens à ce qu'il vienne, — et il s'est rendu lui-même au siège du tribunal.

16. *niš-kun*, parfait seul avec le sens de l'optatif.

N° 229

Les mêmes juges demandent encore au grand-prêtre l'envoi de la partie adverse de la femme Kalab[outou].

duppi ^{amilu}*daianê*$^{-meš}$ *a-na*	Tablette des juges au
^{amilu}*šangi Sippar* ^{ki}	prêtre de Sippar,
aḫi-i-ni ^{ilu} *Bêl u* ^{ilu} *Nabû*	notre frère : que Bêl et Nabou
šú-lúm u balâṭu ša aḫi-[i-ni]	la prospérité et la vie de [notre] frère
5. *liq-bu-ú* ^{sinništu} *Ka-la-b[u-tu]*	5. décrètent. La femme Kalab[outou]
taq-ta-ba-an-na-[šu]	nous a parlé
um-ma di-na-a it-[ti]	en ces termes : « Avec
^{ilu} *Bêl-uballiṭ(it) u* ^{ilu} *Nabû-balâṭ-su-iq-bi*	Bêl-ouballiṭ et Nabou-balâṭsou-iqbi
i-ba-aš-ši-u	j'ai un procès. » —
(Suivent 3 lignes effacées intentionnellement.)	(Suivent 3 lignes effacées intentionnellement.)
13. ^{ilu} *Bêl-uballiṭ(iṭ)*	13. Bêl-ouballiṭ
[*u*] ^{ilu} *Nabû-balâṭ-su-iq-bi*	[et] Nabou-balâṭsou-iqbi
15. [*ana di-ni*]*-šu šup-ra*	15. envoie (donc), [pour] son [procès],
purussi-šu	pour que nous puissions rendre
niš-kun	sa sentence.

5. Pour la restitution du nom propre de femme Kalab[utu] de l'époque de Cyrus, voir Tallquist, *Neubabyl. Namenbuch*, p. 87.

7-9. Thompson a fait la mauvaise restitution *id*[*din*] au lieu de *it*[*ti*], qui l'a amené à la mauvaise traduction : « Give (?) me my judgment : Bêl-uballiṭ and Nabû-balaṭsu-iqbi are concerned in the case ». — Dans aucune hypothèse, *iddin* ne peut être un impératif.

14. L'autographie porte à tort ^{ilu} *Bêl-balâṭsu-iqbi*.

15. La restitution [*ana di-ni*] est justifiée par le passage similaire n° 234, l. 31.

N° 230

Un esclave, Nabou-balâṭsou, s'est enfui après avoir volé divers objets à son maître, Nabou-ouballiṭ. On l'a arrêté et emprisonné à Sippar, dans la prison même du grand-prêtre. Les juges prient donc ce haut personnage de retourner le fugitif et les objets volés à leur maître légitime.

dup-pi ^{amilu} *daianê*^{meš}	Tablette des juges
a-na ^{amilu}*[šangi] Sip-par*^{ki}	au [prêtre] de Sippar,
[ab]i-i-ni ^{ilu} *Nabû u* ^{ilu} *Marduk*	notre [père] : que Nabou et Mardouk
a-na abi-i-ni-ni (sic)	bénissent
[lik]-ru-bu ^{ilu} *Nabû-ú-bal-liṭ*	notre père. Nabou-ouballiṭ
[iq-ba]-an-na-a-ši	nous a [dit] :
um-ma ^{ilu} *Nabû-balâṭ-su a-lik*	« Nabou-balâṭsou est parti :
..... *mu-ṣi-pi-e-ti-iá*	..... mes vêtements
u ú-di-e-a it-[ta-ši]	et mes ustensiles il a [pris]
u iḫ-ti-li-qu....	et s'est enfui....
u ^{amilu} *rab bît kil-l[i]*	Or, le commandant de la prison
ša ^{amilu} *šangi Sip-[par* ^{ki}*]*	du prêtre de Sippar
ina Sip-par [^{ki} *iṣ-bat-su]*	dans Sippar [l'a pris »].
(lacune)	(lacune)
ki-[i niš-mu-ú]	A ce que nous avons appris,
ina bît kil-l[i Sip-par ^{ki}*]*	dans la prison [de Sippar]
it-ta-az-az	il se trouve,
u mu-ṣi-e-pi-ti-[šu]	mais ses vêtements
u ú-di-e-šu it-ta-[din]	et ses ustensiles (de Nabou-ouballiṭ) il a ven[du].
a-mur ši-pir-tum a-na	Voici (donc) : un message à
bêli-iá ni-il-tap-par	mon *(sic)* maître nous envoyons :
mu-ṣip-ti-šu u ú-di-e-šu	ses vêtements et ses ustensiles
u ^{amilu} *qal-la u mimma šá*	et l'esclave et absolument
ma-la ina Sip-par ^{ki}	tout ce que dans Sippar
a-na kaspi id-din-nu-um-[ma]	pour de l'argent il a vendu, voici :
gab-bi bêlu liš-ša-'	que le maître prenne tout (cela);

[ina qâtê[2] *amîlu] mâr šip-ri*	[par les mains d'un] messager
[a-na ilu Nabû]-uballiṭ (iṭ)	[à Nabou]-ouballiṭ
[lid-]din	[qu'il le] livre.

8. *mu-ṣi-pi-e-ti*, voir *supra*, note sur le nº 56, l. 8.

Nº 233

Ordre de livraison de farine. Lettre déjà éditée par Strassmaier, *Cyrus*, nº 209.

duppi amîlu šangê-meš-a-na	Tablette des prêtres à
ilu Bu-ne-ne-ibni aḫi-i-ni	Bounene-ibni, notre frère;
ilâni-meš šú-lum-ka liq-bu-ú	que les dieux décrètent ta prospérité.
36 qa ki-me a-na Arad-ilu Bunene	36 *qa* de farine à Arad-Bounene
a-na amîlu ṣabê-meš ša ma-la-ku	pour les ouvriers qui creusent le lit
ša nâri i-ḫi-ru-' i-din	du canal livre.
arḫu kislimu ûmu XXIV kan šattu Vkan	Mois de kislev, XXIVe jour, Ve année
Ku-ra-aš šar Bâbili šar mâtâti	de Cyrus, roi de Babylone, roi des pays.

Nº 234

Dans cette lettre, très mutilée, le président du tribunal, les grands et les juges réclament au prêtre de Sippar des pièces et des renseignements nécessaires pour rendre une sentence, qu'il semble vouloir faire traîner en longueur.

duppi amîlu sar-tin-na	Tablette du président,
amîlu rabûti-meš u amîlu daianê-meš	des grands et des juges
a-na amîlu [šangi] Sip-par ki	au [prêtre] de Sippar,
aḫi-ni ilu [Nabû ilu] Mar-duk	notre frère : que Nabou et Mardouk
a-na [aḫi]-ni	notre [frère]
lik-[ru-bu] a-na	bénissent. Au
[eli......] bîti	[sujet......] de la maison

[*ša*] *Gi-mil-lu*	[de] Gimillou
[*ni*]-*iš-pu-rak-ka*	nous t'avons mandé
um-ma.....	en ces termes : ....
ù...	et ....
mi-nam-ma.............	Pourquoi................
ul taš-pu-[*ra*]	n'as-tu pas envoyé (de réponse) ?
Gi-mil-[*lu*]	Gimillou
iḫ-ḫi-sa [*a-gan-na* (?)]	s'est rendu [ici (?)].
iq-ba-an-[*na-ši*]	Il [nous] a dit :
um-ma ina eli [*bîti*]	« Au sujet de [la maison]
ša.... [*ri-ka-su a-na*]	de.... [le contrat au]
amilu šangi [*Sippar ki*]	prêtre de Sippar
at-bu-ku-ma....	j'ai apporté, [mais]
amilu šangi Sippar ki	le prêtre de Sippar
iš-ta-ka-aṣ	est irrité,
[*u a-na-ku dal*-]*ḫa-ak*	[et moi] je suis rempli de crainte. » —
um-ma la-tum ter-tum šu-nu	Or, voici (le moment du) prononcé (?) de leur sentence.
en-na ri-ka-su	Maintenant (donc), le contrat
ša Gi-mil-lu	de Gimillou
ša tak-nu-ku u bêl di-ni-šu	que tu as scellé (toi-même), et son adversaire
ša ú-il-tim-meš-šu	qui ses titres,
a-na la-tum ter-tum	pour le prononcé de la sentence,
ú-te-e-ri	a (déjà) remis,
u a-na eli di-ni-šu	et (aussi des renseignements) sur son procès
šup-ra-am-ma	envoie-(nous), pour que
dib-bi-šu-nu	nous puissions entendre
ni-iš-me	leur litige.

1. *amilu sar-tin-na* : le rang que ce personnage occupe dans ce début et dans celui du n° 235, au sommet de la hiérarchie, avant les grands et les juges, et aussi le ton impératif, comminatoire même (n° 235), sur lequel il parle à un fonctionnaire aussi haut placé que le prêtre de Sippar, qu'il qualifie simplement de « frère », justifie pour son titre

le sens de « président du tribunal »; les passages cités par Muss-Arnolt, p. 785, confirment cette interprétation.

15. *iḫ-ḫi-sa*, parfait I, 1 de *niḫêsu;* cf. n° 182, l. 18. — Thompson restitue *iḫ-ḫi-sa-*[*as*] et traduit « hath pondered »!

18. La restitution [*ri-ka-su*] est basée sur la l. 25. Le prêtre de Sippar a entre ses mains le document qui justifie Gimilllu, parce que Gimillu lui-même le lui a remis. Mais, comme il paraît animé de mauvais vouloir, les juges le somment de leur livrer ce document.

22. *iš-ta-ka-aṣ,* ifteal de *šaqâṣu*, peut-être « m'est hostile »; cf. dans Meissner, *Supplement*, p. 97, le mot *šaqṣu,* « ennemi ».

24. *um-ma* n'annonce pas ici le discours direct, mais exprime plutôt une simple affirmation : c'est (maintenant) le prononcé de la sentence.

la-tum : le sens de « prononcé » paraît justifié par le contexte, ici et à la l. 29, et aussi par le rapprochement avec le syriaque ܒܠܛ, *pronuntiavit.*

N° 235

Nouvelle lettre du président du tribunal, des grands et des juges au prêtre de Sippar. Ils l'accusent de s'être refusé à livrer un meurtrier, et ils le menacent du « fils du roi », c'est-à-dire du prince héritier, s'il le laisse s'enfuir.

duppi [*amtlu*] *sar-te-nu amtlu rabûti-meš*	Tablette du président du tribunal, des grands
ù [*amtlu da*]*ianê-meš a-na*	et des juges au
*amtlu šangi Sippar^ki^*	prêtre de Sippar,
aḫi-i-ni ilu Nabû u ilu Marduk	notre frère : que Nabou et Mardouk
5. *a-na aḫi-i-ni lik-ru-bu*	5. bénissent notre frère.
ilu Nabû-apli-iddin ša ilu Marduk-erba	Nabou-apli-iddin, qui Mardouk-erba,
aba ša [*L*]*u-ṣi-a-na-nûri*	père de Louṣi-ana-nouri,
i-du-ku ša ina pa-ni-ka	a tué (et) qu'à toi
ni-ip-[*ki-du* (?) ....]	nous avions co[nfié (?) ....]
(lacune de plusieurs lignes)	(lacune de plusieurs lignes)
11. .... *da-a-a-i-*[*ku*]	11. .... le meurt[rier],
..... *ki-i niš-pu-rak-*[*ka*]	..... quoique nous te (l') ayons mandé,
ul taš-pu-ra-aš	tu ne l'as pas envoyé.

lu-ú ti-i-di	Sache bien
ki-i iḫ-te-el-qu	que, s'il s'est enfui,
mâr šarri a-na muḫ-ḫi	le fils du roi là-dessus
i-šim-mi-[ka]	[t']entendra.

7. Thompson a transcrit *abu ša Ḫar-ṣi ana ṣabi;* en conséquence il n'a pas compris les l. 6-9 qu'il traduit : « Nabû-apli-iddin, the son of Marduk-eriba, the father of Ḫarṣi, had slain a workman whom we had appointed in thy presence. »

9. Le meurtrier était peut-être de Sippar ou s'y était enfui et y avait été arrêté et enfermé dans la prison du grand-prêtre (voir *supra*, n° 230); voilà pourquoi les juges de Babylone avaient chargé ce dernier d'abord de veiller sur lui, puis de le leur livrer.

N° 240

Bêl-aḫê-iddin reproche vivement à [Nabou]-aḫi-iddannou de garder par devers lui une somme qu'il aurait dû livrer.

[duppi] ilu Bêl-aḫê-meš-id-din a-na	[Tablette de] Bêl-aḫê-iddin à
[ilu Nabû]-aḫi-id-dan-nu aḫi-ia	[Nabou]-aḫi-iddannou, mon frère :
ilu Bêl u [ilu Nabû] šú-lum balâṭu ša aḫi-ia	que Bêl et [Nabou] la prospérité et la vie de mon frère
liq-bu-ú a-di ma-a-ti	décrètent. Jusques à quand
ki-i kaspa la tu-še-bi-li	est-ce que tu n'enverras pas l'argent ?
en-na kaspa ša ebûri tuq-ta qâtâ[2]-meš-[ka]	Voici que le montant de la récolte tu as gardé (?) de tes mains,
ša ŭ-mu ša ultu eli na-pa-a-ṣu	pendant le temps qui (s'est écoulé) depuis le battage (?)
a-di eli en-na ina qâtê[2]	jusqu'à maintenant. Par les mains
A-na-eli-ilu Bêl-tak-lak	de Ana-eli-Bêl-taklak,
šú-bi-lu ù ki-ma taq-qa-bu-u	envoie-(le); ou si tu dis :
um-ma a-na [Kas-ba-nu] kaspa	« A [Kasbanou] l'argent

at-ta-di-in [ki]-ba-am-ma	je veux verser », — donne donc des ordres, et
it-ti Kas-ba-nu kaspa ki-p[i ?-ma]	à Kasbanou confie (?) l'argent, et
i bi-in	allons donne-(le) ....

(La fin de la lettre est presque complètement effacée.)

6. *tuq-ta*, 2e pers. masc. sing. du parfait I,1, d'une racine *waqâtu*, « garder », « immobiliser ». Cf. l'arabe وقّت, « fixer » une époque. Il ne me paraît possible ni de le rattacher à *qatû* ni d'y voir un substantif.
9. L'autographie de Thompson porte en tête de la ligne [cunéiforme]; le clou [cunéiforme] n'est sans doute que la ligne verticale du bord de la tablette et [cunéiforme] une répétition erronée de la fin de la l. 8.
10. *taq-qa-bu-u* n'est pas ici le nifal, mais, comme le prouve la suite, une mauvaise écriture de l'imparfait qal, pour *ta-qa-bu-u*.
14. *bi-in*, « donne » ; voir *supra*, note sur le no 113, l. 25.

No 243

Ordre de livraison de dattes.

duppi Ba(?)-ni-a-ni amîlu.....	Tablette de Ba(?)niani, fonctionnaire.....
a-na ilu Marduk-šum-uṣur	à Mardouk-šoum-ouṣour,
aḫi-iá ilu Nabû u ilu Marduk	mon frère : que Nabou et Mardouk
a-na aḫi-iá lik-ru-ub-bu	bénissent mon frère.
a-na muḫ-ḫi suluppi	Au sujet des dattes
ša Arad-ilu Marduk ša aš-pur-rak-ka	d'Arad-Mardouk, sur lesquelles je t'ai déjà mandé,
300 (qa) suluppi	300 (*qa*) des dattes
ul-tu bir-ri nârâti-meš	des terrains (des bords) des canaux
in-na-aš-šu suluppu	donne-lui. Si (ces) dattes
ša i-ma-aṭ-ṭu-ú	sont insuffisantes,
ultu alu Bît-ṭâbi-ilu Bêl	de celles (qui viennent) de la ville de Bît-ṭabi-Bêl
in-na-aš-šu	donne-lui.

ú-il-tim-*meš*	Les comptes
ša NU-GIS-SAR-*meš*	des jardiniers
ša bir-ri nâràti-*meš*	des terrains (des bords) des canaux
a-na *ilu* *Daianu-bêl-uṣur*	à Daianou-bêl-ouṣour
i-din suluppa	livre ; toutes les dattes
ma-la ul-tu	qui proviennent de
alu Bît-ṭâbi-*ilu* *Bêl*	la ville de Bît-ṭâbi-Bêl
in-na-aš-šú-ú	verse-lui.
lib-bi tu.....	Au milieu de.....
man-ga-ga [*ḫu*]-*ṣab-bi*	une touffe de fleurs de dattiers
in-na-aš-šu	donne-lui (aussi).
lu-ú ma-du	(Cela) me sera très
ul-te-ḫar-an-ni	agréable (?).
kap-du harrâna	Vite, le chemin
a-na šêpê[2]*-šu šú-kun*	pour ses pieds dispose.

7-8 et 14-15. Comme nous l'avons vu, au n° 80, l. 19, ces passages établissent d'une façon péremptoire pour *bir-ri nârâti* le sens de « terrains des canaux ». On pourrait les comparer aux bandes de terrains longues et étroites qui longent les voies des chemins de fer et font partie du domaine des Compagnies : leurs employés les cultivent, comme faisaient autrefois les Babyloniens des bandes qui longeaient leurs canaux, les grandes voies de communication de l'époque.

25. *ul-te-ḫar* serait pour *uštamḫar*.

N° 247

Lettre d'un général. Cette lettre est malheureusement incomplète, et par là même assez obscure dans quelques passages, à la fin surtout. Elle n'en reste pas moins, telle qu'elle est, une des pièces les plus remarquables du fascicule, par le jour assez inattendu qu'elle jette sur les relations des rois assyriens ou babyloniens avec leurs grands dignitaires. Son auteur est un général qui a pris part à la lutte de Ninive et de Babylone. A la l. 6, il mentionne le pays d'Assour, et aux l. 8-9, il semble envisager un soulèvement possible ou des Babyloniens contre les Assyriens, ou des Assyriens vaincus contre Babylone. Elle est donc, sans doute, à peu près contemporaine de la chute de Ninive en 608 av. J.-C.

Le roi a adressé à ce général des reproches sur la façon dont il a conduit ses campagnes. Le général commence par se disculper : il n'a fait qu'exécuter strictement les ordres de son souverain. S'il a pillé ou s'il n'a pas pillé les pays conquis, s'il a pris telle et telle ville, c'est uniquement pour se conformer à la volonté royale exprimée par document très authentique. Puis, il passe à l'offensive, et il relève à son tour avec amertume les torts du roi à son égard. En terminant, il répond à quelques demandes du souverain.

(Le début de la lettre manque.)	(Le début de la lettre manque.)
ù (?) *šarru be-lí ma*	et (?) le roi, mon maître...
um-ma-na-a-ti šá	Les troupes de ....
..... *ma-tim ki*	....
mâtu Aš-šur ki.....	Le pays d'Assour ....
ú-mu šarru be-lí mât-su la id-di-ku-[*ú*]	Le jour où le roi, mon maître, ne mobilisera pas son pays..................
[*nišê* (?)]*-meš ša mâtu Ka-ra-an-du-ni-ia-*[*aš*]	[les peuples] du pays de Karandouniaš [se soulèveront (?)] ....
..... *i-la-lu-ú i-na-aš-ši-ma*	[l'ennemi (?)] prendra le .. ..
makkûra ša ma-a-ti ki-i pi-i-ka ip-pu-[*šú*]	Suivant tes ordres, je m'approprie les richesses du pays........
makkûra ša ma-a-ti ki-i pi-i-ka la ip-pu-šú	Suivant tes ordres, je ne m'approprie pas les richesses du pays ....
i-na ba-li-ka alu Ú-ri-zu ul aṣ-[*ba-at*]	Je n'ai pas pris sans toi la ville d'Ourizou ....
duppi-ka ù ku-nu-uk-[*ki-ka*]	(j'avais) ta tablette et ton sceau.
i-na ba-li-ka alu Ri-mi-is(?)*-ḫu-ú ul aṣ-ba-at duppi-*[*ka u kunukki*]*-ka*	Je n'ai pas pris sans toi la ville de Rimisḫou : (j'avais) ta tablette et ton [sceau].
i-na ba-li-ka alu Kur .... *ú* ... *man-da-ru ul aṣ-ba-at duppi-*[*ka u*] *kunukkika*	Je n'ai pas pris sans toi la ville de Kour ... ou ... mandarou : (j'avais) ta tablette et ton sceau.
mâr Zi-ik-ri a-ši-ib Ú-ri ki-na-at-[*tu*]	Le fils de Zikri, l'habitant d'Our, un valet,
iḫ-te-bi-la-an-ni	m'a maltraité;
šarra be-lí ki-i ú-še-e-i-du di-i-na u[*l*] *i-pu-uš*	quoique j'en aie informé le roi, mon maître, il n'a pas fait justice !

a-na-ku ù Ú-zu-ub-ši-i-ḫu amtlu rabûti-meš ša šarri bêli-ia ni-i-nu	Moi et Ouzoubšîḫou, nous sommes de grands officiers du roi, mon maître;
ia-a-ši it-ta-ta-aṣ-ṣa-ra-an-ni	(cependant) moi, (cet individu) m'a détenu,
ù aḫê-meš-e-a i-na qa-ni-e um-daḫ-ḫi-iṣ	et il a frappé mes frères avec un bâton !
šarra be-lí ki-i am-daḫ-ḫa-ru di-i-na ul i-pu-uš	Quoique j'aie supplié le roi, mon maître, il n'a pas fait justice.
ki-i šá šú-ú i-pu-šá-an-ni a-na-ku ma-la e-pu-uš...	Selon ce que cet individu m'a fait, moi [j'ai fait] tout ce que j'ai fait. —
šá šarru be-lí iš-pu-[ra]	Pour ce que le roi, mon maître, a mandé
um-ma Ka-mu-ú Pa-ki-ri Še-e-ni ù Ba-ar	en ces termes : « Kamou, Pakiri, Šêni et Bar.....
a-ra-du-ú	poursuivrai-je ? » —
šarru id-di-na šarru um-ma it-ta-ba-[al]	le roi a donné, le roi peut enlever,
be-el šarrì (i) i-ba-aš-ši	il est le maître des rois. —
šá šarru iš-pu-ra	Pour ce que le roi a mandé
um-ma šá-ki-ka-a-tim šá ka-na-ak-ti	en ces termes : « Pour les gâteaux (?) d'encens
šá i-na qa-ti Ardi-ia mâr Zi-ik-ri [a-ši-ib] Ú-ri ta-am-ḫu-ru šú-bi-la	que des mains d'Ardiia, fils de Zikri, l'habitant d'Our, tu as reçus, envoie-(les) »;
a-na-ku ma-la iḫ-ši-iḫ.... ... ú-ma la ú-še-bi-la	moi, tout ce que (le roi) a désiré ..... il ne (m')a pas envoyé.
[ki-i] pa-ni šarri be-[lí]-ia maḫ-ru lu-uš-pu-ur-ma	[Si] au roi, mon maître, c'est agréable, je donnerai des ordres
[ul]-tu mâtu Ku-mi-na li-bu-ku-nim-ma	pour qu'on apporte (ces objets) du pays de Koumina,
a-na šarri be-lí-ia li-id-di-nu	et qu'on les livre au roi, mon maître.
ù-mu šarru be-lí a-na ilu Bêl-mal-ki-di-e-nu ú-bi	Le jour où le roi, mon maître, aura.... à Bêl-mal-ki-dînou,
i-na 2-i ù-mu i-si (?)-li-iq-qu	le second jour, il montera (?) .... ..
šú-ḫa-at-ti šarri ú-la	il ..... le ..... du roi;

a-ka-lu i-na pa-ni šarri ik-ka-al ši-ka-[ru ù]
ka-ra-nu a-na . . . . šú [i-šat-ti]
ù šá-am(?)-ni ka . . . . . tim a-na . . . . . .
ŭ-mu šarru be-lí a-na 𒁹 *ilu Sin . . . . .*
ki-i šá . . . .
ŭ-mu šarru be-lí a-na . . . .

(La fin manque.)

en présence du roi, il mangera des aliments; du vin de dattes [et]
du vin (de vigne) pour son . . . . . . [il boira],
et de l'huile . . . .
pour . . . . . .
Le jour où le roi, mon maître, à l'individu Sin...
selon ce que . . . . . .
le jour où le roi, mon maître, à . . . .

(La fin manque.)

6-9. Il est possible que ce long passage ne contienne qu'une phrase, dont *mâtu Aš-šur* serait le sujet; il faudrait traduire : « Le pays d'Assur. . . . . le jour où mon maître ne mobilisera pas son pays . . . . ., [les peuples] du pays de Karanduniaš [attaquera], le . . . . . prendra, et . . . . . », c'est-à-dire : si mon maître ne tient pas ses troupes sous les armes, les Assyriens se soulèveront et attaqueront les Babyloniens, et s'empareront de certains objets, peut-être, d'un territoire nommé dans la lacune de la l. 9. Dans ce cas la lettre émanerait d'un général babylonien et serait adressée à un roi de Babylone; elle pourrait être de peu postérieure à la chute de l'Assyrie, encore toute frémissante. — Tout cela est très conjectural, tant les lacunes de ce début sont considérables.

7. *id-di-ku-ú*, ifteal de *dikû;* ou peut-être son nifal, pour *indikû :* « le jour où le roi, mon maître, son pays ne sera pas mobilisé ».

10-11. *ip-pu-šú*, l'auteur de la lettre justifie sa conduite d'une manière générale : suivant tes ordres, je m'approprie ou je ne m'approprie pas les richesses du pays où je fais la guerre.

13-15. Dans la phrase *duppi-ka ù kunukki-ka,* le verbe est sous-entendu; on peut donc traduire tout aussi bien : « ta tablette et ton sceau (sont là pour l'attester) », — ou : « (c'était la teneur) de ta tablette et de ton sceau ». — Le sens du passage n'en serait pas modifié.

16. *Zikri-ašib-Uri* ne serait-il qu'un nom propre : Mon nom est l'« habitant d'Ur » ?

ki-na-at-[tu] : le contexte rend le sens de « valet » très plausible ici; cependant, voir dans Brünnow, nos 6290 à 6293, et Muss-Arnolt, p. 471, l'homophone *kinattu* entre *etillum*, *malku et šarru*.

20. *it-ta-ta-aṣ-ṣa-ra* pour *ittaṣara*. Le sujet de ce verbe est probablement Zikri, à moins que le général n'accuse aussi son égal, l'autre grand Uzubšîḫu, de l'avoir maltraité contre tout droit.

23. Puisque le roi s'est refusé à lui rendre justice, l'offensé lui-même a traité son ennemi comme celui-ci l'avait traité.

30. *ki-ka-a-tim*, « gâteau », « pain » (?) d'encens; cf. l'araméen כּוּבָּא, « gâteau ».

32. Moi, je suis très empressé à exécuter les désirs du roi, mais Zikri n'a pas envoyé ces gâteaux d'encens. — Ou : « Moi, tout ce que (le roi) a désiré .... n'ai-je pas envoyé! »

37. *i-si(?)-li-iq-qu* : pour le sens de « monter » ou « se rendre à », cf. le syriaque ܣܠܩ, « monter », « partir »,

38. *šú-ḫa-at-ti* : voir *Zeitschrift für Assyriologie*, t. IV, p. 162, où ce mot se trouve entre *git-ma-lum* et *a-ru-u ša nikkasi* dans le syllabaire K. 4606, l. 8, publié par M. Jastrow.

N° 248

Lettre d'un général. Comme la précédente, cette lettre émane d'un général qui semble chercher à se justifier auprès de son souverain. Il est possible que les deux lettres soient du même auteur. En tout cas, celle-ci a été écrite par un Babylonien et probablement peu après la défaite de l'Assyrie. La l. 8, « je traînerai au désert les captifs assyriens », ne laisse guère de doute à cet égard.

(Le début de la lettre manque.)	(Le début de la lettre manque.)
a-lu.... na....aš........	....
a-na alâni-meš-šu i-ša-a-tum a-na alâni-meš-šu i-ša-[a-tum šú-kun]	« [Mets le] feu à ses villes, le feu à ses villes ;
i-na ali ù ṣêri šuk-nam-ma bi-ki-[tum]	dans la ville et la campagne, mets la désolation. » —
ki-i ša šarru bêli-a iq-ba-a e-te-pu-uš a-n[a-ku]	Selon que le roi, mon maître, avait ordonné, j'ai fait, moi :

a-na alâni-meš-šu i-ša-a-tum a-na alâni-meš-šu aškuna (na)....	à ses villes le feu, à ses villes j'ai (déjà) mis....
i-na ali ù ṣêri ki-i aš-kun-nam-ma bi-[ki-tum].....	(Maintenant) que j'ai mis la désolation dans la ville et la campagne....
ḫu-ub-tum ša Aš-šur-ki-a-a a-na ṣêri-meš a-šad-da-[ad]	je traînerai aux déserts les captifs assyriens ....
ul-tu ul-lu-ú ki-i ir-da-a... ....šak-nu.........	Quoique depuis les temps lointains il ait suivi (?) ..... il est placé ......
mâti-ka mi-na-a la tap-ṭir......	Pourquoi n'as-tu pas délivré (?) ton pays....... ?
[rî]š (?) ka-ra-šú mi-na-a......	Le commandant (?) du camp, pourquoi........
[a-ra]-a-tum ša amtlu rabû-ti-meš a...............	La dignité (?) des grands je ....
...... šarru be-lí-ia......	..... le roi, mon maître...
.... nu la gir	....
..... a-na ša...........	..... pour ....
ha (?)-ma-tum a-ra-a-tum.......	....
.... [šú]-la-a [i-maḫ]-haṣ-an-ni ḫu-um-[mi-šu-nu]	.... envoie (?); leur ..... me fra[ppera]
.... ia-a-nu..... [šú]-la-a a-ra-a-tum	.... il n'y a pas, envoie; ....
ki-i aṣ-[ba-tu am-d]a(?)-ḫa-ṣu bîti-šu-nu (?)	Quand j'ai eu pris, [j'ai eu frap]pé leur (?) maison...
qaqqad mal-ki [ak]-ki-su a-na šarri be-lí-ia [ul-te-bi-la]	j'ai coupé la tête du prince, [je (l')ai envoyée] au roi, mon maître.
pa-ni-ia ki-i aš-ku-nu a-na bi-ra-na-a-tum ša	Quand j'ai tourné ma face vers les forteresses de...
amtlu rabûti-meš ša bi-ra-na-a-tum šarru e-ka-a ki-ba-nu	les commandants des forteresses (se sont écriés) : « Dis-moi où se trouve le roi,
šarru e-ka-a ki-ba-nu ḫar-râna a-na šêpê[2]-ia šú-k[un]	dis-moi où se trouve le roi, dispose le chemin pour mes pieds ».
šarru ina alu Ḫu-da-du ki	(J'ai répondu) : « Le roi [a

rîš ka-ra-ši-šu [id-di-ma]	placé] l'avant-garde de son camp à Ḫoudadou, [et]
amîlu rabûti-meš-šu ṭe-e-mu i-šak-kan a-na Aš-šur ki-a-a.....	à ses commandants il donnera des ordres ». — Vers les Assyriens
pa-ni-ia ki-i aš-ku-nu-ma a-na	quand j'ai tourné ma face, et que vers ....
a-na ru-u-qu i-na an......	dans le lointain, au.......
...... *amîlu šaqû.. .....*	...... l'officier..........
i-nu-ú li zib(?) .... ú	lorsque................
..... *alu..... aṣ-ba-ta (?)-šú (?)-nu ....*	..... la ville de..... je les(?) ai pris...........

1-4. Au début le général rappelait les ordres qu'il avait reçus du roi.

11. Ou « l'avant-garde », littéralement, « la tête » du camp ; voir *infra*, l. 23.

20. C'est-à-dire : « quand je me suis dirigé vers les forteresses » ; voir Muss-Arnolt, p. 192, s. v. *birânu*.

21-24. Avec une concision et une rapidité pleines de vie, le général répète les questions pressantes que lui ont adressées les commandants du fort à son arrivée et la réponse qu'il leur a faite.

22. Les commandants ont demandé au général l'autorisation de se rendre auprès du roi. Il leur a répondu en les engageant à attendre les ordres du souverain.

LEXIQUE

Choix de mots[1]

ilu Aia, voir Introduction, p. 10-11.

אאל, I, 1, lier, contracter, imparf. (?), 3e p. m. s. *il-la-'*, n° 48, l. 22, p. 41; — parf. 3e p. m. s. *li-'-il*, n° 48, l. 16, p. 41; n° 75, l. 9, p. 62; *i-'-lu*, n° 186, l. 9, p. 128.

ובל, III, 1, faire porter, envoyer, perm. 3e p. m. s. *šú-bùl-li-ka*, n° 221, l. 6, p. 148 et l. 14, p. 149; — infin. *šú-bu-lu*, n° 191, l. 6, p. 131.

ab-bi-ti-um-ma, n° 127, l. 15, p. 96.

ab-bu-ut-ta, marque d'esclave, n° 87, l. 47, p. 72; l. 50, p. 73, et note, *ibidem*.

a-ga-', le, ce, ces, ceci, n° 19, l. 24, p. 32; n° 191, l. 31, p. 132; — *a-ga-'-i*, n° 182, l. 11, p. 123.

a-gan-na, ici, n° 40, l. 34 et 36, p. 38; n° 84, l. 16, p. 69; n° 85, l. 16, p. 70; n° 107, l. 8, p. 85; n° 127, l. 6, p. 96; n° 157, l. 6, p. 111; n° 174, l. 4, p. 117; n° 210, l. 20, p. 145; n° 228, l. 12, p. 154.

a-gan-nu, ici, n° 105, l. 18, p. 82; n° 176, l. 6, p. 121, et l. 10, p. 122.

a-gan-na-ku, ici, auprès de moi, n° 56, l. 5, p. 44; — *a-gan-na-ka*, auprès de toi, n° 84, l. 5, p. 69, et note *ibidem*; n° 183, l. 7, p. 124; n° 184, l. 20, p. 126; n° 224, l. 13, p. 152; — *a-gan-na-ku-nu*, auprès de vous, n° 155, l. 8, p. 109.

a-di la, avant que ne, n° 36, l. 25, p. 36; n° 58, l. 14, p. 47; n° 148, l. 17, p. 105; n° 182, l. 17, p. 123, et note, p. 124; n° 201, l. 19, p. 138.

a-di-'-su, n° 105, l. 26, p. 82, et note, p. 84.

aḫu, bras, dans la locution *na-*

1. Cette liste comprend les mots des lettres de *Cuneiform Texts*, fasc. XXII, non traduites dans ce volume, dont la connaissance offre quelque intérêt. Voir Introduction, p. 1-3.

di a-hi, n° 112, l. 21, p. 87, et note, *ibidem*.

ak-ka-i ki-i, comment est-ce que, n° 202, l. 29, p. 140.

akâlu, אכל, III, 1, faire manger, imparf. 3e p. m. s. *ú-ša-ak-ka-lu*, n° 60, l. 10, p. 49.

אכר, I, 1, cultiver (?), parf. 1re p. pl. *ni-ik-kir*, n° 199, l. 19 (lettre non traduite).

al-la, mais, or, seulement, n° 182, l. 11, p. 123, et note, *ibidem*; n° 191, l. 29, p. 132.

al-la-nu, pluriel de *allu*, corbeilles, n° 92, l. 5 et 8, p. 76, et note, *ibidem*.

al-la-nu-uk-ku, n° 43, l. 6 (lettre non traduite).

a-me-lu-ut-ti, esclave femme, n° 201, l. 10 et 15, p. 138; n° 202, l. 11, p. 139.

a-mir-tum, masse (?), n° 19, l. 7, p. 32.

a-na (?)-*a-'-tu*, n° 172, l. 4 (lettre non traduite).

a-an, particule distributive, n° 87, l. 6, p. 71; l. 46, p. 72, et note, p. 73; n° 158, l. 9, p. 112; n° 192, l. 8, p. 134.

a-a-nu-ú, voir *ia-a-nu-ú*.

as-ni-e, n° 41, l. 9 (lettre non traduite).

ap-pi-it-[*im-ma*], dans l'avenir, désormais, n° 114, l. 19 et 20, p. 90.

אוץ, I, 1, être insuffisant, perm. 3e p. m. pl. *la-aṣ-'*, n° 81, l. 22, p. 68.

אקר[4] (?), II, 1, lier, tisser (?), parf. 1re p. s. *ú-qa-ad*, n° 138, l. 15 et 18, p. 100, et note, p. 101.

A-qar-apli (nom propre) n° 155, l. 2, p. 109, et note, p. 110.

וקח (?), I, 1, garder (?), parf. 2e p. m. s. *tuq-ta*, n° 240, l. 6, p. 160, et note, p. 161.

ורד, III, 1, faire descendre, parf. 1re p. s. *uš-ri-du*, n° 53, l. 11, p. 42.

ארך[4] (?), IV, 1, être disposé, arrangé (?), parf. 3e p. m. s. *in-na-ru-uk*, n° 200, l. 30 (lettre non traduite).

ורך, I, 2 ou IV, 2 (?), se retarder, parf. 2e p. m. s. *ta-at-ta-rak*, n° 54, l. 12, p. 43.

a-ra-a-tum, dignité (?), n° 248, l. 12, 15 et 17, p. 167.

ישר, III, 1, mettre en ordre, impér. 2e p. m. s. *šú-šir-a-am*, n° 40, l. 13, p. 37, et note, p. 38.

mâtu Aššur, n° 1, l. 30, p. 20; n° 247, l. 6, p. 163.

Aš-šur-ki-a-a, n° 248, l. 8, p. 167, et l. 24, p. 168.

AŠ-ME-GI, espèce de mal, n° 1, l. 21, p. 20, et note, p. 21.

at-tu-ú-a, à moi, de moi, n° 74, l. 10, p. 59; n° 201, l. 10, p. 138; n° 202, l. 11, p. 139.

at-tu-ka, à toi, de toi, n° 201, l. 11, p. 138.

at-tu-ka-a, toi-même (avec interrogation), n° 224, l. 16, p. 152.

at-tu-ku, à toi, de toi, n° 87, l. 35, p. 72.

at-tu-šu, de lui, lui (?), n° 82, l. 28; voir Introduction, p. 16.

ilu Ea, voir Introduction, p. 10, 12.

e-bu-ra-nu, moissonneurs (?), n° 36, l. 9, p. 35.

eṭêru, אטר[4], I, 2, payer, verser, parf. 1re p. s. *e-te-ṭir*, n° 105, l. 7, p. 82.

IV, 1, être remboursé, imparf. 2e p. m. pl. *ti-ni-it-ra-'*, n° 31, l. 11 (lettre non traduite).

elêṣu, אלץ[4], I, 1, être joyeux, parf. 3e p. m. s. *il-ṣi*, n° 40, l. 6, p. 36.

elû, אלה[4], I, 1, 1° être urgent (?), imparf. 3e p. m. s. *il-la-'*, n° 13, l. 11, p. 29; — 2° monter, s'en aller, imparf. 2e p. m. s. *ta-el-li*, n° 44, l. 10, p. 39; 3e p. m. s. *i-la-am-ma-'*, n° 57, l. 19, p. 46; 3e p. m. pl. *i-li-ú*, n° 113, l. 30, p. 88.

I, 2, monter, parf. 3e p. m. s. *it-ta-el-li*, n° 111, l. 9, p. 85; [*i*]*-ti-li-'*, n° 6, l. 34, p. 25.

II, 1, faire monter, parf. 1re p. s. *li-ul-lu-ú*, n° 81, l. 25, p. 68.

III, 1, faire monter, envoyer, impér. 2e p. m. s. *šu-ul-li-in-nim-ma*, n° 85, l. 12, p. 70, et note, *ibidem*.

epêšu, אפש[4], I, 1, fournir, parf. 3e p. m. s. *li-pu-uš*, n° 81, l. 11, p. 68.

erêbu, ארב[5], III, 1, faire entrer, faire arriver, parf. 1re p. s. *ul-tir-ri-bi-šu*, n° 63, l. 27, p. 52.

e-ri-tú ša šarri, n° 46, l. 9 (lettre non traduite).

erû, ארה[2], I, 1, être enceinte, parf. 2e p. f. s. *ta-ri-'*, n° 40, l. 7, p. 36.

eššešu (ûmu) = *UD AB-AB*, n° 191, l. 7, p. 131; l. 19, p. 132, et note, p. 133.

amilu ešertu (tu), n° 64, l. 7; *amilu rab ešertu*, *ibid.*, l. 6 (lettre non traduite).

eš-ru-ú, dîme, n° 78, l. 17, p. 63; l. 22 et 33, p. 64.

e-tam, borne (?), n° 19, l. 23, p. 32, et note, *ibidem*.

etêqu, אתק[4], III, 1, 1° transporter, déplacer, faire déplacer, imparf. 3e p. m. pl. *ú-ši-ti-qu-nu*, n° 44, l. 8, p. 39; — parf. 1re p. s. *ul-te-ti-iq*, n° 48, l. 7, p. 40; — impér. 2e p. m. s. *ši-ti-iq*, n° 19, l. 23, p. 32, et note, *ibidem*. — 2° repousser, imparf. 2e p. m. s. *tu-še-ti-iq-šu*, n° 98, l. 15, p. 80; n° 215, l. 17, p. 146; 3e p. m. s. *ú-se-ti-iq-šu*, n° 75, l. 13, p. 62, et note, p. 63.

ia-a-nu-ú, sinon, n° 57, l. 17 et 22, p. 46; n° 71, l. 18, p. 56; n° 98, l. 16, p. 80; n° 100, l. 15, p. 81; n° 105, l. 14, p. 82; n° 144, l. 22, p. 103;

nº 196, l. 29, p. 137; — *a-a-nu-ú*, nº 58, l. 13, p. 47.

iá-a-nu-um-ma, sinon, nº 112, l. 16, p. 86.

ia-a-nu-um-mu, sinon, nº 56, l. 18, p. 45.

ia-a-ša, moi, nº 185, l. 21, p. 127.

i-da-tum, jour fixé (?), nº 98, l. 18, p. 80.

idu, part, nº 97, l. 11, p. 79, et note, *ibidem*.

idû, ידא, III,1, faire savoir, parf. 1re p. s. *ú-še-e-i-du*, nº 247, l. 18, p. 163.

ik-ki-bi ša ilâni-meš, ce qui est sacré (?) aux dieux, nº 40, l. 4, p. 36, et note, p. 38.

i-la-lu-ú, nº 247, l. 9, p. 163.

ilu Illil, voir Introduction, p. 10, 11 et 12.

il-la-nu-uš-šu, au-dessus de cela, nº 144, l. 23, p. 103.

il-lu, lien, charme, nº 191, l. 22, p. 132, et note, p. 133.

im-ma-ka, ton trésor (?), nº 159, l. 16 (lettre non traduite).

ilu IM-SU-AN-NA, nº 223, l. 3 (lettre non traduite).

in-ni-ta, refuge (?), nº 114, l. 5, p. 90, et note, *ibidem*.

isittu, nº 192, l. 14 et 19, p. 134.

ilu IP, voir *ilu Uraš*.

iš-še-e-nu, nº 193, l. 11 (lettre non traduite).

iš-ka-ri, harnais (?), nº 211, l. 8 et 11, p. 145.

it-ta-ḫu, moulin ou grenier (?), nº 73, l. 5, p. 56; l. 11, p. 57, et note, p. 58.

it-ti-i, avec (adverbe), nº 105, l. 41, p. 83; nº 208, l. 29, p. 143.

ú-il-tim, contrat, obligation, nº 48, l. 15, p. 41; nº 66, l. 31, p. 55; nº 75, l. 8, p. 62; nº 98, l. 8, p. 80; nº 100, l. 11, p. 81; nº 186, l. 5 et 15, p. 128; nº 234, l. 28, p. 158; nº 243, l. 13, p. 162.

UD-UD-meš, dans *duppâni-meš* ..... *ša UD-UD-meš*, les tablettes ..... des embrasements (?), nº 1, l. 10-11, p. 19, et note, p. 21.

ilu UD-GAL, dans le nom propre *ilu UD-GAL-šar-uṣur*, nº 90, l. 2, p. 75, et note, p. 76.

Ú-zu-ub-ši-i-ḫu, nom propre, nº 247, l. 19, p. 164.

uk-ku-pat, nº 107, l. 6, p. 85.

ú-sa-a, sorte de boisson, nº 107, l. 7, p. 85.

amilu ú-pi-za-na-pa-ta, nº 73, l. 23, p. 57.

ilu Uraš = IP, voir Introduction, p. 10, 11.

alu Ú-ri-zu, nº 247, l. 12, p. 163.

amilu UR-LI-ŠU-meš, palefreniers (?), nº 74, l. 6, 11 et 19, p. 59, et note, p. 60.

uš-mar-ra, nº 21, l. 8 et 29 (lettre non traduite).

באה, II, 1, rechercher, imparf. 1re p. s. *ú-ba'-ma*, nº 2, l. 28,

p. 23; — parf., 3e p. m. s. *ú-ba-'-ú-ka*, nº 87, l. 38, p. 72.

ba-ba-nu-ú, en supplément, supplémentaire, nº 148, l. 14 et 17, p. 105, et note, *ibidem;* féminin *bab-ba-ni-tu(m)*, nº 36, l. 27, p. 36; nº 201, l. 15, p. 138; nº 202, l. 35, p. 140.

ba-ab-tu(m), nº 72, l. 16; nº 241, l. 10; *ba-ab-ti*, nº 76, l. 14 (lettres non traduites).

ba-ga-ni-', message royal, nº 74, l. 25, p. 60, et note, p. 61.

בטל, I, 1, chômer, s'interrompre, imparf., 3e p. m. s. *i-baṭ-il*, nº 13, l. 23, p. 29; *i-baṭ-ṭi-il*, nº 57, l. 23, p. 46; *i-baṭ-ṭil*, nº 117, l. 11, p. 93; *i-ba-aṭ-ṭi-il*, nº 225, l. 20, p. 153; — perm. 3e p. m. s. *ba-aṭ-il*, nº 13, l. 12, p. 29.

baṭ-la, interruption, nº 176, l. 16, p. 122.

balâṭu, בלט, I, 1, vivre, imparf. 3e p. m. s. *i-bal-la-ṭu*, nº 114, l. 15, p. 90.

בין, I, 1, donner, impér. 2e p. m. s. *bi-in-ni*, nº 113, l. 25, p. 88, et note, p. 89; *bi-in*, nº 240, l. 14, p. 161; 2e p. m. plur. *bi-na-nu*, nº 222, l. 26, p. 150, et note, p. 151.

ba-nu, dans *bîti ba-ni-i*, nº 63, l. 19, p. 51, et *bîtu banu*, *ibidem*, l. 21, et note, p. 52.

Ba-ar...., nom propre, nº 247, l. 25, p. 164.

באש, I, 1, être mauvais, être odieux, imparf., 3e p. m. s. *i-ba-'-iš*, nº 202, l. 23, p. 140; *i-bi-šú-'*, nº 40, l. 20, p. 37; — perm., 3e p. pl. (?) *bi-šú-'-a*, nº 40, l. 9, p. 36.

בו(?)ת, I, 1, prendre du repos, séjourner, imparf., 1re p. s. *a-ba-a-ta*, nº 18, l. 15 (lettre non traduite); 3e p. m. s. *i-ba-a-ta*, nº 126, l. 20, p. 94; *i-ba-a-tú*, nº 176, l. 8, p. 121; 3e p. m. pl. *i-bi-tu-'*, nº 17, l. 24, p. 31, et note, *ibidem;* — 3e pers. f. s. *ta-ba-at*, nº 89, l. 14, p. 75.

bat-qa, défaut dans un travail, dommage matériel, nº 2, l. 24, p. 23, et note, *ibidem;* nº 116, l. 14, p. 92, et note, *ibidem.*

ilu Bêl, voir Introduction, p. 8-14.

ilu Bêl-mal-ki-di-e-nu, nom propre, nº 247, l. 36, p. 164.

ilu Bêlit ša Uruk, voir Introduction, p. 11, 12.

ilu Bêlit Bâbili, voir Introduction, p. 12.

biltu, redevance (?), nº 112, l. 15, p. 86.

bi-iq-qud ša ḫa-ab-bu-ru, nº 193, l. 10 (lettre non traduite).

bi-ra-na-a-tum, forteresses, nº 248, l. 20, 21, p. 167.

bir-ri, terrains du bord des canaux, nº 80, l. 19, p. 66, et note, p. 67; nº 243, l. 8, p. 161, et l. 15, p. 162.

bît qa-ti, cellier, nº 96, l. 6, p. 78.

bit-an-nu, n° 61, l. 14 (lettre non traduite).

bu-gu-da-ti, vêtements (?), n° 190, l. 11, p. 131.

ilu Bunene, voir Introduction, p. 10.

bu-un-nu, aspects (de la face), n° 53, l. 6, p. 42, et note, *ibidem*.

qânu bu-ra-ni-e, nattes de roseaux, n° 152, l. 7 et 19, p. 103, et note, p. 109.

bur-ki, le sein (de Tašmêtum), n° 6, l. 33, p. 25, et note, p. 27.

amilu BUR-LA, sorte de fonctionnaire (?), n° 87, l. 31, p. 72.

ga-ba-ru, réponse (?), n° 141, l. 13 (lettre non traduite).

ga-di-da-', n° 195, l. 25 (lettre non traduite).

gal-la-tum, voir *GIŠ-BAR*.

גרד, I, 1, effacer, gratter, perm. 3e p. m. pl. *ga-ar-du*, n° 74, l. 26, p. 60, et note, p. 61.

גרה, I, 1, être hostile, imparf. 2e p. m. s. *ta* (?)*-gi-ri*, n° 144, l. 12, p. 103.

gaš-ru-ú, avec violence, n° 160, l. 26, p. 113, et note, p. 114.

gid-di-im, état construit de *gidmu*, régime (de dattes), n° 80, l. 6, p. 66, et note, *ibidem*.

gi di-pi, paquets (?) d'oignons, n° 80, l. 9, p. 66.

git-ta, tablette, document, n° 148, l. 18, p. 105; pluriel, *giṭṭâni-meš*, n° 1, l. 19, p. 20.

gi-i-ni (kaspu), n° 40, l. 11, p. 37, et note, p. 38.

gi-sal-lu-ú, faîte (?), n° 217, l. 24, p. 147, et note, *ibidem*.

giparu, appartement, n° 1, l. 29, p. 20, et note, p. 22.

GIŠ-BAR gal-la-tum, grande taxe, n° 192, l. 7, p. 133; l. 9, p. 134, et note, *ibidem*.

GIŠ-DA, voir *pitnu*.

GU-meš, amulettes (?), n° 1, l. 10, p. 19, et note, p. 21.

gu-mu-ta-nu, n° 10, l. 18 (lettre non traduite).

gu-qu-ú, n° 238, l. 13, 14, 16; n° 239, l. 10, 11, 12, 14, 15; — pluriel *gu-qu-ni-e-meš*, n° 238, l. 2 (lettres non traduites).

דאב, I, 1, couler (?), impér. 2e p. m. s. *di-pi*, n° 65, l. 15 et 17, p. 53, et note, *ibidem*.

da-ba-ba, dans *bêl da-ba-ba-ia*, mon adversaire, n° 105, l. 36, p. 83; *bêl da-ba-bi šu*, son adversaire, n° 144, l. 6, p. 103.

dabâbu, דבב, I, 1, discuter, parf. 1re p. s. *a-da* (?)*-bu*, pour *adbub* (?), n° 138, l. 12, p. 100; IV, 2, tramer, dire (du mal), imparf. 3e p. m. s. *it-te-dib-bu-ub*, n° 66, l. 8, p. 54.

dagâlu, דגל, I, 2, regarder (la face de quelqu'un), imparf. 1re p. s. *ad-da-gal*, n° 222,

l. 36, p. 150, et note, p. 151.
III, 1, montrer, faire voir, perm. 3e p. f. s. *šú-ud-gu-lat*, nº 87, l. 6, p. 71.

Dakuru, nom de tribu, dans *Bît Da-ku-ru*, nº 74, l. 30, p. 60, et note, p. 62; *mâru Da-ku-ru*, nº 222, l. 29, p. 150, et note, p. 151.

ilu Damkina, voir Introduction, p. 10, 12.

danânu, דנן, II, 1, presser (quelqu'un de faire quelque chose), imparf. 3e p. m. s. *ú-dan-ni-in*, nº 160, l. 23, p. 113.

alu Da-ni-pi-nu, nº 74, l. 17, p. 59.

dikû, דכא(?), I, 1, 1º enlever, parf. 3e p. m. pl. *lid-ku-ú-ni*, nº 87, l. 9, p. 71; — 2º garder (?), parf. 1re p. s. *ad-ku-ú*, nº 176, l. 22, p. 122, et note, *ibidem*; — 3º lever, élever, impér. 2e p. m. s. *di-ki-e*, nº 222, l. 10, p. 150, et note, p. 151; — 4º lever, mobiliser, imparf. 3e p. m. pl. *i di-ku-nu*, nº 185, l. 19, p. 127; impér. 2e p. m. pl. *di-ka-a*, nº 185, l. 9, p. 127.

dînu, dans *bêl di-ni-šu*, son adversaire (dans un procès), nº 234, l. 27, p. 158.

duk(?)-ka-nu, nº 6, l. 22, p. 25.

alu Du-ur-ga-aṣ-ṣa-a-a, nº 186, l. 8, p. 128.

zab-bil-lu(m), hotte, nº 117, l. 9, p. 93; nº 140, l. 10, p. 101.

šipâtu ZA-GIN-KUR-RA, laine bleue (?), nº 184, l. 8, p. 126, et note, p. 127.

zaqâpu, זקף, I, 1, ensemencer (planter du blé), imparf. 3e p. m. s. *i-zaq-qap*, nº 196, l. 24, p. 137; perm. 3e p. m. s. *za-qip*, nº 196, l. 22, *ibidem*.

ilu Zarpanitum, voir Introduction, p. 9.

Zi-ik-ri a-ši-ib Ú-ri, nom propre, nº 247, l. 16, p. 163, et l. 31, p. 164.

zir-mu-ú, arrosoir (?), nº 157, l. 9, p. 111, et note, *ibidem*.

ḫa-bur-ru, nº 120, l. 12 (lettre non traduite).

ḫa-ab-bu-ru, nº 193, l. 10 (lettre non traduite).

ḫa-ti-ra-nu, espèce de plante (?), nº 19, l. 21, p. 32, et note, *ibidem*.

ḫa-ṭu, (argent) contrôlé, nº 17, l. 18, p. 30.

ḫalâqu, חלק, I, 2, s'enfuir, parf. 3e p. m. s. *iḫ-ti-li-qu*, nº 230, l. 10, p. 156; *iḫ-te-el-qu*, nº 235, l. 15, p. 160.

ḫa(?)-ma-tum, nº 248, l. 15, p. 167.

חמה, I, 2, voir, parf. 3e p. m. s. *iḫ-ta-mi*, nº 225, l. 13, p. 153.
II, 1, obéir, parf. 1re p. s. *ú-ḫa-am-mu-ka*, nº 194, l. 17, p. 135, et note, p. 136.

חנק, I, 1, s'irriter, perm. 2e p. m. s. *ḫa-an-na-qa-ta*, nº 4, l. 20 (lettre non traduite).

IV,1, ou I,1 (?), s'irriter, imparf. 3e p. m. s. *iḫ-ḫa-an-na-aq*, n° 46, l. 13 (lettre non traduite).

ḫapû, *ḫipû*, חפה, I,1, ruiner une maison, imparf. 2e p. m. s. *ta-ḫi-ip-pu*, n° 113, l. 6, p. 87; — infin. *ḫa-pi-e*, *ibid.*, l. 7, p. 88; *ḫa-pi-i*, n° 202, l. 32, p. 140.

ḫa-ṣa-ra-nu, ceux qui cueillent (?), n° 237, l. 17 (lettre non traduite).

ḫar-ra, trou (?), n° 152, l. 12, p. 108.

ḫar-ra-[bi]-tu, ruine (?), n° 154, l. 8 (lettre non traduite).

ḫarrânu, dans *bêl ḫarrâni*, le chef de l'entreprise ou de la caravane (?), n° 185, l. 23, p. 127.

ḫarrânu .... ša aḫûtu, n° 188, l. 6-7, p. 129, et note, *ibidem*.

ḫarrânu avec *šakânu* : disposer le chemin (pour les pieds de quelqu'un, c'est-à-dire l'envoyer), n° 17, l. 21, p. 31; n° 19, l. 27, p. 32; n° 44, l. 23-24, p. 39; n° 60, l. 11, p. 49; n° 87, l. 31-32, p. 72; n° 131, l. 21-24, p. 99; n° 157, l. 13-15, p. 111; n° 158, l. 16-17, p. 112; n° 171, l. 10-11, p. 115, et l. 20-22, p. 116; n° 215, l. 15-16, p. 146; n° 243, l. 26-27, p. 162; n° 248, l. 22, p. 167.

alu Ḫar-ra-nu, n° 97, l. 7. p. 79.

חרץ, I,1, rechercher, impér. 2e p. m. s. *ḫu-ur-ṣu*, n° 87, l. 50, p. 73.

IV, I (?), parf. *li-iḫ-ḫar-ṣa-an-ni-ma*, n° 199, l. 12 (lettre non traduite).

ḫa-ru-ut-tum, palmes, n° 80, l. 6, p. 66, et note, *ibidem*.

ḫašâlu, חשל, I,2, frapper, parf. 1re p. s. *aḫ-ṭa-šal*, n° 114, l. 10, p. 90.

ḫi-ib-bi, n° 138, l. 7 (partie de lettre non traduite).

ḫi-in-di, n° 122, l. 11 (lettre non traduite).

ḫi-su-û-tu, n° 188, l. 16, p. 129.

ḫi-iṣ-ṣu, grain (? Thompson), n° 244, l. 9 (lettre non traduite).

alu Ḫu-da-du, n° 248, l. 23, p. 167.

ḫu-um-[mi-šu-nu], n° 248, l. 16, p. 167.

ḫu-ṣa-bi, 1° sorte de palmier, n° 40, l. 31, p. 37; — 2° dattes nouvelles (?), n° 80, l. 6, p. 66.

ṭe-en-nu (?), mouture, n° 17, l. 5, p. 30, et note, p. 31.

ka-bit-tuk, n° 81, l. 19, p. 68.

ka-ak-kib, n° 83, l. 8 (lettre non traduite).

sinništu Ka-la-b[u-tu], nom propre, n° 229, l. 5, p. 155, et note, *ibidem*.

כלד (?), I,1, être dur (?), perm. *kal-da-ta*, n° 221, l. 4, p. 148; *kal-da-ti*, *ibidem*, l. 10, et note, p. 149.

kalû, כלה, I, 1, retenir (une somme), imparf. 2e p m. s. *ta-kil-*[*lu*], n° 150, l. 7, p. 106; II, 1, retenir (une somme), imparf. 2e p. m. s. *tu-*[*kal-la*], *ibidem*, l. 11; IV, 1, être retenu, imparf. 3e p. m. s. *ik-kal-*[*lu*], *ibidem*, l. 18.

ka-lak-ku, cellier, n° 21, l. 9; n° 164, l. 29 et 33 (lettres non traduites).

ka-a-a-ma-nu-u, fidèle, n° 141, l. 10 (lettre non traduite).

Ka-mu-ú, nom propre, n° 247, l. 25, p. 164.

ka-na-ak-ti, encens, n° 247, l. 30, p. 164.

ka-an-da-ki, cale (?) de bateau, n° 44, l. 12, p. 39, et note, p. 40.

ka-si-ia, n° 40, l. 24, 26, p 37.

ka-su-u dans *karânu ka-su-u*, n° 238, l. 10, et n° 239, l. 8 (lettres non traduites).

ka-pa-ad, vite, promptement, n° 129, l. 26 (lettre non traduite).

ka-pa-da-ia, n° 129, l. 13 (lettre non traduite).

ka-pa-a-di, vite, promptement, n° 52, l. 8 (lettre non traduite).

kap-du, vite, promptement, n° 13, l. 24, p. 29, et note, *ibidem*; n° 59, l. 26, p. 48; n° 60, l. 11, p. 49; n° 62, l. 10, p. 50; n° 73, l. 27, p. 57; n° 78, l. 24 et 30, p. 64; n° 81, l. 25, p. 68; n° 87, l. 30, p. 72; n° 105, l. 21 et 24, p. 82, et l. 41, p. 83; n° 130, l. 26, p. 98; n° 151, l. 16, p. 107; n° 157, l. 13, p. 111; n° 158, l. 16, p. 112; n° 171, l. 10, p. 115, et l. 20, p. 116; n° 174, l. 49, p. 119; n° 182, l. 9, p. 123; n° 196, l. 34, p. 137; n° 215, l. 15, p. 146; n° 243, l. 26, p. 162; — *kap-da*, n° 148, l. 16, p. 105.

mâtu Ka-ra-an-du-ni-ia-[*aš*], n° 247, l. 8, p. 163.

כשה (?), I, 1, rester (?), s'attarder (?), imparf. 3e p. m. s. *e-ka-aš-ši*, n° 52, l. 7 (lettre non traduite).

ki-ba-nu-ú, n° 241, l. 23 (lettre non traduite).

ki-ka-a-tim, pain, gâteau (?), n° 247, l. 30, p. 164, et note, p. 166.

kil-l-[*i*], dans *bît kil-l*[*i*], prison, n° 230, l. 11 et 15, p. 156.

ki-ma-', soit.... soit, comme, comment, n° 17, l. 18 et 19, p. 30, et note, p. 31; n° 20, l. 8, p. 33.

ki-na-al-tum, n° 76, l. 17 (lettre non traduite).

ki-na-na-a-ma, maintenant, n° 49, l. 15 (lettre non traduite).

ki-na-at-[*tu*], valet (?), n° 247, l. 16, p. 163, et note, p. 165.

ki-sa-ti, fourrages, n° 60, l. 9, p. 49.

ki-iṣ, fin, n° 184, l. 5, p. 126.

ki-ru-bu-tu (parzillu), espèce de fer, n° 2, l. 27, p. 23.

Kiš-ki, n° 95, l. 19, p. 78.

abnu kišâdu....šâ bît sa-la-' *A-meš*, n° 1, l. 12, p. 19, et note, p. 21.

abnu kišâdu ša nârâti-meš, n° 1, l. 12, 13, p. 19 et 20, et note, p. 21.

abnu kišâdu-meš.... ša riš irši šarri, n° 1, l. 14, p. 20, et note, p. 21.

amilu KU-LU-Ú-meš, n° 183, l. 9, p. 124, et note, p. 125.

ku-um. à la place de, n° 74, l. 24, p. 59.

amilu KU-MAL-MAL, n° 196, l. 31, p. 137.

mâtu Ku-mi-na, n° 247, l. 34, p. 164.

ku-un-ta-', n° 17, l. 16, p 30, et note, p. 31.

KU-QAR taḫâzi, récits de bataille, n° 1, l. 18, p. 20. et note, p. 21.

alu Kur....ú...man-da-ru(?), n° 247, l. 15, p. 163.

kur-ba-nu-ú, en présent, n° 142, l. 14, p. 102.

kutallu, enclos(?), n° 74, l. 8, p. 59, et note, p. 60; n° 152, l. 14, p. 108; n° 182, l. 18, p. 123; n° 191, l. 20, p. 132.

ku-tu-la-a, n° 200, l. 19 (lettre non traduite).

laḫâmu, לחם, I, 1, arroser, répandre de l'eau (?), imparf. 3e p. m. s. *i-li-ḫi-im*, n° 14, l. 29; parf. (?), 1re p. s. *al-ḫi-me*, n° 4, l. 12 (lettres non traduites).

la-ak-ka pour *la-an-ka* (?), ta personne (?), n° 174, l. 7, p. 117.

lamû, למה, I, 1, cerner, perm. 3e p. m. pl. (?), *la-mu-ú-in-ni*, n° 133, l. 15, p. 100, et note, *ibidem*.

amilu la-mu-ta-nu, n° 214, l. 22 (lettre non traduite).

la-pa-ni, chez, n° 174, l. 9 et 10, p. 117; n° 194, l. 18, p. 135.

ilu Laṣ, voir Introduction, p. 12.

la-tum ter-tum, prononcé de la sentence (?), n° 234, l. 24 et 29, p. 158, et note, p. 159.

iṣu li-e, tablette, n° 23, l. 13 et 15, p. 34.

Li-ta-mu, nom de tribu, n° 127, l. 11, p. 96, et note, *ibidem*.

lu la ... lu la, ni ... ni, n° 36, l. 14 et 15, p. 35.

magâru, מגר, I, 1, obéir, imparf. 3e p. m. s. *i-man-gur*, n° 160, l. 8, p. 113; n° 205, l. 14, p. 141, et l. 20, p. 142.

maḫâru, מחר, 1° recevoir de, percevoir, récupérer sur, imparf. 1re p. s. *a-maḫ-ra-ú-ka*, n° 7, l. 19, p. 28; *a-maḫ-ḫar*, n° 105, l. 17, p. 82; n° 175, l. 15, p. 121; *a-maḫ-ru-ka*, nº 105, l. 31, p. 83; 2e p. m. s. *ṭa-maḫ-ḫar*, nº 44, l. 22, p. 39; nº 88, l. 17, p. 74; nº 194, l. 21, p. 135; 3e p. m. s. *i-maḫ-ḫar-an-ni*, nº98, l. 17, p. 80; — parf. 3e p. m. pl. *li-in-ḫur-ru-nu*, nº 131, l. 18, p. 98; impér. 2e p. m. s. *mu-ḫur*, nº 44, l. 16, p. 39; nº 98, l. 11, p. 80; — 2º plaire à, perm. 3e p. m. s. *maḫ-ri*, nº 58, l. 10, p. 47; *ma-ḫi-ir*, nº 58, l. 18, p. 47; *ma-hir*, nº 182, l. 21, p. 123; *ma-ḫi-ri*, nº 224, l. 7, p. 152; *maḫ-ru*, nº 247, l. 33, p. 164.

III, 2, plaire à, être agréable (?), imparf. 3e p. m. s. *ul-te-ḫar-an-ni*, nº 243, l. 25, p. 162.

maḫ-rat, nº 63, l. 24, p. 52.

maḫ-ru-ú, précédemment, nº87, l. 4, p. 71; l. 36, p. 72, et note, p. 73.

maṭû, מטה, I, 1, être insuffisant, imparf. 3e p. m. pl. *i-ma-aṭ-ṭu-ú*, nº 243, l. 10, p. 161; — perm. *ma-ṭu-ú*, nº 141, l. 31, (lettre non traduite).

ma-ak-ka-su, collecteur de taxes, nº 192, l. 15, p. 134.

ma-la-ku, אלך², lit (d'un canal), nº 233, l. 5, p. 157.

malâku, מלך, I, 2, considérer (?), impér. 2e p. m. s. *mi-it-la-ka-ma*, nº 121, l. 13 (lettre non traduite).

man-ga-ga, touffe de fleurs, nº 243, l. 22, p. 162.

man-zal-ta, résidence, nº 107, l. 6, p. 85.

maṣû, מצא, I, 1, trouver, parf. 1re p. s. *an-ṣi*, nº 191, l. 6, p. 131.

mar-ri, bêches, nº 117, l. 8, p. 93.

ilu Marduk, voir Introduction, p. 8-14.

Mar-duk-[a], nom propre, nº 127, l. 1, p. 96, et note, *ibidem*.

משר, II, 1, 1º abandonner, imparf. 2e p. m. s. *tu-maš-šar*, nº74, l. 20, p. 59; nº 40, l. 30, p. 37; perm. 3e p. m. s. *muš-šir*, nº 20, l. 5, p. 33, et note, *ibidem; mu-šú-ru, ibidem*, l. 9; 3e p. m. pl. *muš-šú-ru*, nº 60, l. 17, p. 49; — 2º rendre la liberté (?), imparf. 2e p. m pl. *tu-ú-ma-še-[ru']*, nº 202, l. 33, p. 140.

II, 2, 1º abandonner, parf. 3e p. m. pl. *un-da-aš-šir-'*, nº 65, l. 18, p. 53; — 2º être livré, parf. 3e p. m. s. *un-diš-šir*, nº 202, l. 26, p. 140.

maš-šar-ti, salaire mensuel, nº 115, l. 6, p. 91; — plur. *ma-aš-ša-ra-a-ta*, nº 31, l. 10 (lettre non traduite).

מות, I, 1, mourir (de soif d'un message), imparf. 1re p. s. *a-ma-a-ta*, nº 222, l. 9, p. 149, et note, p. 150.

me-ik-su, argent de la taxe, péage, nº 44, l. 11, p. 39.

mi-di-tam, mesure (?), nº 112,

l. 17, p. 86; — *mi-di-ta-a*, n° 144, l. 24, p. 103.

mi-ri-is karâni, mélange (?) de vin, n° 38, l. 27 (lettre non traduite).

mi-iḫ-ṣi, blessure, n° 114, l. 11, p. 90.

mi-ta-ak-ka, ta mort (?), n° 174, l. 5, p. 117.

mit-kur, nom de maladie, n° 114, l. 12, p. 90, et note, *ibidem*.

mu-ṣip-tum, espèce de vêtement, n° 53, l. 22, p. 42, et note, p. 43; — plur. *mu-ṣip-pi-e-ti*, n° 56, l. 8, p. 44; l. 14, p. 45, et note, *ibidem*; *mu-ṣi-pi-e-ti*, n° 230, l. 8, p. 156; *mu-ṣi-e-pi-ti*, *ibidem*, l. 17.

mu-ru-qu (kaspu), n° 40, l. 12, p. 37, et note, p. 38.

mu-ša-ni-tum, digue, n° 65, l. 16, p. 53.

iluNabû, voir Introduction, p. 8-14.

na-da-bak-ku, parapet (?), n° 217, l. 22, p. 147, et note, *ibidem*.

נדד, I, 1, céder, reculer, imparf. 3e p. m. s. *i-na-di-id*, n° 66, l. 10, p. 54, et note, p. 55.

nadânu, נדן, I, 1, donner, livrer, vendre, impér. *in-na*, *in-na-'*, *in-ni-i*, n° 13, l. 25, p. 29, et note, p. 16 et 30; n° 20, l. 12, p. 33; n° 40, l. 10, p. 37 *(in-ni-i)*; n° 57, l. 16, p. 46; n° 60, l. 8, p. 49; n° 73, l. 14, p. 57; n° 74, l. 24, p. 60; n° 98, l. 14, p. 80; n° 115, l. 18, p. 91; n° 116, l. 19 et 25, p. 92; n° 131, l. 16, p. 98, et l. 29, p. 99; n° 148, l. 16, p. 105; n° 184, l. 19, p. 126; n° 190, l. 12, p. 131; n° 192, l. 20, p. 134; n° 211, l. 14, p. 146; n° 243, l. 9 et 12, p. 161; l. 20 et 23, p. 162.

נזז, I, 2, se trouver, être placé, imparf. 3e p. m. s. *it-ta-az-az*, n° 230, l. 16, p. 156.

III, 1, mettre, coucher sur une tablette, impér. 2e p. m. pl. *šú-uz-zi-za-'*, n° 23, l. 14, p. 34, et note, *ibidem*.

nazâqu, נזק, I, 1, importuner, se plaindre, imparf. 3e p. m. s. *i-nam-ziq* (?), n° 150, l. 16, p. 106.

III, 1, harceler, importuner, imparf. 3e p. m. s. *ú-ša-an-za-qa-an-ni*, n° 105, l. 20, p. 82.

nakâsu, נכס, I, 1, retrancher, perm. 1re p. m. pl. *nu-ku-su-nu*, n° 78, l. 10, p. 63; perm. 3e p. m. pl. *nu-ku-su*, *ibidem*, l. 13.

nakuttu, ennui, embarras : 1° avec *rašû*, n° 6, l. 7, p. 24, et note, p. 26; n° 130, l. 9, p. 97; n° 184, l. 21-22, p. 126; — 2° avec *šapâru*, n° 75, l. 10, p. 62; n° 142, l. 19, p. 102; n° 155, l. 19, p. 110.

ilu Nanâ, voir Introduction, p. 11, 12.

נסך, I, 1, imprimer une marque d'esclave, perm. 3e p. f. s. *na-as-ka-ta*, n° 87, l. 48 et 50, p. 73.

na-pa-a-ṣu, battage de la moisson (?), n° 240, l. 7, p. 160.

naṣâru, נצר, I, 2, détenir, parf. 3e p. m. s. *it-ta-ta-aṣ-ṣa-ra-an-ni*, n° 247, l. 20, p. 164.

ṣubâtu na-aṣ-ba-ti, vêtements, n° 105, l. 9, p. 82.

na-ra-a-ti, dans *duppâni-meš* ..... *ša na-ra-a-ti*, les tablettes .... des fleuves, n° 1, l. 10-11, p. 19.

na-aš-par-tum, messager, n° 183, l. 15, p. 124, et note, p. 125.

ilu Nergal, voir Introduction, p. 10, 11, 12.

niḫêsu, נחס, I, 1, se rendre à (?), imparf. 3e p. m. s. *i-ni-ḫi-si*, n° 182, l. 18, p. 123; parf. 3e p. m. s. *iḫ-ḫi-sa*, n° 234, l. 15, p. 158, et note, p. 159.

ni-ḫu-ú, n° 193, l. 11 (lettre non traduite).

ilu Ninip, voir Introduction, p. 10.

ni-si-iḫ-tum, enlèvement (de la récolte?), n° 87, l. 7, p. 71.

ni-pi-šu, texte rituel, n° 1, l. 35, p. 21; plur. *ni-pi-ša-a-nu*, *ibidem*, l. 23, p. 20.

nubattum, repos (voir בות, *supra*), n° 89, l. 12, p. 75; n° 126, l. 19, p. 94; n° 176, l. 7, p. 121.

nu-ub-tu, gratification, n° 201, l. 13, p. 138, et note, p. 139.

amtlu nuḫatimmu (= *MU*), boulanger, plur. n° 17, l. 8, p. 30, et note, p. 31; *amtlu nuḫatimmûtu* (= *MU-ú-tu*), n° 115, l. 7, p. 91.

sa-ba-a-tum, n° 77, l. 12 (lettre non traduite).

סכת, II, 1, faire taire, parf. 3e p. m. pl. *lu-sak-ki-tu*, n° 155, l. 15, p. 109, et note, p. 110.

סלה, I, 1, 1° se confier à (?), imparf. 2e p. m. s. *ta-sil-lu*, n° 6, l. 21, p. 25, et note, p. 26; — 2° être négligent, imparf. 2e p. m. s. *ta-sil-li*, n° 40, l. 25 et 29, p. 37; 2e p. f. s. *ta-sil-li*, n° 151, l. 12, p. 107; 3e p. m. s. *i-sil-li*, n° 78, l. 24, p. 64; n° 80, l. 23, p. 66; n° 176, l. 15, p. 122; n° 208, l. 24, p. 143; 2e p. m. pl. *ta-sil-la-'*, n° 114, l. 18, p. 90; n° 131, l. 7, p. 98; — perm. 2e p. m. pl. *sil-la-[tu-nu]*, n° 133, l. 7, p. 99.

סלק, I, 1, monter (?), imparf. 3e p. m. s. *i-si(?)-li-iq-qu*, n° 247, l. 37, p. 164, et note, p. 166.

sa-ma-ku, n° 115, l. 17, p. 91, et note, *ibidem*.

amtlu sar-te-nu, président du tribunal, n° 235, l. 1, p. 159;

amilu sar-tin-na, n° 234, l. 1, p. 157.

SE, oignons (?), n° 174, l. 39. p. 118.

ilu Sin, voir Introduction, p. 10-11.

si-in-qa, n° 14, l. 23 (lettre non traduite).

alu Sippar, voir Introduction, p. 2, 10, 11.

subâtu sir-a-am-e-ti, corsages, n° 172, l. 7 (lettre non traduite).

erû su-ni-e, bandes de cuivre, n° 85, l. 15, p. 70.

paṭâru, פטר, II, 1, libérer (des hommes), impér. 2e p. m. s. *pu-uṭ-ṭi-ir*, n° 74, l. 27, p. 60.

Pa-ki-ri, nom propre, n° 247, l. 25, p. 164.

פלס, I, 1, veiller sur (?), impér. 2e p. s. (?) *pal-sa-'*, n° 151, l. 13, p. 107, et note, p. 108.

šadû Pa-ni-ra-ga-na (?), n° 6, l. 9, p. 24.

pap-pa-su, payement, n° 115, l. 6 et 17, p. 91.

pa-ṣi-e, n° 63, l. 25, p. 52.

amilu pa-qu-du, régisseur, n° 73, l. 22, p. 57.

patâqu, פתק, I, 1, frapper monnaie (?), impér. 2e p. m. pl. *pi-it-qa-nim-ma*, n° 131, l. 11, p. 98.

pi-i-su-ú-tu, n° 21, l. 10 (lettre non traduite).

piṣû (ú), (argent) comptant (?), n° 144, l. 17, p. 103; *pi-ṣu-ú*, n° 157, l. 7, p. 111.

pirku, mal, difficulté, querelle, n° 66, l. 7, p. 54; n° 74, l. 20, p. 59; n° 201, l. 11, p. 138; n° 202, l. 27, p. 140; n° 210, l. 5 et 9, p. 144; — *piš-ki* pour *pir-ki*, n° 73, l. 17, p. 57, et note, p. 58.

pit-tum-šu, soudainement, n° 6, l. 31, p. 25, et note, p. 26.

pitnu (= GIŠ-DA), registre, n° 126, l. 8, 10 et 14, p. 94, et note, p. 94-96.

pu-qud-di-tum, dépôt, n° 168, l. 7, p. 115.

pûtu, corps, n° 105, l. 10, p. 82, et note, p. 83.

ṣabâtu, צבת, I, 1, conclure (une association), perm. 3e p. m. s. *ṣa-ab-tu*, n° 188, l. 8, p. 129.

צחר, I, 1, presser le raisin, perm. 3e p. m. s. *ṣa-ḫi-id*, n° 38, l. 9 (lettre non traduite).

IV, 1, être pressé, imparf. 3e p. m. s. [*iṣ*]-*ṣa-ḫa-ad*, *ibidem*, l. 28; — parf. 3e p. m. s. *iṣ-ṣa-ḫa-id*, *ibidem*, l. 30.

צלה, II, 1, prier, imparf. 1re p. s. *ú-ṣal-la*, n° 53, l. 8, p. 42; n° 59, l. 31, p. 48, et *passim*; *ú-ṣal-lum*, n° 90, l. 7, p. 76; *ú-ṣal-lu-ú*, n° 188, l. 15, p. 129; *ú-ṣal-lu*, n° 191, l. 13, p. 131, etc.; — impér. 2e p. f. s. *ṣu-ul-li-ia*, n° 6, l. 11, p. 24; *ṣu-ul-li-'*, n° 151, l. 15, p. 107.

ṣa-pi-tum, inspection (?), nº 53, l. 10, p. 42, et note, p. 43.

ṣip-tum, ṣip-ti, produits, nº 80, l. 17, 19 et 28, p. 66, et note, p. 67.

qalâlu, קלל, I, 1, être peu considérable, perm. 3ᵉ p. m. s. (?), *qa-al-la-al*, nº 182, l. 6, p. 123.

I qâlu, קול, I, 1, crier, impér. (?) 2ᵉ p. m. s. *gu-li-in-ni*, nº 65, l. 14, p. 53.

II *qâlu*, קול, II, 1, regarder, parf. 3ᵉ p. m. s. *uq-ti-il*, nº 74, l. 10, p. 59, et note, p. 60.

קלפא, II, 1 (ou IV, 1 ?), faire passer, parf. 3ᵉ p. m. pl. *li-ki-lu-pu-'*, nº 217, l. 27, p. 147, et note, p. 148.

qanâqu, קנק, I, 1, sceller, parf. 3ᵉ p. m. s. *li-ik-nu-uk*, nº 157, l. 8, p. 111; perm. 3ᵉ p. m. s. *ka-nik*, nº 87, l. 11, p. 71.

I, 2, sceller, imparf. 1ʳᵉ p. s. *ak-ta-na-ku-ka*, nº 2, l. 10, p. 22.

qarâbu, קרב, II, 1, apporter, parf. 1ʳᵉ p. s. *ú-qar-ú-ba-ka*, nº 7, l. 16, p. 28; *ú-qir-ri-ba-aš*, nº 63, l. 13, p. 51.

qa-aš, nº 5, l. 14 (lettre non traduite).

qi-li, serviteur, nº 44, l. 6, p. 39, et note, *ibidem*.

qiš-šat, concombres (?), nº 20, l. 10, p. 33.

qu-ru-bi-e-tum, offrandes (?), nº 82, l. 25 (lettre non traduite).

qu-tu-lu-ka-nu, nº 191, l. 26, p. 132.

raḫâṣu, רחץ, I, 1, se confier à, compter sur, perm. 1ʳᵉ p. s. *ra-aḫ-ṣa-ki*, nº 175, l. 13, p. 121, et note, *ibidem*.

šipâtu ra-am-mu, espèce de laine, nº 69, l. 8 et 10 (lettre non traduite).

rašû, רשה, I, 1 : 1º avec *nakuttu*, voir ce mot, et p. 26, note; — 2º avec *nadi aḫi*, nº 112, l. 21-22, p. 87, et note, *ibidem*.

I, 2 : 1º concevoir (de l'inquiétude), parf. 1ʳᵉ p. s. *aš-ta-aš-ši*, nº 130, l. 9, p. 97; — 2º prendre, parf. 3ᵉ p. m. s. *il-te-ši*, nº 196, l. 21, p. 137.

ראק, I, 1, être éloigné (en parlant des nouvelles, *ṭêmu*), parf. 3ᵉ p. m. s. *i-ri-ig-ga-am*, nº 6, l. 20, p. 25; *i-ri-iq*, *ibidem*, l. 27; nº 130, l. 11, p. 97.

ri-ḫa-an-ni, nº 160, l. 27, p. 113, et note, p. 114.

ri-ka-su, contrat, nº 234, l. 25, p. 158.

alu Ri-mi-is (?)-ḫu-ú, nº 247, l. 14, p. 163.

amîlu riqqu (? = *ŠIM + GAR*), collecteur de taxes, nº 88, l. 13, p. 74; — *amîlu rik-ki*, nº 144, l. 18, p. 103.

rîš karâši, avant-garde du camp, nº 248, l. 23, p. 168.

šabâšu, שבש, I, prélever, parf. 1re p. pl. *ni-iš-bu-uš*, n° 199, l. 17 (lettre non traduite).

šabû, שבה, I, 1, être hors de soi, perm. 1re p. s. *sa-ba-ka*, n° 225, l. 18, p. 153, et note, p. 154; III, 2, élever, enlever, impér. 2e p. m. s. dans le nom propre *Šutebanni*, n° 146, l. 2, p. 104, et note, *ibidem*.

šagalla, sorte d'instrument (?), n° 157, l. 10, p. 111.

šad-da-giš, antérieurement, n° 78, l. 20, p. 64; *šad-dag-giš*, n° 116, l. 23, p. 92.

ŠA-ḪI-[A], n° 20, l. 5, p. 33, et note, p. 34.

šaṭâru, שטר, I, 1, écrire, parf. 3e p. m. s. *il-ṭar*, n° 63, l. 18, p. 51; — impér. 2e p. m. s. *šú-ṭu-ru*, n° 44, l. 18, p. 39; 2e p. m. pl. *šú-ṭur-ra-'*, n° 17, l. 10, p. 30.

II, 1, inscrire, impér. 2e p. m. pl. *su-uṭ-ṭir-a-ma*, n° 23, l. 12, p. 34; *su-ṭir-ra-ma*, n° 131, l. 21, p. 99.

שאט, I, 1, être négligent, perm. 3e p. m. pl. *ši-i-ṭu*, n° 87, l. 28, p. 72.

amtlu ša-ka-a-du, n° 232, l. 19 (lettre non traduite).

ša-ku, gouverneur (?), n° 202, l. 15, p. 139, et note, p. 140.

ilu Šamaš, voir Introduction, p. 10-11.

ša-ni-ia-a-na, une deuxième fois, n° 222, l. 31, p. 150.

šapâlu, שפל, I, 1, être insuffisant, perm. 3e p. m. s. *ša-pi-il*, n° 52, l. 18 (lettre non traduite).

שקץ, I, 2, être irrité, hostile (?), imparf. 3e p. m. s. *iš-ta-ka-aṣ*, n° 234, l. 22, p. 158, et note, p. 159.

šaq-qa-a-ta, sacs, n° 2, l. 8, p. 22, et l. 13, p. 23.

amtlu ša-qu-ú, officier, n° 87, l. 43, p. 72.

ša-a-[ri], calomnies, n° 211, l. 6, p. 145.

šarru, roi, plur. *šarrî(i)*, n° 247, l. 28, p. 164.

שחף, I, 1, s'associer, perm. 1re p. pl. (?), *šat-ba-nu*, n° 111, l. 10, p. 86, et note, *ibidem*.

ša-ti-ki, n° 84, l. 20, p. 69, et note, p. 70.

šatû, שתה, I, 2, boire, imparf. 3e p. m. s. *il-ta-ti*, n° 63, l. 7, p. 51.

Še-e-ni, nom propre, n° 247, l. 25, p. 164.

ŠES-ti = *aḫâti* (?), n° 225, l. 7, p. 153, et note, *ibidem*; — *ŠES-ia* = *aḫâti-ia*, n° 226, l. 4 (lettre non traduite).

ši-ba-šu, prélèvement, n° 78, l. 19, p. 64, et note, *ibidem*.

ši-kir-tum, montant d'une taxe (?), n° 78, l. 30, p. 64, et note, p. 64-65.

ši-kit-tum, meuble (?), n° 96, l. 18, p. 78.

ši-in-di, marque (?), n° 63, l. 28, p. 52.

šub-ni, n° 17, l. 15 *bis*, p. 30, et note, p. 31.

šú-gar-ru-ú, n° 142, l. 5, p. 102.

ilu Šuzianna, voir Introduction, p. 12.

šú-ḫa-at-ti, n° 247, l. 38, p. 164, et note, p. 166.

šu-nu-'-i, (bœuf) à bosse, n° 24, l. 7 (lettre non traduite).

Šutebanni, nom propre, n° 146, l. 2, p. 104, et note, *ibidem ;* n° 160, l. 17, p. 113.

šú-ú-ti-lu, bouture (?), n° 221, l. 14, et note, p. 149.

ta-bar-ri, sorte de pourpre (?) n° 208, l. 21, p. 143.

tak-ka-su-u, n° 238, l. 1 (lettre non traduite).

tak-pir-ti ali, la purification de la ville, n° 1, l. 26, p. 20.

tap-pu-da (?), secours, n° 146, l. 7, p. 104, et note, p. 105.

ilu Tašmêtum, voir Introduction, p. 9.

te-iq-tum, retard (?), n° 133, l. 21, p. 100 ; *te-iq-ti*, n° 60, l. 13, p. 49, et note, p. 50.

te-du-tum, n° 77, l. 10 (lettre non traduite).

te-ki-tum, détresse (?), n° 225, l. 8, p. 153, et note, p. 154.

te-lim, taxe sur la récolte (?), n° 73, l. 24, p. 57, et note, p. 58.

te-lit-tum, taxe (?), n° 5, l. 18, (lettre non traduite).

ter-tum, voir *la-tum*.

til-li, n° 105, l. 39, 41, p. 83, et note, p. 84.

amtlu tu-ú, n° 66, l. 30, p. 55.

CORRECTIONS

P. 8, l. 19, lisez : « Que les dieux décrètent ta prospérité », — au lieu de — « ta santé ».

P. 8, l. 24, lisez : « Que les dieux décrètent la prospérité et la vie de mon frère ».

P. 8, l. 27, lisez : « Que Bêl et Nabou décrètent la prospérité de mon frère ».

P. 12, l. 25, lisez : « Que Bêl et Nabou décrètent la prospérité et la vie de mon frère ».

P. 12, l. 27, lisez : « Que les dieux décrètent votre prospérité ».

P. 12, l. 33-34, lisez : « Que Bêl et Nabou.... décrètent la prospérité de mon maître ».

P. 13, l. 2, lisez : « décrètent la prospérité, le bonheur du cœur », etc.

P. 22, n° 2, l. 3, lisez : « Que Bêl et Nabou la prospérité », etc

P. 25, l. 29, lisez : « Je t'avais mandé ».

P. 27, n° 7, l. 3, lisez : « Que Bêl et Nabou la prospérité et la vie », etc.

P. 35, n° 36, l. 4, lisez : « Aia, la prospérité, le bonheur ».

P. 36, n° 40, l. 3, lisez : « Que Bêl et Nabou la prospérité et la vie de ma dame ».

P. 45, n° 57, l. 4, lisez : « la prospérité et la vie de mon père ».

P. 48, n° 59, l. 4-5, lisez : « la prospérité et la vie de mon maître ».

P. 68, note sur la ligne 22, lisez : *lù aṣù'* — au lieu de — *lù aṣ'ù*.

P. 89, l. 11-12, lisez : « à mes Bêl et Bêlit ».

P. 122, l. 16-17, lisez : « sinon, l'interruption (du travail) il causera ».

P. 156, l. 8, 17 et 21, lisez : « vêtements *mouṣipêti* » — au lieu de — « vêtements ».

P. 164, l. 30, lisez : *šá ki-ka-a-tim* — au lieu de — *šá-ki-ka-a-tim* (en un seul mot).

TABLE DES MATIÈRES

IMPRIMERIE E. BERTRAND, CHALON-SUR-SAONE 592.

www.ingramcontent.com/pod-product-compliance
Ingram Content Group UK Ltd.
Pitfield, Milton Keynes, MK11 3LW, UK
UKHW031047260726
13965UKWH00006B/702

9 782013 484749